Zu diesem Buch

Sexualität und Gewalt – der Psychotherapeut, Gynäkologe und Gerichtsgutachter Reiner Gödtel berichtet über alle Facetten dieses brisanten Themas aus seiner vielfältigen Praxis.

Der Autor

Dr. med. Reiner Gödtel, geboren 1938, studierte Medizin und Psychologie in Mainz und Heidelberg, Ausbildung in analytischer Psychotherapie, Facharzt für Frauenheilkunde und Geburtshilfe, Psychotherapeut, langjährige leitende Krankenhaustätigkeit. Gynäkologischer Untersucher von vergewaltigten Frauen, seit vielen Jahren als Sachverständiger und Gutachter bei Gericht tätig.

Zahlreiche wissenschaftliche Publikationen und Buchveröffentlichungen, u. a. «Seelische Störungen im Wochenbett» und «Die Brust».

Reiner Gödtel

Sexualität und Gewalt

Die dunklen Seiten der Lust

rororo

Rowohlt

Veröffentlicht im Rowohlt Taschenbuch Verlag GmbH,
Reinbek bei Hamburg, September 1994

Umschlaggestaltung Barbara Hanke
Satz Trump Mediäval (Linotronic 500)
Gesamtherstellung Clausen & Bosse, Leck
Printed in Germany
1290-ISBN 3 499 19578 x

Inhalt

Vorwort

Vor einer sublim gezielten Hinführung auf das Thema erwartet der Leser von einem gelungenen Geleitwort einige übergeordnete Sentenzen aus distanzierter Sicht.

Wer sich über «Sexualität und Gewalt» informieren will, wird sehr schnell spüren, daß er sich einer inneren Stellungnahme nicht entziehen kann. Auf jeder Seite wird die eine oder der andere Formulierungen oder Aussagen finden, auf die er mit – mehr oder minder affektiver – Zustimmung oder Ablehnung reagiert. Kein Lebensbereich des Menschen ist subjektiver – und überdies irrationaler – als seine Sexualität, die mit ihrem lateinischen Wortstamm Sexus (secare = [zer-] schneiden) auf die Teilung in die weibliche und männliche Menschheitshälfte verweist.

Weil jeder sich nur als Mann oder Frau verhalten kann und auch nur durch seine geschlechtsspezifische Brille Gut und Böse, Schön oder Häßlich, Beglückend oder Bedrückend erkennt, kann es keinen archimedischen Punkt neutraler Objektivität geben. Wegen der Relativität des eigenen Standpunktes ist die sexuelle Frage individuell und kollektiv ungelöst – und vielleicht unlösbar.

Deshalb ist nicht nur nahezu alles umstritten; es muß auch so sein. Dies bedeutet keinen Freibrief für ungehemmte Polemik, sondern ein Plädoyer für tolerante Offenheit und «kultivierte» Streitkultur. Strittig ist insbesondere der Anteil von Natur und Kultur in der konkreten Ausgestaltung der menschlichen Sexualität. Bei dieser Wechselwirkung ist die kulturelle Überformung animalischer Vorgegebenheiten offensichtlicher als der Einfluß sexueller Bedürfnisse auf Ethik und Ästhetik.

Die bio-psycho-soziale Verwobenheit zwingt zu einer weiteren, nämlich historischen und regionalen Begrenzung aller Erkenntnisse.

Kann eine Aussage wie: «Die herkömmliche Rollenbalance zwischen Mann und Frau ist unausgeglichen», noch allgemeine Zustimmung beanspruchen, so gilt dies unter weltweitem Aspekt schon nicht mehr für die folgende: «Diese Schieflage zu Lasten des weiblichen Geschlechtes hat sich zwar verbessert, entspricht aber noch keineswegs der individuellen und kollektiven Leistungsbilanz unter den Geschlechtern.» Angesichts von über 150 in den letzten Jahren wegen angeblichen sexuellen Fehlverhaltens im Iran gesteinigten Frauen erscheint sie zynisch und provokativ, jedenfalls und hoffentlich nicht nur aus unserer Sicht. Der Weg zu einem harmonischen Miteinander von Mann und Frau ist steinig und mühselig.

Grund für die Mühsal ist die Ungleichheit der Menschen, ist die Uneinigkeit über die Ursachen, ist die uns allen vorgegebene Unmöglichkeit der Selbsterkenntnis. Deshalb ist auch die Wissenschaft vom Menschen, die Anthropologie im weitesten Sinne, überfordert, gesicherte Erkenntnisse über den Menschen zu gewinnen und zu einem wissenschaftlichen Menschenbild zusammenzufügen. Wissenschaft ist gerade hier nur der jeweilige Stand des Irrtums.

Denn was dem einzelnen nur in bescheidenem Maße gelingt, kann auch die Wissenschaft nur unvollkommen leisten. Allerdings können und müssen wir alle uns um eine Aufarbeitung der problematischen Geschlechterbegegnung bemühen, und zwar eingedenk der erkenntnistheoretisch gebotenen Bescheidenheit dennoch mit kritischem Enthusiasmus.

Ein wichtiges, vielleicht das zentrale Thema in dieser Auseinandersetzung ist die Gewaltkomponente: Schon bei der Definition scheiden sich die Geister. Meint man im engeren Sinne nur physische und verbalisierte psychische Gewalt, oder bezieht man auch die strukturelle Gewalt mit ein? So sind beispielsweise die sexuell-erotischen Kontakte von Erwachsenen zu Kindern überwiegend gewaltlos, aber dennoch nutzt der erwachsene Pädophile seine strukturelle Gewalt gegenüber den Kindern aus. Dann gäbe es gewaltlose Gewalt.

Sexualität und Gewalt berühren die am stärksten irrationalen und geschlechtsspezifisch ungleichen Anteile des Menschen.

Jeder – nach traditioneller Ansicht Frauen mehr – wünscht sich starke Partner. Aber in jeder Stärke – ob physisch oder psychisch, ob intellektuell oder emotional, finanziell oder politisch – liegt auch der Keim des Mißbrauchs der Macht und die Arroganz der angemaßten Überlegenheit.

An sich sind doch die Frauen das vitalere Geschlecht; sie sind gesünder und leben – im Durchschnitt sieben Jahre – länger, sie erbringen bessere Dauerleistungen, machen früher und bessere Examina als ihre männlichen Studienkollegen, sie sind kommunikativer und sprachbegabter. Aber Männer begingen die grausamsten Wahnsinnstaten und Menschheitsverbrechen wie Kriege und Kreuzzüge. Die Träger des offenbar so giftigen Y-Chromosoms brachten in der androzentrisch-beherrschten Menschheitsgeschichte das größte Unheil. Wenn Frauen wie Männer dächten, fühlten und handelten, hätten sie sich schon lange gegen diesen Wahn- und Unsinn aufgelehnt, der zudem mit einer unreflektierten Unterdrückung der weiblichen Menschheitshälfte gekoppelt war und weltweit gesehen auch immer noch ist.

In den letzten Jahrzehnten hat sich durch Enttabuisierung und Liberalisierung der Sexualität einiges verändert, hat in erster Linie die junge Generation einen Fort-Schritt gemacht, so daß nicht nur Mann und Frau, sondern auch Alt und Jung in einen neuen Dialog treten und voneinander lernen können.

In diese aufwühlende Diskussion stellt nun Reiner Gödtel seine Ansichten und langjährigen Erfahrungen als niedergelassener Gynäkologe und Psychotherapeut, als Sexualmediziner und Gutachter vor Gericht. Dazu gehört eingedenk der aufgezeigten Ambivalenzen heutzutage persönlicher Mut, den ich mit der Hoffnung unterstützen möchte, daß sein engagiertes Anliegen verdiente Anerkennung und positiven Widerhall findet.

Professor Dr. med. Dr. jur. Reinhard Wille
Leiter der Sexualmedizinischen
Forschungs- und Beratungsstelle
am Klinikum der Christian-Albrechts-
Universität zu Kiel

1. Kapitel

Sexualität und Gewalt

Viele Frauen, besonders Feministinnen, sind der Meinung, daß immer, wenn ein Mann etwas über Gewalt in der Geschlechterbeziehung schreibt, purer Sexismus herauskommt. Ein Überblick über die neuere Literatur zeigt uns jedoch, daß Sexualwissenschaftler, Kriminologen, Psychologen, Psychoanalytiker und andere Berufsgruppen, die sich mit dem Verhältnis von Frau und Mann, mit der sexuellen Gewalt von Männern gegen Frauen und gegen Kinder, aber auch mit der Machtausübung von Frauen beschäftigen, das Problem sehr viel differenzierter sehen.

Ich möchte mit diesem Buch nicht moralisch oder sonstwie provozieren, sondern objektiv informieren, soweit dies bei diesem Thema möglich ist. In zwanzig Jahren fachärztlicher Tätigkeit als Gynäkologe und Psychotherapeut habe ich zahlreiche Frauen nach Vergewaltigungen untersucht und war anschließend in vielen Fällen als Sachverständiger und Gutachter bei Gericht tätig.

Mein besonderes Anliegen ist es, den psychologischen Hintergrund aufzuzeigen, wieso es zur Koppelung von Sexualität und Gewalt kommt, wie Lust an Macht und Quälen entsteht. Ich habe mich bemüht, die Vielschichtigkeit der heiklen Problematik nicht auf gängige Klischees zu verkürzen.

Bei der Vorbereitung dieses Buches lernte ich die eingefahrenen, sich widersprechenden Vorurteile kennen: Man stehe zu sehr oder zuwenig auf der Seite der Frauen, man zeige zuviel oder zuwenig Verständnis für den Täter. So wird es – das liegt in der Natur des Themas, das unsere Gefühle wie kein anderes berühren und verletzen kann – Leserinnen und Leser geben, die sich eine stärkere Gewichtung in der emotionalen Betroffenheit der Opfer wünschen, und andere, die den Schwerpunkt mehr im Herausarbeiten des psychosozialen Hintergrundes der Täterpersönlichkeit sehen wollen. Insgesamt kann man sagen, daß in den Medien höhere Zahlen angegeben werden als in der wissenschaftlichen Literatur. Wir sollten sehr skeptisch die ideologisch motivierten Hochrechnungen betrachten, die sich oft unkritisch von Autor zu Autor weiterschleppen, statistisch falsch sind und sich dabei auch noch auf Angaben einer Behörde wie z. B. des Bundeskriminalamtes berufen.

Seit der Jahrhundertwende hat man immer wieder in aufwendigen wissenschaftlichen Arbeiten versucht, die Ursache für die enge Verknüpfung von Sexualität und Aggressivität zu ergründen. So bizarr viele Erklärungsmodelle ausfielen, die Wissenschaften, insbesondere die Psychoanalyse, scheinen sich heute relativ nahe an das Problem herangetastet zu haben: Den späteren Tätern fehlte es in der Kindheit an wirklicher Geborgenheit. Mißhandlungen körperlicher und seelischer Art spielen eine große Rolle. Zentrale Figur für die Fehlentwicklung ist angeblich – wie so oft – die Mutter. Doch nicht minder ungünstig wirkt sich das Vater-Defizit aus.

Im sexuellen Gewaltverbrecher, der oft mit unvorstellbarer Brutalität ans Werk geht, sehen die meisten Forscher nur eine graduelle Abweichung von der Normalität. Da jedoch niemand gerne das monströse sadistische Potential in sich zugeben möchte, erscheint die vom Laien oft nicht nachvollziehbare sexuelle Gewalttat blindlings und wahllos, allenfalls von einem nicht beherrschten Trieb gesteuert.

Allein die Tatsache, daß wir uns fragen, wie das schädigende Fühlen, Denken und Handeln in die Köpfe der Täter kommt, heißt keineswegs, daß wir ihnen prinzipiell Verantwortlichkeit und Schuldfähigkeit erlassen wollen.

Die statistischen Angaben über sexuelle Aggressionstaten differieren stark. Schätzungsweise werden in Deutschland jährlich 15 000 Frauen vergewaltigt (etwa gegen 7000 Täter wird ermittelt), bei der versuchten Notzucht dürfte es noch einmal 15 000 Betroffene geben. Ungefähr 60 000 Kinder werden jährlich sexuell mißbraucht. Es gibt allerdings auch Angaben, die von 100 000 vergewaltigten Frauen und 300 000 mißbrauchten Kindern sprechen.

Immer mehr Frauen sind bereit, über ihre traumatisierenden Kindheitserlebnisse zu reden. Die lang anhaltenden Folgen des sexuellen Mißbrauchs von Kindern finden in der Öffentlichkeit eine immer stärkere Beachtung.

Trotzdem sind nach wie vor sexuelle Gewalterfahrungen mit einem gewissen Schamschleier belegt, und viele Frauen stehen unter einem regelrechten Geheimhaltungsdruck. Sie haben große Angst, sich persönlich dem Schmerz ihrer Erfahrungen zu stellen.

Polizei, Untersucher, Gutachter und Gerichte reagieren inzwischen sensibler auf die Probleme von vergewaltigten Frauen. Vieles hat sich zum Besseren geändert, das Verbrechen wird ernster genommen. Doch die Position der Frau vor Gericht könnte weiter verbessert werden.

Vergewaltigung stellt juristisch gesehen als Modell für alle Sexualdelikte *die* Straftat gegen die sexuelle Selbstbestimmung dar. Viele Fragen, wie zum Beispiel die Problematik der Vergewaltigung in der Ehe und die der strukturellen Gewalt, bedürften einer subtilen rechtlichen Klärung.

Wer den betroffenen Opfern wirklich helfen will, muß die Ursache für Gewalt kennen. Familientherapeuten sind der Meinung, daß auch gefühlsarme, brutale Eltern, die ihre Kinder sexuell mißbrauchen und krankenhausreif schlagen, durchaus therapierbar sind. Auch die Kinderschutzzentren glauben, daß man Schuldbewußtsein in gefährdeten Familien wecken kann, und fordern seit langem betreuende Hilfe statt Strafe. Durch Gerichtsbescheid herbeigeführte Lösungen – nach dem Schema: die Kinder ins Heim, die Eltern in Haft – sollten der Vergangenheit angehören. Es sind Gefühle der Ohnmacht, die Eltern gewalttätig reagieren lassen. Manches spricht dafür, daß als Erwachsene nicht die Kinder gefährlich werden, die gelernt haben, sich zur Wehr zu setzen, sondern eher die dressierten, auf Gehorsam gedrillten.

Mißhandelnde, vergewaltigende Menschen müssen in der Therapie die Verletzungen in ihrer eigenen Kindheit aufspüren und aufarbeiten. Der Therapeut sieht sich allerdings vor der nicht leicht zu bewältigenden Aufgabe, gleichzeitig den psychischen Schmerz des Opfers zu empfinden und den Verursacher zu verstehen. Vielen fachlich kompetenten und menschlich integeren Helfern gelingt nur eins von beiden.

Erschwerend für die Problemlösung kommt hinzu, daß sich die verschiedenen psychotherapeutischen Schulen nicht nur wissenschaftlich konträr, sondern in feindlicher Dialogunfähigkeit gegenüberstehen. Ob man für die seelische Verbiegung der menschlichen Triebe verantwortlich macht oder die Verdrängung von Kindheitstraumata als Ursache für eine Destruktion sieht, sollte nicht dazu führen, sich gegenseitig Unwissenschaftlichkeit vorzuwerfen. Schließlich verurteilen alle eine Mißachtung der Gefühle und Rechte des Opfers.

Wir wissen heute ziemlich genau, daß viele Verbrecher, auch die Sexualtäter, in der Kindheit seelisch und/oder körperlich mißhandelt und irregeleitet wurden. Die Prophylaxe von seelischen Krankheiten, Deviationen und Verbrechen muß also hier ansetzen. Die beste Vorbeugung ist ein Elternhaus, das die Achtung vor den Menschen vorlebt, die größte Gefahr ein Zuhause, das durch Heuchelei, Mißhandlungen, Züchtigungen und Demütigungen den Keim für Lügen und Menschenverachtung im Kind legt.

Doch wir wollen uns keinen Illusionen hingeben. Vieles wird sich trotz bester Absichten und großen Einsatzes nicht ändern. Offenbar gehört eine gewisse Gewaltbereitschaft zu unserer genetischen Grundausstattung. Menschen sind Tiere, sagen die Evolutionsforscher. Und unser wohlausgebildeter Verstand wird durch Verhaltensrudimente aus unserer tierischen Abkunft einfach überrannt. Die grausamsten Verbrechen, vom Bombenterror bis zur Lynchjustiz, von schikanösen Folterungen bis zu brutalsten Vergewaltigungen an Wehrlosen, liegen, das müssen wir leider eingestehen, im Spielraum der menschlichen Natur.

In unseren Empfindungen, Begierden, Ängsten läuft immer noch ein jahrmillionenaltes Programm ab. Und unser Menschenverstand ist schon lange nicht mehr in der Lage, die komplizierten Sozialsysteme zu durchschauen.

Die Psychoanalyse erklärt die Koppelung von Aggressivität und Sexualität so: Das zentrale Problem ist der unaufgelöste Konflikt am Ende der oralen Entwicklungsphase. Der Konflikt entsteht, wenn das Kind keine Zuwendung erhält. Es probiert dann – praktisch in einem Selbstheilungsversuch – zu kompensieren, indem es andere zu bedrohen versucht. Die Trennung von der Mutter erzeugt beim kleinen Kind Ängste und Enttäuschungen. Können die Eltern nicht genügend Stabilität und Verläßlichkeit vermitteln, so entwickelt das Kind kompensatorisch Größenphantasien, die sich in sadistischem Beherrschenwollen und omnipotentem Verfügenwollen äußern. Wenn das Kind später erfährt, daß sexuelle Lust etwas Eigenes ist, das ihm seine männliche (oder weibliche?) Unversehrtheit demonstriert, kommt es zur Sexualisierung dieses Konflikts. Oft wird dann während der Pubertät im sexuellen Ausleben eine Möglichkeit gesehen, den Konflikt in einem (allerdings pathologischen) Kompromiß zu lösen. Abraham unterscheidet als Folge des Lustgewinns durch Saugen, Lutschen, Beißen im Falle eines möglichen Mißglückens die «Saug-Oralen», die optimistischen, abhängigen Muttersöhnchen von den «Beiß-Oralen», die zu gewalttätig Aggressiven werden. Heraus aus diesem Dilemma führen natürlich nicht militante Kampfrufe, sondern die Einsicht, daß Gewalt die Feindin von Sexualität und Zärtlichkeit ist.

Verständlich die übersteigerten Emotionen, wenn einerseits von feministischer Seite argumentiert wird, alle Männer seien Vergewaltiger, und sich auf der anderen Seite der zählebige Mythos hält, insgeheim wollen alle Frauen vergewaltigt werden. Die polemische Thematisierung von Extrempositionen kann jedoch kaum etwas zu einer realistischen Erfassung des Problemfeldes beitragen.

Der Vorwurf, der Täter werde vor Gericht oft als männlicher Eroberer, das Opfer als moralisch Angeklagte gesehen, wird leider auch heute zum Teil immer noch in der Wirklichkeit bestätigt. Nicht selten sieht sich das Opfer männlich-chauvinistischen «Weisheiten» ausgesetzt und in eine Sündenbockfunktion getrieben: Jede Frau mit hochgeschobenem Rock kann schneller rennen als ein Mann mit heruntergelassenen Hosen.

Die Sexualforschung hat längst bewiesen, daß die wenigsten Täter ernsthaft psychisch krank oder gar «hypersexuell» sind. Entweder handelt es sich um rücksichtslose, charakterlich undifferenzierte, aggressive, egoistische Männer, die unfähig zu einer festen Gefühlsbindung sind, oder es sind eher unauffällige, schüchterne, in ihrer Männlichkeitsrolle insuffiziente Täter, die in der Unterwerfung der Frau narzißtisch ihre Dominanzkonflikte kompensieren wollen.

In der neueren Literatur finden sich die früher gängigen Metaphern «Der Mann ist das Pulver und die Frau der Funke» oder «Es läßt sich kein Faden einfädeln, wenn das Nadelöhr nicht stillhält» nicht mehr. Ich selbst habe extrem selten Fälle erlebt, bei denen auch nur ein latentes Einverständnis für die sexuelle Gewalttätigkeit vorgelegen hat.

Nur langsam begreift die männliche Denkweise, daß es nicht nur der gewaltsame Sexualakt als solcher ist, der die Frauen über Jahre zeichnet, sondern die Demütigung, die Beschmutzung, das Brechen des Willens, die Degradierung ihrer Person zum Objekt fremder Bedürfnisse. Auch wenn die Betroffenheit der Frauen ganz unterschiedlich ist, viele von ihnen leiden an den seelischen Folgen ein Leben lang.

Aggression ist eine phylogenetisch alte Reaktion, die dem Individuum half, zu überleben und die Art zu erhalten. Neurophysiologen unterscheiden bei den höheren Säugetieren zwei verschiedene Formen von Aggression. Die erste ist mit dem Angriff auf Beute verbunden, die zweite – ebenfalls im Hypothalamus lokalisierte – hat mehr einen emotionalen Charakter. Den Sexualmediziner interessiert an der Aggressivität am meisten ihre geschlechtliche Relevanz. Im Tierreich und beim Menschen ist der Sexualaggressor fast immer männlich. Man nimmt an, daß dieses Prinzip mit der unterschiedlichen Ausgestaltung des Zentralnervensystems zusammenhängt, die wohl schon im Mutterleib geschieht. Aktiviert werden die geschlechtsspezifischen Reaktionen durch den Einfluß der Sexualhormone. Aus der klinischen Erfahrung weiß man, daß durch eine Senkung des Testosteronspiegels, zum Beispiel durch Kastration, die sexuelle Aktivität und Aggressivität gemindert wird. Sexuell-aggressive Phantasien und auch aggressives Sexualverhalten gibt es bei fast allen Menschen, nicht nur bei abnormen Persönlichkeiten und Sexualdevianten, jedoch meist auf eine Weise, die beide Partner akzeptieren.

Bei der Aufarbeitung des Themas wird zunächst der psychologische Hintergrund dargestellt. Es wird aufgezeigt, wieso die Sexualität des Menschen so störanfällig ist, worin sich männliche und weibliche Erotik unterscheiden, wieso es zu Perversionen und zur sexuellen Süchtigkeit kommt. Die Übergänge vom problematischen Sexualverhalten über Schikane und Folter zur Vergewaltigung und sexuellen Tötung, aber auch Verbindung zu Pornographie und Prostitution, Orgien und Satanssekten, werden erörtert.

Mit zahlreichen Fallbeispielen wird der sexuelle Mißbrauch von Kindern, die Vergewaltigung, Gewaltanwendung in der Ehe, aber auch die sexuelle Unterdrückung unter Ausnutzung einer Machtposition geschildert. Selbst Themen wie Massenvergewaltigungen und Sexualmord bleiben nicht ausgespart. Aber es wird auch darauf hingewiesen, daß die Machtausübung keine Einbahnstraße ist, daß auch Frauen die Klaviatur der Schikane, der Nadelstiche, der Profitlichkeit beherrschen. Schließlich wollen wir darüber nachdenken, wie man Opfern und Tätern helfen kann. Hierbei werden wir sehen, daß es mit Gleichberechtigung, Quotenfrauen und Gesetzesänderungen allein nicht getan ist. Das Problem sitzt tiefer. Die Machtausübung des Patriarchats wird weiter wirksam werden, wenn unser Denken, Fühlen und Handeln – das von Männern *und* Frauen – weiterhin männlich bestimmt bleibt. Die strukturelle Gewalt, subtilere Formen der Unterdrückung, der Demütigung, des Kontrollierens, des Isolierens und der Einschüchterung, des Übergehens bei wichtigen Entscheidungen usw. sind oft schwer durchschaubar und werden eher toleriert.

Die klassischen menschlichen Geschlechterrollen sind weder willkürlich kulturell festgesetzt noch unabänderlich biologisch vorgegeben. Nur in Verantwortlichkeit und Achtung voreinander kann sich ein harmonisches Leben zwischen Frau und Mann entfalten.

2. Kapitel

Entwicklung der Sexualität und Verantwortlichkeit

Die Sexualität ist an unseren Körper und an unsere Psyche gebunden. Sie wird gesteuert durch den Stoffwechsel, durch Hormone, durch nervale Reize, durch genetische Bedingungen, die Umwelt, durch unser Fühlen, unsere Phantasie. Das biologische Verschiedensein der Geschlechter hat seinen Ursprung in der unterschiedlichen Empfindungswelt, die Körper und Seele vermitteln.

Vieles wurde auf diesem Gebiet in den letzten Jahrzehnten erforscht. Wie sich der Mensch in irgendeiner speziellen Situation nun aber verhält, diese höchst differenzierte Frage nach den subjektiven Möglichkeiten gegenüber den objektiven Bedingungen, läßt sich nicht exakt voraussagen. Inwieweit die Sexualorgane, die Steuerungsmechanismen, die Umweltfaktoren an einem nicht der Norm entsprechenden Verhalten beteiligt sind, ist oft schwer auseinanderzuhalten.

Wir wissen heute ziemlich genau, wie eng psychische Vorgänge im Gehirn mit der Tätigkeit der Keimdrüsen verknüpft sind. Die Regulationszentrale Zwischenhirn ist eng mit der Hirnanhangdrüse, dem wichtigsten übergeordneten hormonbildenden Organ, verbunden. Elektrochemische Signale steuern nicht nur Körpertemperatur, Blutdruck, Atmung, sie beeinflussen auch unsere Gefühle und können in uns Ekel, Scham, Angst, Schreck, leidenschaftliche Affekte, Zuneigung erzeugen. Durch die neuen Wissenschaften der Psychoendokrinologie [1] und der Psychoneuroimmunologie [2] wissen wir, daß unsere Gemütsverfassung im Gehirn verschiedene Botenstoffe freisetzt. Körper und Psyche sind anatomisch und physiologisch so eng miteinander verbunden, daß sie gerade im Bereich der Erotik und Sexualität nicht getrennt voneinander gesehen werden können.

Neue Untersuchungsmethoden (zum Beispiel Radioimmunoassays) lassen uns sehr genau eine Vielzahl von Hormonen im Blut bestimmen. Zu diesen Werten lassen sich psychische Befindlichkeiten in Korrelation setzen. Viele psychologische Probleme, Verhaltensstörungen werden im Zusammenhang mit Hormoneinflüssen gewertet. Wir wissen heute, daß der Spiegel der männlichen und weiblichen Sexualhormone einen nicht zu unterschätzenden Einfluß auf unser Erleben, insbesondere auf unsere sexuelle Erregungsbereitschaft hat.

Die Steuerung all dieser Befindlichkeiten und Affekte erfolgt durch die Großhirnrinde, wird uns also in der Regel bewußt. Wir können unsere Triebe durch unsere Einstellung und unsere Intelligenz beeinflussen. Das bedeutet gegenüber dem tierischen Verhalten Freiheit, aber auch Verantwortung. Wir können uns so oder so entscheiden. Der gesunde Mensch hat gelernt, mit seinem körperlichen Inventar umzugehen.

Wie differenziert das sexuelle Verhalten ist, können wir in den sehr umfangreichen Monographien von Krafft-Ebing[3], Moll[4], Hirschfeld[5], Giese[6], Kinsey[7], Masters und Johnson[8], Schelsky[9], Hite[10] und vielen anderen nachlesen. Allzuoft wird das sexuelle Verhalten auf bestimmte Funktionen wie den Orgasmus reduziert. Begriffe wie etwa den der gegenseitigen Beglückung, Verläßlichkeit und Treue, die nicht direkt etwas mit dem Triebleben zu tun haben, kommen deshalb in vielen Arbeiten zu kurz.

Das Geschlecht eines Menschen wird schon bei der Befruchtung festgelegt. Die genetische Zusammensetzung in den Zellkernen bewirkt, ob das Neugeborene als Mädchen oder Junge zur Welt kommt. Die Zwischengeschlechtlichkeit, die somatische Intersexualität, ist äußerst selten. Anhand des Aussehens der äußeren Geschlechtsorgane wird zumindest ein Teil der Geschlechterrolle anerzogen. Die Weichen für Risiken und Chancen werden in der Kindheit gestellt. Reflexe und Instinkte werden beim kleinen Kind durch reaktives Verhalten ergänzt.

Es bleibt das Verdienst von Sigmund Freud[11], auf die Wichtigkeit der Entwicklungszeit des Kleinkindes hingewiesen zu haben. Frühe Erfahrungen und Erlebnisse fallen in die Zeit der Reifung des Zentralnervensystems. Wesentlich ist, wie die einzelnen Sinne für das Verhalten des Kleinkindes wichtig werden. Die psychoanalytische Schule nimmt an, daß weniger die Erbinformationen als die ersten

Erfahrungen für späteres abnormes oder krankhaftes Verhalten grundlegend sind.

Bereits das Neugeborene verfügt über einen reaktionsfähigen Geschlechtskörper. Mit dem Heranwachsen des Kindes wächst auch die Möglichkeit, andere Reize sämtlicher Sinnesorgane in den Dienst der Sexualität zu stellen. Beim männlichen Säugling lassen sich schon genitale Reflexmechanismen nachweisen, etwa wenn beim Abtrocknen oder Eincremen der Penis erigiert. Manche Mädchen pressen gelegentlich in den ersten Lebensmonaten rhythmisch die Schenkel zusammen und zeigen dabei Reaktionen, wie sie beim Orgasmus der Erwachsenen vorkommen.

Kinder von drei Jahren bekunden in der Neugierphase ein starkes Interesse an den eigenen und fremden Geschlechtsorganen, oft mit einer naiven Schamlosigkeit, die manche Eltern in Verlegenheit bringt. Bereits im Alter von vier Jahren finden sich erotische, gefühlsbetonte Einstellungen zu Gleichaltrigen und erwachsenen Bezugspersonen. Damit ist bereits beim ersten Gestaltwandel, der zwischen dem vierten und sechsten Lebensjahr stattfindet, mit der Prägung sexuellen Fehlverhaltens zu rechnen.

Die eigentliche Geschlechtsidentität entwickelt sich allerdings erst vom siebten und achten Lebensjahr an. Jedoch nicht nur in unserem Kulturkreis bestimmen in diesem Lebensalter hemmende Umwelteinflüsse die Einstellung zur Sexualität, weshalb Giese[6] von einer offiziellen und einer privaten Ebene spricht.

In abgeschlossener Heimlichkeit kommen jetzt die ersten Paarbildungen zustande. Präpuberale Sexualspiele, aber auch ernste Probierversuche, Onanie allein und in Gemeinschaft, Eifersuchtsreaktionen kommen vor.

Versetzt die Selbstbefriedigung heute zwar nicht mehr wie in früheren Generationen die Heranwachsenden in Angst- und Schuldgefühle, so verdienen doch die Begleitphantasien, die szenische Ausgestaltung ein besonderes Augenmerk. Diese tagträumerische Ausgestaltung läßt mitunter Schlüsse zu auf präkoitale Fixierungen, fetischistische, sadistische Vorstellungen, Objektpräferenzen und gestörte sexuelle Ich-Strukturen.[12]

In der Vorpubertät steigen die Spiegel von Hypophysen-, Nebennieren- und Geschlechtshormonen. In der Pubertät reifen die sichtbaren und inneren Geschlechtsmerkmale. Im Durchschnitt erreicht ein

Mädchen diese wichtige Lebensphase mit zwölf, ein Junge mit dreizehneinhalb Jahren.

In der Pubertät, die drei bis vier Jahre dauert, reift die sexuelle Funktionsfähigkeit weiter aus. Während die Sexualität des jungen Mannes sofort sehr rasch zu stimulieren ist, steigt gemäß den Untersuchungen von Kinsey[7] beim Mädchen die Häufigkeit sexueller Erregung langsam im Verlauf der nächsten Jahre. Da die Sexualisierung das gesamte Zentralnervensystem beansprucht, können andere psychische Wahrnehmungen blockiert werden. Es kann zu einer regelrechten «Sexualnot» (Giese) kommen, bei der das Bewußtsein eingeengt wird und von der erste Sexualdelikte ihren Ausgang nehmen können. Bezeichnend ist eine dranghafte, unruhige Erregung, eine Unausgeglichenheit, Fahrigkeit und oft auch Widersetzlichkeit. In die Phase der inneren Unruhe fallen physiologischerweise gehäufte Masturbationen, oft zunächst «Petting» und schließlich direkte Sexualkontakte.

Beim Menschen ist der gesamte Reifungsprozeß ein sehr komplizierter Vorgang und demnach mit zahlreichen Risiken verbunden. Besonders die zeitliche Verschiebung zwischen körperlicher und geistiger Reife führt zu Problemen. Einerseits bringt die somatische Akzeleration notgedrungen ein ungenügendes Ausleben der Möglichkeiten mit sich, andererseits kann ein längeres Kindlichbleiben der emotionalen und charakterlichen Seite der Persönlichkeit zu einer meist vorübergehenden, zeitweiligen Haltlosigkeit führen. Auffällige Abhängigkeits- und Hörigkeitsverhältnisse können entstehen. Es ist nicht ausgeschlossen, daß eine ungezügelte sexuelle Triebhaftigkeit zu strafbaren Delikten führen kann. Die verschiedensten situativen Bedingungen, etwa Verführungshandlungen von außen, können Heranwachsende in eine ernsthafte Gefahr bringen.

Mit dem Wachstumsstillstand und der Fruchtbarkeit erreicht der Mensch seine Reife. Die ist aber auch auf Erfahrung und Lernen angewiesen. Während die weibliche Sexualität mehr passiv, abwartend angelegt oder richtiger, anerzogen ist, ist die männliche in ihrer Reaktionsfähigkeit aktiver, beweglicher und kann relativ leicht in ein unkontrolliertes Verhalten umschlagen. Der Aufbau einer zufriedenen Partnerschaft kann mißlingen, die Risiken sind groß. Ungünstiger Umgang, verbildende Lektüre, Alkohol, angeborene Minderbegabung, aber auch situative Konstellationen können die normalen Irrungen und Wirrungen dieser Phase bis zu persönlichen und gesellschaftlichen Konflikten verstärken.

Die Achtung vor der Personalität des anderen, das auf Gegenseitigkeit beruhende soziale Verhalten, das Erfahren einer zärtlichen harmonischen Sexualität kann nur durch positives Vorleben an die Kinder weitergereicht werden.

Obwohl Sigmund Freud uns einreden wollte, der Penis gebe dem Jungen Selbstsicherheit und treibe das Mädchen in den Penis-Neid, zeigt die Realität, daß die sexuelle Reifung des Mannes mit sehr viel mehr Risiken verbunden ist als die der Frau. Sicher ist auf alle Fälle, daß sexuelles Verhalten nicht nur in den ersten Lebensjahren eines Menschen geprägt wird, sondern daß sich auch später noch alle möglichen Verhaltensstörungen entwickeln können. Trotzdem steht fest, daß es Phasen in der Kindheit gibt, die für die Entwicklung der Sexualität – und auch für andere Reifungsvorgänge – sehr wichtig sind. Da ist einmal die Abkopplung des Kleinkindes von der Mutter in Richtung näherer Umwelt. Da ist weiter die krisenhafte Zeit um das dritte Lebensjahr, das Hin und Her zwischen Zu- und Abwendung von den Eltern, die Freudsche Ödipussituation. Dann kommt die Zeit um das siebte bis achte Lebensjahr, in dem der Verstand, Phantasien und Tagträume einsetzen und Krisen heraufbeschwören können. Schließlich folgt die entscheidende Phase der Pubertät, in der die Sexualität ernsthafte Probleme bereiten kann.

Zweifellos kommt Umwelt, Elternhaus, Schule, Freunden eine entscheidende Rolle der Prägung zu. Inzesthandlungen, homo- oder heterosexuelle Erlebnisse können ein Leben lang wirksam bleiben und die Sexualität verändern. Die Weichen für das spätere «sexuelle Gestimmtsein» (Giese) werden früh gestellt. Und dieses Gefühl bleibt nicht auf sich selbst beschränkt, sondern wendet sich an ein Gegenüber. Durch Übernahme der Konventionen unseres Kulturkreises lernen wir, Triebe und Affekte zu steuern, was nicht immer leicht ist und nicht immer gelingt.

Normalerweise geht der sexuellen Annäherung eine geistige voraus. Viele sexuelle Fehlabläufe könnten verhindert werden, wenn man schon im vorausgehenden Gespräch Kommunikationsschwierigkeiten erkennen würde. Die Fähigkeit oder Unfähigkeit zur Erotik, zum Verliebtsein, hat sehr viel mit der persönlichen Kultur zu tun. Dieser Reifungsprozeß dauert das ganze Leben lang und ist normalerweise eine wichtige Quelle gegenseitiger Beglückung, kann jedoch immer wieder gestört werden und in abwegiges sexuelles Verhalten umschlagen.

In den letzten zwanzig Jahren ist die Einstellung der Gesellschaft zur Sexualität sehr viel toleranter geworden. Außerdem kam es zu einer Nivellierung der noch von Kinsey erhobenen Unterschiede in den Bevölkerungsschichten, Berufsgruppen und zwischen den Geschlechtern. Das koitale Ersterlebnis wurde um drei bis vier Jahre vorverlegt.

Literatur

1 Appelt, H. / B. Strauß: Psychoendokrinologische Gynäkologie, Stuttgart 1988.
2 Miketta, G.: PNS. Körper, Psyche, Streß, in: Natur, Sonderheft, München 1989.
3 Krafft-Ebing, R. v.: Psychopathia sexualis. Stuttgart 1924.
4 Moll, A.: Handbuch der Sexualwissenschaften, zwei Bände, Leipzig 1926.
5 Hirschfeld, M.: Sexualpathologie, drei Bände, Bonn 1916–1920.
6 Giese, H.: Psychopathologie der Sexualität, Stuttgart 1962.
7 Kinsey, A.: Das sexuelle Verhalten der Frau, Berlin–Frankfurt 1970. Das sexuelle Verhalten des Mannes, Berlin–Frankfurt 1970.
8 Masters, W. / V. Johnson: Die sexuelle Reaktion, Reinbek 1980.
9 Schelsky, H.: Soziologie der Sexualität, Hamburg 1955.
10 Hite, S.: Hite Report. Das sexuelle Erleben der Frau, München 1976.
11 Freud, S.: Gesammelte Werke, Frankfurt 1964.
12 Wille, R.: Forensische Sexualmedizin, in: Praxis der Rechtsmedizin, Stuttgart 1986.

3. Kapitel

Männliche und weibliche Erotik

Ein Mann begreift schwer das Ausmaß des Traumas, das eine Vergewaltigung für die Frau darstellt. Die männliche Sexualität ist unpersönlicher und prinzipiell verantwortungsloser als die weibliche. Viele Männer stellen sich vor, daß es doch gar nicht so schlimm wäre, ja ganz erregend sein könnte, wenn zwei, drei Frauen sich auf sie stürzen und zum Geschlechtsverkehr zwingen würden.

Für die meisten Männer ist die Vergewaltigung eine angenehme erotische Phantasie, für die Frauen hingegen immer eine negative. Besonders schwer tut sich der auf den Koitus zentrierte Mann mit dem Gedanken, wieso eine Vergewaltigung für eine Prostituierte erniedrigend sein soll. Was geht einer solchen Frau denn verloren? Der Mann begreift schlecht, um was eine vergewaltigte Frau beraubt wird. Er schätzt die Freiheit, zu entscheiden und zu wählen, nicht hoch genug ein.

Für die Frau bedeutet das Recht, nein zu sagen, eine ungeheure Stärke. Sie definiert sich als menschliches Wesen – wie der Mann – durch die Macht der Selbstbestimmung. Öffnet sie sich nicht freiwillig, dann kann man sie nur durch eine Verletzung nehmen. Jede Vergewaltigung ist eine Mißachtung des Willens.

Für einen Mann ist das Ausmaß der Ungerechtigkeit einer Vergewaltigung deshalb so schwer zu verstehen, weil es für ihn im Bereich der Erotik und Sexualität keine der Vergewaltigung gleichbedeutende Situation gibt. Für viele Männer ist die Trennung zwischen Liebe und Sexualität in der Regel das Natürlichste auf der Welt, für die Frau ist das eine ohne das andere schwer denkbar.

Die Frau will nicht als Mittel für eine Entladung gesehen werden. Sie ekelt sich vor dem Begehren des Mannes, das auf sie nicht als Individuum gerichtet ist. In einem ausgeglichenen geregelten Zusammenleben zwingt die Frau den Mann, sein Begehren unter Kontrolle zu halten. Sie gibt ihm zu verstehen, daß sie die sanften Übergänge braucht und daß sie sein spontanes Begehren, mit dem er alles sofort fordert, nicht mit der gleichen Schnelligkeit erwidern kann. Jede Frau verabscheut das hastige, gewaltsame Eindringen. Sie möchte entsprechend ihren eigenen Rhythmen verführt und in Gefühle verstrickt werden.

Insgesamt ist die männliche Erotik visueller und genitaler, die weibliche mehr auf Berührungen, Bewegungen von Muskeln, auf Hören und Spüren gepolt. Männer lieben Pornos, Frauen lieben Schnulzen, bringt Alberoni[1] überspitzt die gegensätzliche Veranlagung auf einen Nenner. Nüchterne unerotische Geschäftsbereiche, Pädophilie, Pornographie und Prostitution interessieren eine Frau normalerweise nicht, regen sie auf alle Fälle nicht sexuell an, sondern erzeugen eher Abwehr.

Frauen lieben das Fortbestehen eines Gefühls, der Mann trennt sich nach dem Geschlechtsverkehr relativ leicht und schnell von der Partnerin.[2] Man sagt, Männer liebten schöne, erotische Frauen, und Frauen bevorzugten mächtige, einflußreiche, berühmte Männer.

Die Frau bedeutet für den Mann immer Verführung. Sie ist sein Dornröschen, das er nur wach küssen muß. Nur manchmal ist sie eine Zauberin, die ihn durch Magie an sich fesselt. Überspitzt formuliert, ist die männliche Erotik frivol und leichtfertig, die weibliche basiert auf Kontinuität und Treue. Frauen werden deshalb viel häufiger Opfer einer amourösen Faszination oder gar einer sexuellen Sklaverei. Sie heben ab, sie verlieren regelrecht ihre Sinne. Sie sind ständig in Gefahr, erotische Schwärmerei und Verliebtheit miteinander zu verwechseln.

Weil sie sich immer zwischen sehr ähnlichen Gefühlen bewegen und diese oft nicht so genau unterscheiden können, erscheinen Frauen diskontinuierlicher als Männer und kennen nur Ja oder Nein. Alles oder Nichts.

Männer wissen eher, ob ein Gefühl sexuelle Begierde oder Liebe ist. Frauen wissen das oft nicht. Sie sind davon überzeugt, daß ein Mann, der mit ihnen schläft, sie auch lieben müsse. Zum Teil ist diese männlich-weibliche Verschiedenheit sicher kulturell vermittelt, zum Teil in der Natur des Menschen verankert. Die Frau hat es im

Laufe der Jahrtausende gelernt, den Schutz durch mächtige Männer erotisch zu besetzen. Es gilt jedoch als wahrscheinlich, daß die Frauen, die derzeit mehr Autonomie und Aktivität für sich erobern, ihre fürsorgliche Rolle gegen die einer gleichberechtigten Liebespartnerin eintauschen werden.

Vermutlich neigen Frauen deshalb mehr zur Verschmelzung, dem Gefühl der Kontinuität, weil sie sich als kleines Mädchen von ihrem ersten Liebes- und Identifikationsobjekt, der Mutter, nicht unterscheiden und abgrenzen mußten.

Weibliche Erotik wird viel mehr als männliche beeinflußt von Erfolg, gesellschaftlichem Ansehen, Berühmtheit, Macht. In ihrer orgiastischen Begeisterung lieben Mädchen und Frauen Stars, Sänger, Schauspieler, charismatische politische und religiöse Führerfiguren. Milan Kundera[3] schreibt: «Frauen suchen nicht den schönen Mann. Frauen suchen den Mann, der schöne Frauen gehabt hat.» Während sich in Männerzeitschriften vorwiegend schöne, oft nackte Frauen finden, will die Frau in ihrer Lektüre berühmte, bedeutende Männer sehen. Der Mann erträumt sich sexuelle Beziehungen zu vielen schönen Frauen, die Frau sieht ihr Glück in der dauerhaften Beziehung zu einem überragenden, intelligenten, starken Partner, zu dem sie aufsehen kann. In ihren Phantasien allerdings sind beide ununterbrochen auf der Suche nach Spontanerlebnissen.

Der Märchenprinz ist ein sehr männlicher Mann, aber auch oft eine Bestie. In «La belle et la bête»[4] wird der grausame, gewalttätige Mann mit lasterhaften, hemmungslosen Gelüsten durch die Liebe zur Schönen besänftigt und in einen ergebenen Beschützer verwandelt.

Eine Frau, die einen Mann verführt, will als Endziel nicht den Geschlechtsakt, sondern sie will sein Begehren, seine Verzauberung. Diese Erotik ist das Gegenteil des Obszönen. Die Frau will das Verlangen, die Faszination, sie will geliebt und in Erinnerung behalten werden. Deshalb zögert sie oft so lange vor der Hingabe, weil sie nicht nur eine Eroberung sein will. Die Frau liebt mehr als der Mann die Idylle, das dauerhafte Interesse, die ewigen Flitterwochen. Sie möchte sich fallenlassen, ohne überfallen zu werden.

Frauen wünschen keine vulkanartigen, unvermittelten Ejakulationen, sie lieben die langanhaltende Erektion und Verschmelzung, die zeitlose zärtliche Umarmung. Für den Mann dagegen zählt mehr die Großartigkeit eben jetzt dieser sexuellen Begegnung, dieser Augenblick der höchsten Lust. Natürlich empfindet auch er die schmerzliche Sehnsucht, wenn er nicht bei der geliebten Frau sein kann, doch die Dauer des Zaubers ist begrenzt.

Jeder Mensch hat ein starkes Bedürfnis nach dem Außergewöhnlichen. Doch so wie Männer immer wieder schöne Frauen überbewerten (weil sie bei ihnen Kälte und Gefühlsarmut zu spät erkennen), so täuschen sich Frauen gewöhnlich in starken, anziehenden Persönlichkeiten, indem sie lange nicht bemerken, daß solche Männer oft nur von ihrem eigenen Erfolg und ihrer eigenen Macht fasziniert sind. Nicht jede gewaltige Energie, die einem genialen Menschen innewohnt, läßt sich in Liebesgefühle umwandeln. Nicht selten ist gerade diese Unfähigkeit zur Liebe der Schlüssel für den beruflichen Erfolg dieser Menschen.

Frauen legen sehr großen Wert auf die Möglichkeit der körperlichen Verweigerung. Sie mögen nicht dic unpersönliche, übertragbare Form der männlichen Erotik. Sie möchten, daß der Wunsch des Mannes nach Sexualität sich auf sie ganz persönlich bezieht.

Die Frau liebt die Kraft und die Stärke des Mannes, doch sie hat Angst vor der rohen Körperlichkeit. Wird die Frau wie ein Gegenstand besitzergreifend, brutal gepackt, so erlebt sie das als seelisch und körperlich entwürdigenden, vernichtenden Akt. Sie fühlt sich ohnmächtig, hat Angst und wird von dieser Gewalttätigkeit regelrecht erdrückt.

Die männliche Lust braucht keine Moral und ist eher eine egoistische Genußsucht. Die Frau dagegen möchte auch in der großzügigsten Liebesbeziehung die soziale Würde gewahrt wissen.

In den erotischen Phantasien des Mannes werden die schönsten Frauen reihenweise Sklavinnen seines immer potenten, außergewöhnlichen Gliedes. Sie sind verrückt vor Verlangen und bitten um Erlösung, allesamt sexgierig, ja süchtig nach seinem Superpenis. In den Männerphantasien regiert in erster Linie Geilheit und erotische Hemmungslosigkeit. Gerade das, wovon Frauen träumen – Zärtlichkeit, Bindung, gemeinsames Leben –, schließt die Phantasie des Mannes weitgehend aus.

Das ist auch der Grund, warum pornographische Filme, in denen sich naive, leicht erregbare Frauen frei von Hemmungen ständig anbieten, bei Männern so erfolgreich sind. Die Frauen in diesen (in der Regel von Männern gemachten) Filmen verhalten sich genauso, wie sich das die Männer erträumen, und nehmen ihnen damit das schlechte Gewissen für ihr schamloses Begehren ab.

Natürlich geben die Männer diesen unmoralischen, unsozialen Anteil ihres Wesens, mit dem sie sich aus der Verantwortlichkeit stehlen wollen, sehr ungern zu. Männer haben oft eine Schwäche für die liederliche Prostituierte, weil sie dort ohne Verpflichtung und Bindung Freiheit und Lust genießen dürfen.

Frauen begehen auch Schurkereien, aber weniger wegen eines sexuellen Vorteils, sondern eher wegen eines gesellschaftlichen, finanziellen. Für eine Frau ist die neidische Bewunderung der Rivalin über die Segeljacht mindestens genauso erotisch wie ein «begnadeter» Penis.

Doch gerade in dieser Verschiedenartigkeit der Gefühle und Gedanken von Mann und Frau entsteht immer wieder – oft auch nur für kurze Zeit – der Zauber, das Wunder, das Mitreißende und die übrige Welt Ausschließende der ganz großen Liebe, das totale Vertrauen und das Sichhingeben. Aber wir reden hier nicht von der Vertiefung einer geistigen Beziehung, wir reden von den Abschottungen, von den Mauern, die von innen wachsen, von dem Nichtredenkönnen.

Auch wenn die Frau in einer Liebesbeziehung gerne den passiven Part übernimmt, so besteht sie immer auf ihrem Recht, wählen zu dürfen. Auch wird sich eine Frau – vorausgesetzt, sie ist keine Prostituierte – immer nur in Stufen öffnen können. Der von Erika Jong[5] auch für Frauen geforderte «Spontanfick» ist eine den Männerphantasien entgegenkommende Erfindung.

Der Mann, der eine Frau mit Gewalt nehmen möchte, hat eigentlich Angst vor der weiblichen Sexualität. Er fürchtet sich vor der Schönheit, er fürchtet sich vor der auflösenden Verschmelzung, er kennt keine Erotik, keine Verliebtheit. Wer mit Gewalt nimmt, tut das nicht unbedingt aus Bosheit, eher aus Unterentwicklung und Stumpfheit, er will nur die oder besser: eine Lust. Alles andere ist lästige Zeitverschwendung. Er kann nicht verführen, weil er die Frauen nicht kennt, weil er nicht weiß, was Liebe ist. Eine Entweihung empfindet er nicht, wenn er die ständig zu ihm nein sagenden Frauen zwingt, sein Begehren zu stillen.

Sadisten möchten die Frau nicht total vernichten, sondern sie durch Anketten, Auspeitschen, Vergewaltigen kleiner machen, ihren Willen brechen, sie gefügig machen. Die Vorstellung, daß eine Frau sich das Recht herausnimmt, ihm Lust vorzuenthalten, macht den Sadisten wütend.

Auch in einer Gesellschaft, in der die Männer das Sagen haben, zwingt die Frau dem Mann die Regeln der Werbung und Verführung auf. Der Mann macht ihr also den Hof, gibt sich unterhaltsam, führt sie aus, obwohl er ihr am liebsten die Kleider vom Leib reißen und mit ihr schlafen möchte. Der guterzogene Mann macht das Spiel mit, respektiert die freie Entscheidung der Frau und verführt ihren Willen, statt ihn zu vergewaltigen.

Der große Verführer nistet sich ein im Herzen der Frau, ist feinfühlig, wortgewandt, einschmeichelnd und macht sie glauben, er wolle nichts für sich. Es ist mühsam zu fragen, ob diese berechnende Vorgehensweise nicht auch eine subtile Form der Vergewaltigung ist, so wie das sexuelle Zusammenleben einer Frau mit einem wohlhabenden Partner oft wenig der Prostitution nachsteht.

Der Vergewaltiger ist der absolute Gegenpol zum trickreichen Verführer, der Vergewaltiger ist zugleich schüchtern und grob, wortlos explosionsbereit drohend, räuberisch. Wer Gewalt anwendet, um sexuelle Ziele zu erreichen, ist nicht in der Lage, sein Begehren zum Begehren der Frau zu machen.

Die Liebe macht gleichzeitig sehend und blind, die Liebe ist Eroberung und Unterwerfung, gleichzeitig hemmungsloser Egoismus und totale Hingabe, Kerker und Freiheit. Liebe ist Glückseligkeit *und* Martyrium. Aber das, was unsere Liebe so einmalig und auch so gefährlich macht, ist die unerschöpfliche Phantasie, ist der Einbruch des Erhabenen und des Dämonischen in die Welt der Erotik. Die Gegebenheit, daß Männer Frauen sexuelle Gewalt antun und nicht umgekehrt, basiert nicht auf der Tatsache, daß Männer kräftiger sind, sondern darauf, daß die beiden Geschlechter verschiedene Sexualphantasien haben und verschiedene Dinge als schön empfinden.

Es hat lange gedauert, bis es erst jetzt in den neunziger Jahren zur Vollendung der postfeministischen Kulturrevolution, zur Emanzipation der weiblichen Lust kommt. Den neuen Feministinnen, der intellektuellen Frauen-Avantgarde, den Psychoanalytikerinnen, Künstlerinnen, Soziologinnen, Autorinnen hängt die Opfer-Diskussion inzwischen zum Hals heraus.[6] Sie fordern als letzte Konsequenz auch in der Sexualität für die Frau ein aktives, lustvolles Vorgehen.

Statt sich als Sexualobjekt schönzumachen und anzubieten, soll die sexuell reife Frau mit den Augen des Begehrens die Gleichberechtigung durchsetzen.

Die Vorkämpferinnen für die neue Re-Erotisierung betonen, daß Macht- und Unterwerfungsphantasien und ein Stück Aggressivität zur gesunden Sexualität gehören, und wehren sich lautstark gegen den im Zusammenhang mit Kampagnen gegen Gewalt in der Geschlechterbeziehung propagierten infantilen Kuschelsex.

Noch allerdings halten die meisten Frauen in der Alltagsrealität mit ihrer sexuellen Gier und ihrem erotischen Tatendrang oft hinter dem Berg zurück, wohl um die Angst der Heerscharen narzißtisch gestörter Männer nicht noch mehr zu schüren. Schließlich wünschen sich Frauen keine unterlegenen Männer, sondern haben eher die «Vision einer Balance»[7]. In Augenhöhe mit den Männern, gemeinsam mit ihnen, nicht gegen sie, wollen sie den kulturellen Wandel und damit die Emanzipation der weiblichen Sinnlichkeit realisieren.

Literatur

1 Alberoni, F.: Erotik, München 1987.
2 Bruckner, P. / A. Finkielkraut: Die neue Liebesunordnung, München 1981.
3 Kundera, M.: Das Buch vom Lachen und dem Vergessen, Frankfurt/Main 1982.
4 Bettelheim, B.: Kinder brauchen Märchen, Stuttgart 1977.
5 Jong, E.: Fallschirme und Küsse, München 1985.
6 Barth, A.: Die Emanzipation der weiblichen Lust, in: Der Spiegel Nr. 2/1991
7 Benjamin, J.: Die Fesseln der Liebe, Frankfurt/Main 1990.

4. Kapitel

Sexuelle Süchtigkeit

Die Sucht gehört zu den grundlegenden Störungen menschlichen Erlebens und Verhaltens. Sie ist mehr als Alkohol-, Medikamenten- oder Drogenabhängigkeit. Seit Begründung der «Verstehenden Psychopathologie» durch Jaspers[1] versucht man, Sucht und süchtiges Verhalten psychologisch nachvollziehbar zu machen.

Auch nichtstoffgebundene Abhängigkeiten gründen auf anthropologischen Grundstörungen und führen zu Verformungen menschlicher Denkweise. Krafft-Ebing[2] hat in seiner «Psychopathia sexualis» den zwanghaften, ja imperativen Charakter dieser Störungen hervorgehoben. Auch Gebsattel[3] hat schon sehr früh auf die süchtige Entartung auch der sexuellen Lebensbereiche hingewiesen.

Der Hamburger Sexualwissenschaftler Hans Giese[4] prägte 1962 den Begriff des «süchtigen Sexualverhaltens». Als Merkmal, daß es sich nicht nur um ein sexuelles Fehlverhalten, sondern um sexuell süchtiges Verhalten handelt, nennt er den Verfall an die Sinnlichkeit, das heißt die zunehmende Ausfüllung des gesamten Denk- und Phantasieraumes durch die abweichende Triebvorstellung. Hierher gehört auch die zunehmende Frequenz der Handlungen bei zugleich abnehmender Triebbefriedigung, ein Phänomen, das man beispielsweise auch bei stoffgebundenen Süchten gut kennt. Abnorme sexuelle Betätigungen führen häufig, zumindest zeitweise zur Anonymität und Promiskuität, nicht selten zu einem sozialen Abgleiten dieser Menschen in apersonale Befriedigungsformen. Das Auftreten von Entzugserscheinungen beim Ausbleiben der Betätigung äußert sich körperlich in Form vegetativer Symptome, psychisch in einer dranghaften Unruhe und einem steigenden imperativen Verlangen. Im Falle des Jürgen Bartsch, eines homosexuell-pädophilen Sadisten, akzeptierte die Rechtsprechung den Gieseschen Begriff des suchtähnlichen Sexualverhaltens.

Auch wenn die Gefahr besteht, daß der Suchtbegriff ausufert, so ist doch festzustellen, daß die süchtige Verformung ein überall verbreitetes psychologisches Phänomen darstellt. Es ist einleuchtend, daß triebnahe Verhaltensweisen wie Sexualität, Trinken, Essen relativ häufig in ein krankhaftes Geschehen umschlagen. Das anorektische Verhalten, also die «Mager-Sucht», wird schon lange als Krankheit gewertet, einfach, weil es unseren Normbegriffen nicht so nahe kommt wie übermäßiges Trinken und abweichende Sexualpraktiken. Im Prinzip kann jedes lustbetonte menschliche Verhalten potentiell zur Sucht werden. So könnten auch relativ triebferne Betätigungen wie zum Beispiel Arbeit, Wetten, Hobbys, Spielen, Joggen, Bergsteigen, Kaufen, rasantes Autofahren suchtähnlich entarten.

Manche Formen der sexuellen Hörigkeit[5] sind deutlich suchtentartet. Das Liebesobjekt, die Droge Mensch, wird mit allen Zeichen einer schweren psychischen Abhängigkeit, der Ausschließbarkeit, der absoluten Überwertigkeit bis hin zur Selbstaufgabe erlebt.

Die Zwanghaftigkeit, das nicht mehr vom Ich Beeinflußbare, die Eigengesetzlichkeit und Automatik, mit der das Geschehen abläuft, zeigt wie bei stoffgebundenen Abhängigkeiten den Suchtcharakter eines Verhaltens. Von einer Abhängigkeit können wir meistens dann sprechen, wenn sich die betreffende Verhaltensabweichung als neurotische Symptombildung zu erkennen gibt.

Die Betroffenen sprechen oft von einem übermächtigen Geschehen, von diesem einzigen Sinnen und Trachten, dem man dann, wenn es auftritt, keinen Widerstand entgegensetzen kann. Das ist der Wiederholungszwang einer neurotischen Symptombildung. Das Verhalten wird als störend und persönlichkeitsfremd empfunden. Die innere Anteilnahme am suchtartigen Geschehen wird immer stärker. Familie, Freunde, Beruf usw. werden vernachlässigt. Es kommt schließlich zu einem weitgehenden Verlust aller anderen Interessen, zu einer zunehmenden Einengung der sozialen Bezüge und somit zu einer Entdifferenzierung der Persönlichkeit.

Immer ist es der Gefühlsmangel, der den Weg zur Abhängigkeit begleitet, der Intensitätsverlust, die Entfremdung, die Entwurzelung. Das falsche Einschätzen der Realität, die Blockierung der Ich-Umwelt-Beziehung führen zu einer Isolierung vom Leben und zu einem regelrechten Surrogat-Denken. Durch den emotionalen Mangel, durch das Abstumpfen der Affekte wird das zwischenmenschliche

Vakuum immer größer. In dieser unlebendigen Langeweile ist das zwanghafte Handeln zu Hause, das kein zufriedenes Genießen kennt.

Doch wer ist schuld daran, daß manche Menschen so reagieren? Sind die Auffassungen der verschiedenen psychologischen Schulen auch noch so gegensätzlich, hier besteht ein weitgehender Konsensus: Die Mutter, die Macht über unsere Kindheit hatte, ist die Schuldige. Die Mutter, die uns Nahrung, Wärme und Zärtlichkeit, Lust und Behagen gibt, hat uns durch ihre gutgemeinte Verwöhnung zu hilflosen, angewiesenen, abhängigen Kindern gemacht. Sie hat uns nicht freigelassen, sie hat uns entmutigt, und sie hat als erste unseren Willen gebrochen. Sie ist verantwortlich für unsere fesselnden Schuldgefühle. Wie dankbar sind wir alle für dieses weichgepolsterte Schlupfloch!

Der Abhängige leugnet beharrlich seine eigene Verantwortlichkeit und stopft sich aus Angst vor den quälenden Entzugserscheinungen die verführerische Droge bis zur Bewußtlosigkeit in alle möglichen Körperöffnungen. Die Abhängigkeit ist kein Symptom, sondern eine umfassende Lebenshaltung. Die gefährlichste aller Drogen: der Mensch.

Konflikte werden nicht ausgehalten, die zwischenmenschlichen Beziehungen leiden unter der geringen Belastbarkeit. Der Süchtige verlernt zu leben. Er konsumiert, statt das Leben kraftvoll anzupacken. Er fürchtet jede Auseinandersetzung, kann sich nicht freuen, kann nicht lieben, sein Dasein ist stumpf und leer. Er kann sich nicht durchsetzen und kann die Spannung nicht aushalten. Irgendwann haben sich so viele Kränkungen und Ängste angesammelt, daß es zu einer gewaltigen Explosion kommt. Vergewaltiger sind keine starken, sondern immer unglückliche, schwache, insuffiziente Menschen.

Die nicht eingestandene Angst macht diese Menschen zu ewig Flüchtenden vor sich selbst. Sie fressen ihren Groll in sich hinein, beugen sich nicht vor der vermeintlich feindseligen Umwelt. Da sie keine tragfähigen Freundschaften eingehen und ihnen fast alle gemüthaften Kontakte fehlen, plagen sie Selbstzweifel und Depressionen. Die Nähelosigkeit treibt diese Menschen in die Isolation. Süchte sind immer schweigende Kraftlosigkeiten.

Gemäß der Psychoanalyse[6] handelt es sich bei diesen tiefliegenden Persönlichkeitsveränderungen um eine gestörte frühkindliche Objektbeziehung. Der Abhängige versucht, mit der Droge, oder in unserem Fall mit der Tat, die überwältigenden Affekte in den Griff zu bekommen. Die innerpsychischen Spannungszustände der massiven

Ich-Störung können jedoch immer nur kurzfristig gelockert werden. Der Disharmonie zwischen dem Sich-selbst-Fühlen und dem Ich-Ideal kann man nicht mit einer Droge oder einer Gewalttat entfliehen. Werden Meinungsverschiedenheiten nicht ausgetragen, so ist auch kein Wachstum der Persönlichkeit möglich. Die fehlende Geborgenheit in einer unvollständigen Familie (*broken home*) und traumatisierende Erlebnisse in der Kindheit sind die typischen prädisponierenden Faktoren für süchtiges Verhalten. Robin Norwood[7] und Wilfried Wieck[8] sind in ihren Büchern, die zu Bestsellern wurden, eingehend diesem Phänomen nachgegangen.

Die Gefühle hat der Abhängige ins Unterbewußtsein abgedrängt. Dort geben sie aber keine Ruhe, und der Zugang zu ihnen ist verstellt. Starr und maskenhaft warten viele auf das wirkliche lebendige Leben. Aus lauter Angst, verletzt zu werden, legen sie sich einen dicken Panzer zu.

Aber wenn die Seele nicht mitschwingt, kann sich kein echtes Eigenleben entwickeln. Die tragischen Fehlkonstruktionen der Schöpfung stehen sprachlos vor dem Dunkel, das in ihren Träumen aufsteigt. Irgendwann schlägt die belebende Aggression in todbringende Zerstörung um.

Es muß noch einmal betont werden, daß die Süchtigkeit nur ein Modell für viele Perversionen ist, lange nicht für alle, und daß es zahlreiche aggressionsgeladene Sexualhandlungen gibt, die so nicht erklärt werden können.

Literatur

1 Jaspers, K.: Allgemeine Psychopathologie, Berlin 1923.
2 Krafft-Ebing, R. v.: Psychopathia sexualis, Stuttgart 1924.
3 Gebsattel, F. v.: Die Welt des Zwangskranken, Mschr. Psychiatr. 99, 1938.
4 Giese, H.: Zur Psychopathologie der Sexualität, Stuttgart 1973.
5 Schorsch, E. / N. Becker: Angst, Lust, Zerstörung. Sadismus als soziales und kriminelles Handeln, Reinbek 1977.
6 Freud, S.: Drei Abhandlungen der Sexualtheorie, Gesammelte Werke, Frankfurt 1952.
7 Norwood, R.: Wenn Frauen zu sehr lieben. Die heimliche Sucht, gebraucht zu werden, Reinbek 1987.
8 Wieck, W.: Männer lassen lieben. Die Sucht nach der Frau, Stuttgart 1987.

5. Kapitel

Perversionen und problematisches Sexualverhalten

Auf vielen Gebieten des täglichen Lebens haben die Psychotherapeuten die Theologen ersetzt. Wenn aus einer Sünde eine Krankheit wird, heißt das lediglich, daß unsere Abwehr nun auf eine andere Ebene verlagert wird. Die Worte Aberration, Deviation und Perversion beinhalten deutlich die Verletzung einer Norm. Aber trotz unserer emotionsgeladenen Abscheu vor Sittlichkeitsverbrechern, vor diesen «Unmenschen» und «Bestien», üben Perversionen, Vergewaltigungen oder gar Sexualmorde eine eigenartige, starke Faszination auf uns aus. Diese Berichte decken offenbar einen Bedarf und haben eine wichtige sozialpsychologische Funktion. Der Triebtäter wird zum Sündenbock, den wir verteufeln und opfern, in den wir unsere eigenen Triebwünsche verlagern, damit wir sie dort bekämpfen können.[1]

Da wir uns sadistische Phantasien nicht eingestehen dürfen, finden sie hier ein willkommenes Ventil. Sie werden ja nicht im Dienste der eigenen Lust erlebt, sondern im Dienste von Strafe und Vergeltung. Da uns Sadismus und Perversität so gefährlich nahe kommen können, müssen wir sie abwehren. Es ist schon gefährlich, sich um Rationalität und Verständnis zu bemühen, weil uns sofort von den unermüdlichen Rächern Verharmlosung vorgeworfen wird.

Pervers ist nach Haeberle[2], wer sich in sexuellen Dingen häufig falsch verhält, indem er sich einmal vom «falschen» Sexualobjekt angezogen fühlt und zum anderen eine «falsche» Sexualhandlung begeht.

Zur ersten Gruppe zählen, eine nahe Verwandte zu begehren (Inzest), ein Kind (Pädophilie), ein Tier (Zoophilie), ein lebloses Objekt (Fetischismus). Früher gehörte auch die Homosexualität in diese Rubrik.

Die falsche sexuelle Handlungsweise begeht, wer zum Beispiel

Nacktheit und geschlechtliche Handlung anderer beobachtet (Voyeurismus), eigene Geschlechtsorgane vorzeigt (Exhibitionismus), der Partnerin Schmerz zufügt (Sadismus) oder sich zufügen läßt (Masochismus), Kleidung des anderen Geschlechts anlegt (Transvestismus) usw.

Als Kombinationen gibt es die bizarrsten Zusammenstellungen. Jemand, der öffentlich in die schmutzigen Windeln seiner kleinen Tochter masturbiert, ist beispielsweise ein exhibitionistischer, koprophil-inzestuös-pädophiler Fetischist.

Überblickt man das weite Feld sexueller Anomalien und Perversionen, so wird man sich der enormen Risiken des menschlichen Sexuallebens bewußt. Viele sogenannte normale Verhaltensweisen sind nicht einfach vorhanden, sondern werden erst, letztlich auch die Heterosexualität, im Laufe von Erfahrungen besonderer Art verifiziert (Giese).

Das Aussehen und das Erleben der eigenen Geschlechtsorgane ist für das sexuelle Verhalten von grundlegender Bedeutung. Die Identifizierung mit dem eigenen Körper ist nicht selbstverständlich. Dann ist da das eminente Risiko der Wir-Bildung, in dem es darum geht, einander ursprünglich Fremdes anzuvertrauen und zu einer beidseitigen Befriedigung zu gelangen. Viele Gesten und Gerüche können gute oder ungute Reaktionen auslösen.

Die Deviationen sind in tiefenpsychologischer Sicht Ausdruck einer neurotischen Fehlentwicklung und Sexualität und im daseinsanalytischen Aspekt Ausdruck eines Mißlingens einer freien, befriedigenden Sexualbetätigung.[4] Das Streben der Menschen nach Zuneigung und sexueller Vereinigung ist so stark, daß es sich noch im Steckenbleiben, in den verkümmerten, pathologischen Formen und Perversionen äußert.[5]

Es gibt so viele Spielarten des sexuellen Verhaltens, daß man nicht immer festlegen kann, wo die normale Sexualbetätigung aufhört und die Perversion beginnt. Auch ungewöhnliche Sexualpraktiken dürfen nicht als pathologisch angesehen werden, solange sie auf den Partner bezogen und in das erotisch-sexuelle Gesamterleben integriert sind. Zwischen Fesseln und Schlägen, Gefesselt- und Geschlagenwerden und den in der normalen Sexualität enthaltenen Elementen der Überwältigung und Hingebung gibt es alle Übergänge. Die Lust am aktiven Quälen und am passiven Leiden liegt sehr nahe beieinander.

Von Perversion spricht man erst dann, wenn das Quälen und Leiden sich verselbständigen und anstelle der Sexualvereinigung zum Triebziel werden. Der Lustmord ist die extremste Steigerung des Sadismus.

Perversionen fallen gewöhnlich erst in ihren exzessiven Ausprägungen auf. Es gibt jedoch viele tolerierbare Übergangsformen, die nicht zu sozialen oder forensischen Komplikationen führen. Oft werden gerade diese leichteren Formen der sexuellen Deviation unterdrückt, erzeugen Spannungen und Schuldgefühle und beeinträchtigen die Partnerschaft. Denken wir nur an den Fetischisten. Während das Angeregtwerden durch Reizwäsche noch in den Bereich des normalen sexuellen Erlebens fällt, so wird die Grenze zum Pathologischen überschritten, wenn ein Schuh zum Triebziel avanciert und seine Betastung Ejakulationen auslöst.

Beobachter und Betroffene sprechen immer wieder von der dranghaften Intensität des sexuellen Verlangens. Exhibitionisten selbst berichten von der seltsamen Herrschaft des Triebes, gegen die weder Vernunft noch starker Wille ankommen. Sie selbst spüren das Zwanghafte ihres Tuns und geben an, daß ihnen das Abnorme, das Absurde ihrer Handlung schlagartig nach der sexuellen Entspannung bewußt wird.

Auffallend ist auch die Monotonie und die extreme Schematisierung der Handlungsabläufe. Der Pädophile, der durch eine Kinderstimme oder den Anblick eines Beines in Erregung gerät, spürt, wie die in immer gleichen Redensarten sich wiederholenden Annäherungen – ähnlich wie bei einem bedingten Reflex – ablaufen. Hier sind offenbar Entwicklungen im Spiel, die über die individuellen Gestaltungsmöglichkeiten weit hinausgehen.[6]

Trotz Psychologisierung unseres Lebens liegt die Entstehungsweise dieser Gruppe von «Krankheiten» weitgehend im dunkeln. Begriffe wie «psychosexueller Infantilismus», «Psychopathie», «Neurose» zeigen in Richtung einer Variante des defekten Gefühlslebens.

Doch immer wieder weisen Gerichtsgutachter darauf hin, daß Perversionen nicht an bestimmte Persönlichkeitstypen gebunden sind, sondern daß auch sonst gesunde und unauffällige Menschen von einer suchtartigen sexuellen Entgleisung befallen werden können. Schwarz[7] spricht von einem «Fremdkörper inmitten einer völlig normalen Persönlichkeit».

Die Dynamik des perversen Syndroms fügt sich weder in den Begriff der Psychose noch den der Neurose, noch den der Psychopathie. Hinsichtlich der forensischen Konsequenz heißt dies, daß eine Differenzierung in Verbrechen oder Krankheit oft nicht möglich ist. Mit Huber[8] sind die meisten Wissenschaftler der Meinung, daß eine uferlose Entschuldigung zu einer sukzessiv fortschreitenden Aufweichung des Begriffes der Verantwortlichkeit führen würde.

Auch die Unterordnung der Perversionen unter einen erweiterten Suchtbegriff ist problematisch. Dann müßten alle Verhaltensabweichungen, jedes Sich-Verlieren an eine Betätigung «süchtig» genannt werden, auch die Geschwindigkeitssucht, die Autosucht, die Sammelsucht, die Fernsehsucht usw., wodurch der ursprüngliche medizinische Suchtbegriff ad absurdum geführt würde.

Man darf wohl heute davon ausgehen, daß es sich bei den sexuellen Perversionen um eine Fehlentwicklung in der frühen Kindheit, um eine steckengebliebene psychosexuelle Entwicklung handelt. Der Reifungsprozeß des Kindes wurde gestört, weshalb dem erwachsenen Menschen später nur sehr enge Verhaltensmuster möglich sind.

Perversionen sind Ersatzhandlungen für nicht zu erreichende ideale Sexualkontakte. Oft handelt es sich bei den Betroffenen um neurotisch gehemmte Menschen, denen die übliche Beziehung zum eigenen und zum anderen Geschlecht nicht gelingt. Vielleicht muß die durch Kastrationsängste und fehlerhafte Identifizierung niedergeknüppelte, infantile Sexualität des Exhibitionisten ständig beweisen, daß sie noch im Besitz eines Neugier, Schrecken oder Empörung auslösenden Genitales ist.

Die modernen Sexualforscher sprechen heute statt von Perversionen lieber von «sexueller Devianz» und halten ein therapeutisches Eingreifen nur dann für gerechtfertigt, wenn das Verhalten zwanghaft, destruktiv und belastend für den Betreffenden und die Gesellschaft ist.

Literatur

1 Schorsch, E.: Sexualstraftäter, Stuttgart 1971.
2 Haeberle, E. J.: Die Sexualität des Menschen, Berlin 1983.
3 Giese, H.: Psychopathologie der Sexualität, Stuttgart 1962.
4 Schulte, W. / R. Tölle: Psychiatrie, Berlin 1977.

5 Freud, S.: Gesammelte Werke, Frankfurt 1964.
6 Bürger-Prinz, H.: Psychopathologie der Sexuaität, in: H. Giese (Hg.), Die Sexualität des Menschen, Stuttgart 1955.
7 Schwarz, O.: Sexualpathologie. Wesen und Formen der abnormen Geschlechtlichkeit, Wien–Leipzig–Berlin 1935.
8 Huber, G.: Zur forensisch-psychiatrischen Begutachtung pädophiler Sexualdelinquenten, in: Beiträge zur Sexualforschung 34, 1965.

6. Kapitel

Psychologische Erklärungsmodelle des Sadismus und des Masochismus

Auch wenn man davon ausgeht, daß Aggressivität und boshafte Schwäche zur Natur des Menschen gehören, so erklärt das noch nicht den Sadomasochismus mit seiner eindeutigen Sexualisierung. Gemäß Schorsch[1] hängt die destruktive Dynamik des Sadismus und Masochismus mit sehr frühen Störungen in der Persönlichkeitsentwicklung, vor allem der Verselbständigung und Autonomiegewinnung zusammen.

Die instabile eigene Identität führt zu Unsicherheit und Angst. Die Sexualisierung dieser unguten Gefühle ist wohl eine Möglichkeit zur Entlastung. Je größer der Druck von außen, um so mehr werden die sexuellen Phantasien mit aggressiven, sadistischen Inhalten aufgeladen. Das zeigt sich sehr deutlich in Gefängnissen.

Vermutlich gehört eine archaische Destruktivität zur biologischen Grundausstattung des Menschen. Die liebevolle Zuwendung der Eltern führt in den ersten beiden Lebensjahren zur Umformung in soziale Antriebe. Dagegen produziert gemäß der Meinung einiger Wissenschaftler, beispielsweise Horkheimer[2], eine patriarchalisch-autoritäre Erziehung gehäuft sadistische (evtl. auch faschistische) Untertanen. Für den sadomasochistischen Devianten hat der Koitus die zentrale Bedeutung verloren. Er weicht aus auf andere Praktiken und Phantasien. Die Frau mit reifer Sexualität macht ihm angst.

Wollen wir die möglichen Fehlentwicklungen des menschlichen Triebes verstehen, die zu diesem abweichenden Verhalten führen, müssen wir uns einer nicht ganz einfachen Gedankenarbeit unterziehen. Das höchst komplizierte Modell der Psychoanalyse haben uns am plausibelsten Eberhard Schorsch und Nikolaus Becker in ihrem Buch zur Psychodynamik sexueller Tötung dargelegt.[1]

Im ersten Lebensjahr lebt das Kind wie im Schlaraffenland, alle Bedürfnisse werden ihm durch die Mutter wie von selbst befriedigt. Die Psychoanalyse nennt das die orale Phase oder den primären Narzißmus.

Diese Symbiose zwischen Mutter und Kind wird nur durch Unlust und Spannung gestört, wenn es mit der Bedürfnisbefriedigung nicht klappt. Dagegen produziert das Kleinkind bereits Abwehrmechanismen, indem es alles, was lustvoll ist, sich einverleibt und alles, was Unlust erzeugt, ausstößt.

Schließlich erlebt das Kind die charakteristische Achtmonatsangst, wenn fremde Gesichter auftauchen und sich die Mutter entfernt. Im Zuge der weiteren Entwicklung des Selbst baut das Kind Erinnerungen an die Mutter auf – das sind die Objekt*imagines* nach Jakobson[3] –, die es bei Abwesenheit der Mutter trösten. Um diese schwierige Phase der Ablösung zu überstehen, klammert sich das Kind gerne an ein Stofftier, einen Bettzipfel, die sogenannten Übergangsobjekte. Böse Gefühle werden aus dem eigenen Innern in die Mutter verlagert: Nicht ich fühle mich schlecht, sondern die Mutter ist schlecht, weil ich mich so fühle.

Am Ende dieser Entwicklungsphase steht die Trennung von Selbst und Objekt (der Mutter), was Mahler[4] die «zweite Geburt» genannt hat. Doch dieser Weg ist mit Ängsten und Enttäuschungen gepflastert, gegen die das Kind nur ankann, indem es sich in seiner Phantasie mit grandioser Macht und Unabhängigkeit ausstattet. Dieses Größen-Ich wird im Laufe der Zeit durch die Realität zum Ich-Ideal umgeformt. Nur wenn diese narzißtische Entwicklung einen guten Abschluß findet, sind die Grenzen zwischen Selbst und Objekt im Erwachsenenleben stabil. Gelingt es den Eltern nicht, diese Urängste durch Vermittlung von Stabilität und Verläßlichkeit zu kompensieren, so wird sich später – besonders in narzißtischen Krisen – das Größen-Selbst und das idealisierte Elternbild störend bemerkbar machen.

Gemäß den Untersuchungen von Schorsch und Becker liegt die zentrale Problematik beim Sadismus in den unaufgelösten Konflikten am Ende dieser oralen Entwicklungsphase. In dieser Zeit geht es um Trennung und Verschmelzung, Abhängigkeit und Unabhängigkeit, Bemächtigung und Befreiung.

Die gestörte narzißtische Entwicklung zeigt sich in einer mangelhaften Umformung von archaischen Impulsen. Die Größenphantasien bleiben bestehen und äußern sich in sadistischem Beherrschenwollen und omnipotentem Verfügenkönnen. Das Selbstwertgefühl dagegen ist nur schwach entwickelt, die Trennung von Selbst und Objekt unvollständig. Die narzißtischen Spannungen können nicht im normalen sozialen Handeln abgebaut werden. Das wird versucht durch sexuell deviante Aktionen.

Beim Sadomasochisten besteht außerdem eine Störung in den Objektbeziehungen; die Ablösung von der Mutter ist nicht gelungen. Dadurch ist einerseits der Wunsch nach lustvoller Selbstaufgabe, aber auch die Angst vor der Verschmelzung zu erklären. Die stark destruktiven Kräfte aus der präödipalen Mutterbeziehung bleiben bestehen. Im Sadismus finden wir immer noch das aggressive Abwehren, Beherrschen, Kontrollieren der Frau bei einer gleichzeitig starken Abhängigkeit.

Der Sadist stellt in seinen Aktionen das Urbild einer narzißtischen Beziehung wieder her. Doch die Angst vor der Verschmelzung mit dem Opfer führt zur aggressiven Unterwerfung. Dies erklärt übrigens, warum masochistische und sadistische Impulse so nahe beieinanderliegen.

Die Sexualisierung dieser Konflikte rührt daher, daß der Junge bemerkt, daß sexuelle Lust etwas Eigenes ist, das ihm seine männliche Unversehrtheit demonstriert. Durch diese Koppelung des Konflikts an die Sexualität bleibt die Gesamtpersönlichkeit relativ stabil.

So wird denn auch in der Symptombildung der sexuellen Deviation ein Selbstheilungsversuch des Körpers gesehen, die das in seiner narzißtischen Entwicklung gestörte Selbst vor Gefühlen der Sinnlosigkeit schützt. McDougall[5] spricht von einem Bollwerk gegen die verschlingende Mutter, Morgenthaler[6] von einer Plombe, die eine Lücke füllt. Ähnlich wie sich das verlassene Kleinkind an seinen Bären klammert, flüchtet der Deviante in seine Deviationen. In diesem abgekapselten Bereich der sexuellen Abweichung kann sich das magische, kindhafte Erleben ausdrücken und können sich die narzißtischen Spannungen entladen.

So wie die Neurose eine Selbstheilung von den aggressiven, libidinösen Triebwünschen durch Verdrängung versucht, so versucht die Deviation, die verpönten Triebwünsche durch Sexualisierung abzukapseln.

Das der oralen Entwicklungsphase entstammende Grundthema

der Angst wird später durch die Phantasien der analen und phallisch-narzißtischen Phase ausgestaltet.

Nach der mehr passiven Abhängigkeit des Kleinkindes im ersten Lebensjahr setzt mit eineinhalb bis drei Jahren das anal-sadistische Stadium der Triebentwicklung ein. Jetzt interessiert sich das Kind lustvoll für seine Ausscheidungsfunktionen und versucht, die Umwelt in den Griff zu bekommen. Es zerstört mit sichtlichem Vergnügen Gegenstände und entwickelt Wut und Trotz. Da das Kind in dieser Phase auch Personen angreift, die es liebhat, erzeugen seine aggressiven Impulse Konflikte und Ängste.

Wenn die Mutter diesen wichtigen Schritt der Ich-Entwicklung versteht und unterstützt, dann lernt das Kind, sich selbständig zu bewegen und seine Gefühle und Wünsche von denen der Mutter zu unterscheiden. Nur aus Angst vor Liebesverlust wendet sich das Kind von seiner ursprünglichen Schmutzlust ab. Indem das Kind die elterlichen Wünsche verinnerlicht, entwickelt es erste moralische Kategorien von Gut und Böse.

Erst später bilden sich die differenzierteren Wertvorstellungen durch Identifikation mit den Eltern aus, die unabhängig von Bestrafung und Belohnung funktionieren. Diese Ausdifferenzierung und Verbindlichkeit des Gewissens (Über-Ich) fehlt beim delinquenten Verhalten.

Die Überlagerung durch anale Triebwünsche äußert sich zum Beispiel sehr deutlich, wenn Spiele mit Kot und Urin in sexuelle Handlungen mit einbezogen werden. Aber auch die Beschmutzung mit Wörtern, die Entwertung und Erniedrigung der Frau gehören hierher. Das unbewußte Gefühl von Schwäche und Unsicherheit, aber auch die Abhängigkeit von der Frau bildet den Hintergrund für die aggressive Abwehr.

Der Deviante lebt in ständiger Angst vor dem Kontrollverlust gegenüber seinen destruktiven Impulsen, deshalb versucht er, die Frauen zu schützen, indem er seine Handlungen ritualisiert. Diese Ritualisierung verhindert ein unkontrolliertes Durchbrechen der Aggressionen und stellt gleichzeitig eine Strafmotivation (statt eines unmotivierten Quälens) her.

Der Junge erlebt in seiner Entwicklungsphase zwischen dem vierten und sechsten Lebensjahr die sich festigende männliche Identität, Selbständigkeit und Aktivität. Der Penis verkörpert lustvolles Erforschen der Umwelt. In dieser phallisch-narzißtischen Phase präsentiert der Junge seine neu entdeckte Männlichkeit gegenüber seiner Mutter und möchte sie in seine kindlich-sexuelle Aktivität mit einbeziehen.

Das Kind spürt jedoch seine Kleinheit und Abhängigkeit und erlebt auch in der normalen Entwicklung Verlust- und Kastrationsängste. Reagieren nun die Eltern, besonders die Mütter, durch Mißbilligung, Unterdrückung, Strafandrohung auf diese sexuelle Spielerei, so werden beim Kind diese Ängste verstärkt. Das Kind fürchtet nicht so sehr den Verlust des Penis, sondern den Verlust der gerade gewonnenen Freiheit und Unabhängigkeit.

Außerdem gerät das Kind in dieser Lebensphase in die ödipale Konfliktsituation. Der Junge möchte die Mutter besitzen, doch das Rivalisieren mit dem übermächtigen Vater erzeugt Angst und Unsicherheit. Normalerweise löst sich dieser Konflikt, indem sich der Junge mit dem Vater identifiziert und sich damit tröstet, später auch so eine Frau wie die Mutter zu haben. Jetzt können väterliche Ideale und Wertvorstellungen übernommen werden.

Bei sadomasochistischen Entwicklungen sind die durch die ödipale Konfliktsituation ausgelösten Ängste besonders stark. Die phallische Besetzung bedingt eine Zunahme von Aggressivität und führt zu einem verstärkten Sich-selbst-Fühlen. Da jedoch die frühen Entwicklungsprozesse der Ich-Reifung noch nicht abgeschlossen sind, ist das Kind überfordert und reagiert mit noch mehr Angst. Die ödipale Konfliktsituation wird nicht bewältigt, die Ablösung der Sexualität von den Eltern gelingt nicht. Männliche Identität und männliches Sexualverhalten bleiben problematisch, das Verhältnis zur Frau bleibt angst- und konfliktbeladen.

Psychoanalytisch findet sich also die phallisch-narzißtische Phase in der Deviation als Kastrationsangst und phallische Aggressivität. Schorsch und Becker formulieren das in ihrem Buch so: «In der sadistischen Aktion versichert sich der Deviante immer wieder, daß er keine Angst zu haben braucht, unterworfen zu werden. Er verleugnet seine brüchige männliche Identität dadurch, daß er sich potenziert männlich, übersteigert phallisch-aggressiv verhält; er umgibt sich mit Gegenständen, die den Charakter von Phallussymbolen haben, wie Stock, Peitsche, Waffen, Messer etc.» Er schlägt, überwältigt, züchtigt.

Die Abwehr der Kastrationsangst wird besonders deutlich im Masochismus. Indem der Masochist kastrationsähnliche Handlungen erduldet, kauft er sich los von der realen Kastration. Da er die Regeln des Rituals mitbestimmt, braucht er keine ernsthafte Bedrohung zu fürchten.

Obwohl es offenbar total dem Zeitgeist widerspricht, bekennen heute immer mehr Frauen, daß sie in sich starke masochistische Tendenzen verspüren. Strafe gehört für sie zum Sex, sie wollen gezüchtigt und geknechtet werden, aber aus freier Entscheidung. Das ist natürlich ein harter Schlag für die Frauen, die täglich gegen jede Unterdrükkung durch das männliche Geschlecht kämpfen. Ist das nicht geradezu eine Verhöhnung jahrelanger emanzipatorischer Bemühungen?

In den einschlägigen Zeitschriften wie COSMOPOLITAN[7] berichten derzeit Frauen seitenlang von ihren Vorlieben. Sie möchten nicht lieblos zusammengedroschen werden, erwarten vom Partner die Gratwanderung zwischen kindlicher Sehnsucht nach Autorität, weiblicher Sexualität und den Anspruch nach Gleichberechtigung. Andere lassen sich regelrecht zu Leibeigenen machen, lassen sich einsperren, schlagen, fesseln und quälen.

Die Frauen, die sich zu ihrem Wunsch nach Unterwerfung, nach Gehorsam und Demut bekennen, sind glücklich und keineswegs selbstverleugnend und unemanzipiert. Sie möchten auch auf keinen Fall diese Eigenheit missen, eine Therapie kommt für die meisten überhaupt nicht in Frage.

Gemeint ist hier natürlich immer der sexuell-erotische Masochismus, wobei der Gipfel der sexuellen Erregung durch Schmerz, Zwang und Erniedrigung noch intensiver empfunden wird. Der autoritäre Masochismus dagegen huldigt der Autorität, läßt sich unterdrücken und versperrt sich alle Wege der Freiheit.

Die Psychoanalytikerinnen Anneliese Heigl-Evers und Brigitte W. Weidenhammer[8] weisen darauf hin, daß die gegenwärtige Vorliebe für weiblich-masochistische Tendenzen nicht als Ausdruck einer unberechenbaren katastrophalen anonymen Bedrohung (vgl. den Freudschen Todestrieb) zu sehen ist, sondern daß es sich dabei um eine interpersonelle Inszenierungsform handelt, die eben in der derzeitigen kulturellen Situation stärker zum Vorschein kommt. Die beiden Autorinnen sind der Meinung, daß eine mangelhafte Entwicklung des aggressiven Erlebens- und Verhaltensbereichs im Zusammenhang mit unaufgelösten Mutterbindungen bei Frauen eine masochistische Pathologie begünstigt.

Christa Wolf[9] läßt ihre trojanische Seherin «Kassandra», die im masochistischen Triumph der Märtyrerin (Heigl-Evers) untergeht, sagen: «Die Männer, schwach, zu Siegern hochgeputscht, brauchen, um sich überhaupt noch zu empfinden, uns als Opfer.»

Die Lust am Leiden resultiert nach Freud[10] aus dem Gedanken: Die Frau muß ihr Bedürfnis nach Strafe befriedigen, weil sie für ihre in der Kindheit auf den eigenen Vater gerichteten sexuellen Wünsche büßen will. Indem sie sich dem Mann schutzlos anbietet, erwartet sie von der Mutter Liebe und Verzeihung. Die masochistische Haltung soll die rohe Männlichkeit disqualifizieren und die Beziehung zur Mutter narzißtisch aufwerten. Der unbewußte Gewinn für die Frau ist also die Abwertung des Mannes und das Zusammenbleibenkönnen mit der Mutter. Außerdem kann sie ihren Grandiositätsphantasien nachhängen, sie hätte unendliche Fähigkeiten, hinderte man sie nur nicht daran, diese in die Tat umzusetzen.

Viele Menschen, insbesondere Frauen, neigen eher zur manipulativen Feindseligkeit, zur Verunsicherung durch Schikane als zum offenen Sadismus oder Masochismus. Die Verhöhnung und Verachtung anderer Menschen in Kombination mit einem enorm erhöhten Anspruch auf Aufmerksamkeit und Beachtung sind charakteristisch für diese Personengruppe.

Ursache der masochistischen Schmerzlust ist nach Meinung von Hartmann[11] das Nicht-Zusammenpassen von erster Bezugsperson und Kind, in der Art, daß die Bedürfnisse des Erwachsenen unkontrolliert stark in den Vordergrund treten, es zu Beziehungsabbrüchen kommt und das Kind ständig frustriert wird. Dadurch kann das Kind seine eigenen Bedürfnisse nicht erfahren, und sein Selbstwertgefühl bleibt gering. Später sucht es dann aus diesem Spannungszustand und der Selbstverachtung Erlösung in der masochistischen Aktion (Heider[12]). Der Schmerz ist eine Möglichkeit, sich selbst in seiner körperlichen Existenz intensiv zu erleben.

Außerdem wird die Angst bewältigt, indem man sich in der bekannten Inszenierung provokativ seinem Aggressor zum sadistischen Angriff anbietet (Reich[13]). Eine Angst, die durch Fallengelassenwerden durch die Eltern ausgelöst wurde, die nur ein willenloses und kein selbständiges Kind abzeptierten.

Der masochistische Mensch versucht sich bis hin zur ohnmächtigen Wut und Selbstverachtung von seinen Mitmenschen abzugrenzen. Die leidvolle Abhängigkeit wird dadurch überwunden, daß man selbst Schmerz und Qual erduldet. Nur durch die Beziehung zu einem starken und grausamen Partner gelingt der masochistischen Frau das Erleben eigener Erhöhung. – Kassandra brauchte das Verkannt-Werden!

Mißhandelte Frauen kehren aus dem Schutz eines Frauenhauses oft wieder zu ihren schlagenden, vergewaltigenden Männern zurück, statt ihre Lebenssituation neu zu ordnen. Sie stellen sich wieder als willenloses Objekt den brutalen Akten ihres Peinigers zur Verfügung, da sie nicht die Fähigkeit zur Selbstbestimmung haben und nichts mehr fürchten, als allein gelassen zu werden. Liebe, so sagt ihnen die infantile Erfahrung, erlange ich nur, wenn ich mich als leidendes, völlig aggressionsfreies Wesen präsentiere.

Es gibt verschiedene Möglichkeiten, wie man sich mit seiner sadomasochistischen Deviation arrangieren kann. Keine Probleme bereitet sie in der Regel, wenn sie in einer Partnerbeziehung eingebaut werden kann und von beiden akzeptiert wird. Oft bleiben die devianten Triebwünsche aus Angst vor den Auswirkungen auf die Phantasie beschränkt. Die Folge können dann eventuell sexuelle Funktionsstörungen wie Impotenz und Frigidität sein. Manche Menschen verleugnen total ihre Veranlagung und eliminieren sie völlig aus dem bewußten Leben. Die Perversion wird dann in eine nichtsexuelle Aktivität eingebaut und führt vielleicht zum Erziehungssadismus, wobei die sexuelle Motivation dem Betreffenden subjektiv nicht mehr zugänglich ist. Viele Menschen akzeptieren aber auch ihre Perversionen und leben sie, kanalisiert, in einem umgrenzten Rahmen, zum Beispiel in der sadomasochistischen Subkultur, aus. In lockeren Gruppen, Zirkeln, Clubs werden ritualisierte Arrangements getroffen, in denen das Dominanz-Unterwerfung-Thema in vielfältigen Varianten durchgespielt wird. Oft steht ein reiches Inventar an Instrumenten und fetischistischen Utensilien in einer speziell eingerichteten Folterkammer zur Verfügung. Durch die Kanalisierung des pathologischen Triebes werden Straftaten sicher nicht provoziert, eher verhindert.

Literatur

1 Schorsch, E./N. Becker: Angst, Lust, Zerstörung. Sadismus als soziales und kriminelles Handeln, Reinbek 1977.
2 Horkheimer, M.: Autorität und Familie in der Gegenwart, in: Kritische Theorie der Gesellschaft, Frankfurt 1968.
3 Jakobson, E.: Das Selbst und die Welt der Objekte, Frankfurt 1973.
4 Mahler, M. S.: Symbiose und Individuation, Stuttgart 1972.
5 McDougall, J.: Primal scene and sexual perversion. Int. J. Psycho-Anal. 53, 371 (1972).
6 Morgenthaler, F.: Die Stellung der Perversionen in Metapsychologie und Technik, in: Psyche 12, 1077 (1974).
7 Geissler, S.-A.: Zum Glück gequält, in: Cosmopolitan, 5, 30–40, 1989.
8 Heigl-Evers, A./B. Weidenhammer: Der sogenannte «feminine Masochismus» und die masochistische Bewältigung von Bedrohungsreizen, in: Forum Psychoanalyse 3: 193–204, 1987.
9 Wolf, Chr.: Kassandra, Neuwied 1983.
10 Freud, S.: Das ökonomische Problem des Masochismus, in: Gesammelte Werke, Frankfurt 1964.
11 Hartmann, H.: Ich-Psychologie und Anpassungsproblem, Stuttgart 1950.
12 Heider, U.: Sadomasochisten, Keusche und Romantiker, Reinbek 1985.
13 Reich, W.: Der masochistische Charakter, in: Int. Z. Psychoanal. 18: 303–351, 1932.

7. Kapitel

Pornographie

Die Pornographie, die 1975 eingeschränkt liberalisiert wurde, kommt derzeit wieder ins Gerede. Die APO-Generation, die vor Jahren unserer Gesellschaft Freiheiten, Freiräume und Freizügigkeiten, besonders moralischer und sexueller Art, freikämpfen wollte, sieht die Probleme jetzt etwas anders. Damals wurde das gesamte Sexualstrafrecht liberalisiert, der Abtreibungsparagraph 218 wurde weiter gefaßt, der Ehebruch entkriminalisiert, die Ehescheidung erleichtert und die Homosexualität unter Erwachsenen aus dem Strafrecht herausgenommen. Nachdem nun heute die gewalttätige Pornographie eine immer größere Verbreitung findet, meinen viele, allen voran Feministinnen wie Alice Schwarzer[1], daß dies ein Weg in die falsche Richtung war. Man sagt heute (wieder), Pornographie enthemmt, bereitet sogar der Vergewaltigung von Frauen und Mädchen den Weg. Die Frauen würden als Menschen minderer Klasse, als Lustobjekt mißbraucht und gefoltert.

Pornographie ist die Theorie, Vergewaltigung die Praxis, meinen die Feministinnen. Mit Pornographie beginne jede Demütigung, jede Gewalt, die Frauen angetan wird.

Die feministische Zeitschrift EMMA fordert folgerichtig: Der Konsum von aggressiven Hardcore-Pornos führt zum aggressiven Konsum des weiblichen Geschlechts. Die Gegner dieses Arguments sehen das anders. Sie sagen: Männer lernen aggressiven Sex nicht erst in Pornofilmen. Sie praktizieren aggressiven Sex und können sich daher mit harten Pornos befriedigen lassen.

Die Wirklichkeit ist viel komplexer, als beide Seiten sie gerne hätten. Gewarnt sei vorab vor jedem rigiden Zugriff und Verbieten. Und vor einem Unterschätzen der historisch gewachsenen Sexualphantasie von Männern und Frauen. Pornographie beginnt nicht im Studio oder auf der Leinwand, sie sitzt fest in unseren Köpfen und läßt sich nicht einfach abstellen.

Die beiden Geschlechter können sich in diesem Punkt wohl nie endgültig verständigen. Für den Mann ist es schwer verständlich, wieso gerade Frauen, die sich für die Liberalisierung des Sexualstrafrechts einsetzen, so vehemente Kämpferinnen gegen die Pornographie sind. Wer die Redefreiheit verteidigt, die bürgerlichen Freiheiten überhaupt, das Recht auf freie Meinungsäußerung, dürfte doch nicht so intolerant sein gegenüber Pornographie und Prostitution, vorausgesetzt, auf die beteiligten Frauen wird kein Druck ausgeübt.

Betrachtet man jedoch die gängige, realisierte Männerphantasie – unschuldiges Mädchen wird überwältigt, bis zur Ekstase durchgebumst, verwandelt sich in eine rasende, sexgierige Sklavin, die nie genug von dem großen männlichen Penis bekommen kann –, so wird schnell klar, daß diese Pornographie eine männliche Erfindung ist und die Frau, wie bei einer Vergewaltigung, zum sexuellen Opfer vergegenständlicht wird.

Aber gerade wenn man auf der Seite der Frauen steht, sollte man Äußerungen, daß Sexualstraftäter häufig im Besitz von Pornomaterial seien und daß deshalb zwischen Pornographie und sexuellen Gewaltdelikten ein direkter Zusammenhang bestehe, sehr skeptisch beurteilen. So ist auch die Bundesprüfstelle für jugendgefährdende Schriften der Meinung, daß sich die eingeschränkte Freigabe von Pornographie bewährt hat. Schwierigkeiten bereitet lediglich die Abgrenzung gegenüber den harten, menschenverachtenden Pornos. Was für den einen Kunst darstellt, ist für den anderen nichts anderes als Schweinkram. Die größten Schwierigkeiten machen, wie immer, die Grenzfälle.

Auch die versuchte Gleichmacherei von weiblicher und männlicher Erotik hilft da nicht weiter. Bei der gängigen Pornographie handelt es sich ganz eindeutig um eine Befriedigung der dem männlichen Geschlecht eigenen Projektionen von Begierden, Bedürfnissen, Bestrebungen und Ängsten. Frauen – das war wenigstens bislang die Auffassung von Sexualwissenschaftlern – lassen sich gewöhnlich nicht vom Anblick von Fotos mit nackten Männern sexuell erregen. Männer dagegen phantasieren sich in eine sexuelle Situation mit der Nackten hinein.

Die Pornographie stellt die Welt so dar, wie sie in Wirklichkeit nicht ist. Der pornographische Film zeigt eine ständige Abfolge sexueller Handlungen, ohne daß es eine Geschichte ergibt. Harmlose männliche Spaziergänger werden von der Straße weg von lüsternen Frauen ins Bett gezerrt. Im Büro zieht sich plötzlich eine Sekretärin nackt aus und beginnt wortlos damit, ihren Chef zu befriedigen. Hier wird keine Begierde mehr unterdrückt, hier bedarf es keiner umständlichen Verführung mehr, der Augenblick des Verlangens fällt mit dem der Befriedigung zusammen. Die sexuelle Beziehung hat es nicht mehr nötig, einen Reifungsprozeß zu durchlaufen, das Liebesvorspiel wird überflüssig, ohne Umstände begehren allzeit disponible Frauen den Mann.

In der pornographischen Darstellung stürzen die Frauen, getrieben von einem unwiderstehlichen Drang, auf jeden Penis. Genau so, wie dies Männer in ihrer Vorstellung am liebsten hätten. Die Pornographie stellt die Frau so dar, als wäre sie mit männlichen Impulsen ausgestattet und als tobten in ihr alle männlichen Begierden. Alle geben jederzeit alles und bekommen auch alles. Hier herrscht kein Mangel; in diesem erotischen Schlaraffenland kann auch der heftigste Heißhunger umfassend befriedigt werden. In der Pornographie gibt es kein Hindernis, keine Verweigerung. Gierig und hemmungslos machen die Frauen ohne Umstände sofort alles mit, bzw. sie ergreifen sogar die Initiative. Sie sind nicht von der Qualität des Partners fasziniert, sie sind einfach aus sich heraus sexgierig. Die Frauen sind alle geil, lüstern, unersättlich und bewegen sich in Strapsen und Stöckelschuhen.

Erpicht auf Pornos sind natürlich immer nur die anderen. Und diese verhelfen der Porno-Branche allein in den alten Bundesländern zu einem Jahresumsatz von 1,1 Milliarden Mark. Drei Millionen sehen jährlich in Sexkinos und Bars die einschlägigen Filme. 2,4 Millionen Porno-Kassetten, die derzeit bundesweit in 5500 Videotheken angeboten werden, sorgen in jedem zehnten deutschen Haushalt für neue Ideen. Schätzungsweise 20000 Menschen verdienen ihren Lebensunterhalt in dieser Branche.[2]

Was steckt nun dahinter, wenn Menschen trotz aller Gegenkampagnen pornographische Produkte konsumieren müssen oder wollen? Woher kommt die Freude an der Gewalt, die in harten Pornos dargestellt wird?

Es sind die Konflikte, die wir nicht aushalten und nicht bewältigen, es sind die vielfältigen Aggressionen, die wir verteufeln und somit verdrängen. Dadurch wird ein Reservoir in uns geschaffen, diese eigentliche Wirklichkeit hinter den Bildern, die wir durch ein Bilderverbot nicht abschaffen können. Deshalb braucht gerade der «gute Bürger» diese Bilder immer wieder – auch die von Folter, Gewalt, Mord. Als Stimulation – und zur Katharsis?!

Am liebsten konsumieren wir genüßlich bei gleichzeitiger Verurteilung. Das Über-Ich der Porno-Gegner ist und bleibt bestechlich.[3] Das pornographische Produkt stellt immer Wunden zur Schau. Es zeigt unsere beschädigte Sexualität als Teil unseres beschädigten Ichs. Es zeigt, daß es uns nicht gelungen ist, sexuelle Freiräume zu schaffen. Dadurch wird die Würde einzelner mit Füßen getreten. Aber nicht nur die der Frauen. Das männliche Porno-Modell muß seinen Penis genauso benutzen lassen, wie die Geschlechtsorgane der Frau benutzt werden. Beiden zerstört das pornographische Abbild die Sinnlichkeit.

Moral und Sittlichkeit ist nur eine Entlastungsstrategie von eigenen Verfolgungsphantasien (Adorno[4]). Nicht erst seit der Zeit der Inquisition verfolgen die Hexenjäger im anderen das Böse in sich selbst. Vom moralischen Anspruch gedeckt, können sie selbst praktizieren, was sie bekämpfen. Der Haß, der aus der Verurteilung von Sexualstraftätern spricht, ist eigentlich der gleiche Haß, der den Täter bewegt, sich von seinem Leiden zu befreien.

Statt Zensur und Verurteilung müßte man zunächst den historischen, gesellschaftlichen, sozialen, individuellen Ursachen des abwegigen Empfindens und Leidens auf die Spur kommen. Obwohl jeder weiß, daß Alkohol einen größeren Einfluß auf Sexualstraftaten hat als die Pornographie, fordert niemand ernsthaft in diesem Zusammenhang ein Alkoholverbot.

Die derzeitige Rechtslage bei uns erlaubt das Überlassen und Verkaufen pornographischen Materials an Erwachsene. Verboten ist die Herstellung von Pornographie, die Gewalttätigkeiten oder sexuelle Handlungen von Menschen mit Tieren zum Gegenstand hat. Zur Zeit wird ein Gesetz vorbereitet, das die Herstellung und Verbreitung, sogar den Besitz von Kinderpornos unter harte Strafen stellt.

Eine ernsthafte Gefahr der Pornographie ist sicher darin zu sehen, daß sie naiven, isolierten Jugendlichen, die sonst keine Sexualaufklärung erhalten, ein völlig unrealistisches Bild von der menschlichen

Sexualität wiedergibt. Auch der aufgeklärte Jugendliche ist noch voll von Ängsten und Unsicherheiten. Doch die Zahl der Desinformationen ist in anderen Medien nicht weniger groß.

Sexuelles Wissen kann nur durch ungehindertes Suchen in allen Richtungen gefunden werden, und sexuelle Werte können nur in lebendiger öffentlicher Diskussion aufgebaut werden. Die sexuelle Ethik einer Gesellschaft reflektiert deren Überzeugung, Glaubensvorstellungen und Grundannahmen über den Sinn der Sexualität.

Allein in der winzigen Zeit, die man in seinem eigenen Leben überblickt, wird man von einem ständigen Wandel der Auffassungen, der Werte überflutet. So stimmt jetzt, zu Beginn der neunziger Jahre, die betagte These, Pornographie interessiere in erster Linie den Mann, die Frau hingegen kaum, plötzlich nicht mehr. Feministinnen, die die Pornographieproduktion einengen wollen, sehen sich unvermittelt einer jüngeren Frauengeneration gegenüber, die eine bestimmte Form der erotischen Bilder und Texte durchaus als anregend empfindet und sie als kulturelle Errungenschaft verstanden wissen will. Regisseurinnen, Schriftstellerinnen, aber auch Psychoanalytikerinnen übernehmen die Vorreiterrolle dieser jungen aufgeschlossenen Frauen. So registriert denn auch Beate Uhse befriedigt, daß dreißig Prozent ihrer Kundschaft weiblich ist. Dabei bleibt natürlich fraglich, ob die Frauen wirklich die Endkonsumenten sind oder nicht nur die Besteller für ihre Männer.

Sexualforscher stellen fest, daß dieser «Kick von den Augen direkt in die Hose»[5] keineswegs eine Männersache ist. Immer mehr junge Frauen bekennen sich dazu, daß ihnen schöne erotische Bilder durchaus sexuelle Erregung verschaffen. Offenbar läuft in den Köpfen von masturbierenden Frauen ein ähnlicher pornographischer Film ab wie in denen von Männern. In der Realität haben sie nur durch jahrhundertelange Unterdrückung noch nicht den Mut zur «Unanständigkeit».

Seit Herbst 1989 gibt es das weibliche Erotik-Magazin PLAYGIRL, in dem die Männer auf Dutzenden von Seiten die Hosen herunterlassen. «Richtig scharf», behaupten die Herausgeber, seien die Käuferinnen auf muskulöse Oberkörper und knackige Männerpos. Den Macherinnen (oder Machern?) und Käuferinnen hingen die Leiden der Feministinnen «zum Hals heraus», wie sie sagen.

Frauen verwahren sich lediglich gegen Gewalt und Quälerei. So ist zum Beispiel die Herausgeberin und Autorin Claudia Gehrke[6] der Meinung, daß die Frauen «die Nase voll von langweiligen Beischlafakten» haben und Pornographie «als ein Niederschreiben von Liebeskunst» verstehen. Gelungene Pornographie wird als eine Art Lebenskunst gesehen, mehr Phantasie, Zungen- und Fingerfertigkeit in die Sexualität zu bringen.

Mehr als Männer werden Frauen vom Unästhetischen abgestoßen, so von Bauch- und Hüftspeck, von langen Zehennägeln, Hämorrhoiden, fehlender Brustbehaarung usw. Frauen lieben romantische Verführungsszenen am Strand oder im Wald, leidenschaftliche Küsse, aber durchaus auch mal den Anblick eines wohlgeformten Männerkörpers. Es ist also schon ein Unterschied, was verklemmte Männer als Onanierhilfe benötigen und was emanzipierte Frauen bevorzugen. An der Grundeinstellung der Männer, anständige Frauen wollen keine Sauereien, ist also durchaus etwas Wahres dran.

Die neuen Frauen wehren sich vehement gegen die herkömmlichen Frauenbilder der Männer, die auf der einen Seite die liebe, damenhafte und häusliche, aber hüftlahme Gattin sehen, und auf der anderen Seite die hirnlose Hure, die seelenlose Abspritzmaschine, die nonstop brutal und tierisch genommen werden will. Hier beginne die lebensbedrohliche Pornographisierung der ganzen Sexualität, ja der gesamten Geschlechterbeziehung, sagt nicht nur Alice Schwarzer.

Die Argumente gegen Gewaltpornographie, in der Frauen vergewaltigt, gequält, zerstückelt und zu Tode malträtiert, Kinder zum Sex gezwungen werden, bedürfen wohl kaum einer Untermauerung. Der Staat ist jedoch offenbar überfordert, und es bedarf noch stärkerer feministischer Power, die nach heutigem Recht verbotenen demütigenden und gewalttätigen Produkte aus dem Verkehr zu ziehen.

Pornographie, das Aufschreiben sexueller Handlungen, war zu keiner Zeit eine Domäne der Männer. Zu allen Zeiten fanden sich Frauen, die oft unter männlichem Pseudonym ihre Gelüste und Phantasien zu Papier brachten. Wir erinnern an die griechischen Liebesdienerinnen Philänis und Artynassa, an die mittelalterliche französische Königin Margarete von Navarra, an George Sand und an Helene Keßler. Auch die mit großem Erfolg verfilmte «Geschichte der O.» ist trotz brutaler Unterwerfungsszenen nicht von einem Mann, sondern von einer Frau geschrieben. Schließlich veröffentlichte 1973 die US-Autorin Nancy Friday[7] in ihren «Sexuellen Phantasien der Frauen» die Protokolle von Tagträumen, Vergewaltigungsbildern und Masturbationsvorstellungen von Frauen, die bislang als typisch männlich galten. Hier bekennen Frauen, daß sie sich bei der Ausbuchtung in der Hose eines Mannes einen Penis vorstellen und diesen gerne in sich spürten oder wie sie sich bei der Hausarbeit mit dem Staubsauger befriedigen.

Nicht erst seit Henry Miller versuchen männliche und weibliche Autoren und Regisseure die Kluft zwischen Pornographie und Liebesgeschichte zu überschreiten. Das Dilemma besteht jedoch darin, daß die Gelüste im Kopf viel leidenschaftlicher sind, als es unsere verklemmte erotische Kultur wahrhaben will. Die neue Hemmungslosigkeit wird trotz aller Liberalisierung immer noch wegzensiert und unterdrückt. Das hat zur Folge, daß sich die Pornoindustrie in ihrer Schmuddelecke zum Ausgleich brutalere und abartigere Inszenierungen einfallen lassen kann. Die Heuchelei ist grenzenlos!

Doch trotz allem Gezeter, die Frauen ziehen an die Front: Etwa Autorinnen wie Elfriede Jelinek[1] («Die Liebhaberinnen», «Lust») oder Benoîte Groult («Salz auf unserer Haut»), oder die Regisseurin Monika Treut («Die Jungfrauenmaschine») übertreffen in ihrer Offenheit die Texte einer Anaïs Nin oder Sylvia Plath. Vorbei ist offenbar die lange Zeit, da das schlechte Gewissen die sexuellen Frauenphantasien überlagerte.

Haben sich nun die Frauen oder die Untersuchungsmethoden der Sexualforscher geändert? Wie kommt es, daß noch Alfred C. Kinsey[8] Mitte der fünfziger Jahre der Meinung war, daß höchstens fünfzehn bis zwanzig Prozent der Frauen durch obszöne Geschichten in erotische Erregung geraten, und wenige Jahrzehnte später die deutschen Sexualforscher Volkmar Sigusch[9] und Gunter Schmidt[10] herausfanden, daß fast alle Frauen durch Pornos erregt werden, allerdings nicht ganz so stark wie Männer. Die Frauen geben jetzt an, daß sie beim Anschauen erotischer Filme eine feuchte Vagina bekommen, wilder und enthemmter werden und daß sich die masturbatorische Aktivität erhöht.

Daß viele Frauen sich zugleich animiert und abgestoßen fühlen, erklären die Forscher mit Schuldgefühlen und Sexualängsten, die Abwehrreaktionen auslösen. In einigen Untersuchungen wurde sogar festgestellt, daß Hardcore-Stories auch bei Frauen eine signifikant heftigere sexuelle Stimulation hervorrufen als sanfte erotische Schilderungen. Lediglich bei Gewaltszenen finden sich deutliche Unterschiede bei den Geschlechtern. Männer werden besonders durch Vergewaltigungsdarstellungen erregt, wenn das weibliche Opfer beim Orgasmus auch Schmerz erfährt. Weibliche Zuschauer werden von dem Leiden in Vergewaltigungsszenen dagegen abgestoßen. Frauen wollen nur überwältigt werden, wenn sie es wollen, nie gegen ihren Willen. Wirklicher Zwang oder Erpressung können niemals Lust auslösen. In der Phantasie allerdings hat man die Möglichkeit, sich auch in einer solchen Situation zu entscheiden.

Es darf auch in Anwesenheit von wirklich emanzipierten Frauen laut ausgesprochen werden, daß nicht nur Altvater Freud, sondern auch seine Schülerinnen Helene Deutsch und Karen Horney immer wieder auf weibliche bewußte und unbewußte Vergewaltigungsphantasien hingewiesen haben.

Die moderne Sexualwissenschaft hat zudem festgestellt, daß manche Frauen durchaus auch Sex ohne Liebe mögen, daß sie auch knallhart ohne blumig romantische Rahmenhandlung zur Sache kommen möchten. Doch in der Regel können Frauen eher warten. Sie lieben mehr als die Männer die Lust am eigenen Körper. Bei ihnen gibt es niemals diese Distanz zwischen außen und innen. Claudia Gehrke[11] ist der Meinung, daß Frauen sich über die Identifikation mit der sich erregenden Frau, nicht über das Bild männlicher Geschlechtsteile erregen.

Im allgemeinen kann man sagen, daß die Hinwendung zur Pornographie bei den Menschen besonders ausgeprägt ist, die in ihrer Jugend wenig sexuelle Erfahrung gemacht haben. Wir wissen, daß allein die Phantasietätigkeit ausreicht, um im Verlauf von sexuellen Wachträumen, ohne jede masturbatorische Manipulation, einen Orgasmus auszulösen.[12]

Wie andere Abweichungen von der Realität, so stellt auch die Pornographie den Versuch dar, der Wirklichkeit und ihren Ansprüchen gerecht zu werden. Leider kann aber eben dieser Versuch fehlleiten.

Literatur

1 Schwarzer, A.: Porno. Frauen gegen Pornographie, in: Emma 12, 1987.
2 N. N.: Die Lustgewinnler. Das Geschäft mit der Pornographie, in: stern 28, 68–74, 1983.
3 Nitschke, B.: Sexuelle Gewaltphantasien bei Männern, in: Sexualmedizin 6, 302–308, 1989.
4 Adorno, Th.: Sexualtabus und Recht heute, in: Sexalität und Verbrechen, Frankfurt 1963.
5 Musall, B.: Die erotische Gegenkultur muß her, in: Der Spiegel 44, 254–274, 1988.
6 Gehrke, N.: Mein heimliches Auge III. Tübingen 1988.
7 Friday, N.: Die sexuellen Phantasien der Frauen, Reinbek 1973.
8 Kinsey, A. C.: Das sexuelle Verhalten der Frau, Frankfurt 1964.
9 Sigusch, V.: Lob des Triebes, in: M. Dannecker / V. Sigusch: Sexualtheorie und Sexualpolitik. Beiträge zur Sexualforschung, Bd. 59, Stuttgart 1984.
10 Schmidt, G.: Das große Der Die Das, Reinbek 1988.
11 Gehrke, C.: Die Bedeutung der kleinen Bewegung, in: Der Spiegel 44, 273–274, 1988.
12 Kunz, H.: Die anthropologische Bedeutung der Phantasie, Bd. I, S. 204 ff., Basel 1946.

8. Kapitel

Prostitution

In der Phantasie des Mannes stellt die Prostituierte die Verkörperung der sexhungrigen Frau dar. Die Prostituierte wartet nicht, bis der Mann auf sie zugeht und sie verführt, sie ergreift selbst die Initiative. Sie schmeichelt dem Mann, lädt ihn ein, ihr zu folgen. Sie tut das, was eine wirkliche Frau nicht tut. Bei der Prostitution ist wie bei der Pornographie eine Dechiffrierung der einladenden Gesten überflüssig. So einfach, wie in der Prostitution das Geschäft abläuft, wünscht sich der Mann die Verführung der Frau. Er möchte, daß sein körperliches Erscheinen bereits ausreicht, die Frau ohne große Worte zur sexuellen Hingabe zu bewegen. Die Prostituierte handelt wie Frauen in Männerpornos. Hier passiert das, was sonst in Wirklichkeit nicht passiert, was sich der Mann aber immer in seinen Träumen vorstellt. Er braucht nichts zu tun, kann völlig passiv bleiben, er braucht nur seine Wünsche zu äußern, und schon werden sie erfüllt. So will normalerweise der Mann auch gar nicht wissen, daß die Prostituierte das erotische Interesse ja nicht fühlt, das sie ihm vorspielt. Er will nicht wissen, daß sie ihm etwas vortäuscht, nur um Geld zu verdienen. Die Prostituierte hat es gelernt, sich in die männlichen sexuellen Phantasien einzufühlen, sie zu akzeptieren und sie zu erfüllen.

Die Prostituierte befriedigt also gewisse erotische Männerwünsche. Auch in Ländern, die eine sexuelle Revolution hinter sich haben, suchen Männer weiter Prostituierte auf, weil sie dort etwas erhalten, was sie bei einem anderen sexuellen Abenteuer nicht bekommen. Es ist nicht die Schönheit und Attraktivität, die den Mann anziehen, auch nicht der Wunsch, die Frau durch Bezahlung zu demütigen, sondern das Freisein von Verantwortung und Konsequenzen sowie der Ausschluß einer Verweigerung.

Es sind gerade die Frauen selbst, besonders auch die Feministinnen, die weibliche Redlichkeit am Outfit, wie zum Beispiel langen Haaren, Minirock und Stöckelschuhen, festmachen. Gerade die Schuhe, die eine Frau trägt, dokumentieren nach Susan Brownmiller[1] deutlicher als alles andere die historischen Gräben, die die Dame von der Hure trennt. Oft ist es ein schwieriger Akt der Ausbalancierung. Signalisieren doch ein hoher Absatz und wiegende Hüften sexuelle Bereitschaft und niedrigere bequeme Schuhe dagegen Biederkeit. Der modische Frauenschuh deutet auf Unterwerfung und Akzeptieren des Rollenspiels, «vernünftige» Schuhe verraten eine eher unweibliche, antisexuelle, emanzipierte Haltung.

Die Prostituierte verstärkt all die Attribute an und in sich, die Männer für weiblich halten. Männer schätzen Weiblichkeit; durch den Gegensatz wirken sie männlicher. Die Prostituierte, die das Dekorative, Frivole, das Geile zum Stil erhebt, stellt ein wirksames Gegenmittel zur erzwungenen männlichen Ernsthaftigkeit dar. Ohne umständliche, zeitraubende Diskussion gibt die Prostituierte dem Mann das, was er will.

Die historische Unterwerfung der Frauen durch die Mittel sexueller Gewalt, durch Religion und Gesetz führten zu dem, was wir noch heute unter «typisch weiblich» verstehen. Viele Vorurteile über die Natur der Frau werden auch heute noch einfach als biologische Tatsachen hingestellt. Die Prostituierte, die gelernt hat, durch ihre sich anbietende Zurschaustellung Geld zu verdienen, kommt diesem Märchen, diesen eingeredeten Idealen nach, weil es ihr Handwerk ist. Sie ermöglicht auch dem Möchtegern-Eroberer die Inbesitznahme.

Der junge Mann, der erfährt, daß man Frauen und Sexualakte kaufen kann, kann natürlich auch schlußfolgern, daß man sich die Ware im Notfall auch ohne Bezahlung nehmen kann. Deshalb wird immer wieder die Idee geäußert, Vergewaltigungen seien weitgehend zu verhindern, wenn ausreichend Prostituierte zu niedrigen Preisen zur Verfügung stünden. Also ein staatlich subventionierter Puff zur Prophylaxe von Sexualdelikten? Der Erfolg wäre vermutlich gering. Susan Brownmiller[2] meint in ihrem Buch «Gegen unseren Willen» dazu, daß Schießbuden in Militärlagern auch nicht verhindern würden, daß auf wehrlose Zivilisten geschossen wird.

Die Tatsache, daß es käufliche Liebe gibt, verankert natürlich in vielen Männerköpfen die Vorstellung, daß Sex eine typische Dienstleistung der Frau ist. Schon früh wird den Männern suggeriert, daß ihr Trieb so machtvoll zu sein hat, daß er hin und wieder von einer willigen Frau befriedigt werden muß.

Nach einer uralten Tradition bieten sich Frauen gerne dem erobernden Helden und Befreier in Kriegen an, sei es aus einem Gefühl für «gerechten Lohn» oder aus bitterer finanzieller Not. Hier können auch die Grenzen zwischen Prostitution und Vergewaltigung verwischen, wenn Frauen durch ihren Akt sich das Überleben sichern.

Bekannt geworden sind besonders die Militärbordelle im Vietnamkrieg. Waren die mobilen Feldbordelle zunächst noch mit algerischer «Importware» bestückt, so war bald die vietnamesische Gesellschaftsordnung so drastisch gestört, daß die Frauen des eigenen Landes reichten. Immer mehr Familienväter verkauften regelrecht ihre Töchter, wenn sie Geld oder Nahrungsmittel brauchten. Das Elend, das eine fremde militärische Macht auf diese Weise in ein Land bringt, wird meistens unterschätzt.

Prostitution, die körperliche Hingabe des Körpers zur sexuellen Betätigung aus anderen Motiven als Liebe, widerspricht dem sexuellerotischen Standard und empört das moralische Empfinden. Strafbar ist nach unserer Gesetzgebung nur eine lästige und jugendgefährdende Ausübung der Prostitution. Die bundesdeutsche Sexualgesetzgebung hat in ihren beiden Reformschritten 1969 und 1973 Wert darauf gelegt, daß bei den «Straftaten gegen die sexuelle Selbstbestimmung» nicht schon allein unmoralisches Verhalten Strafe verdient, sondern diese erst dann verhängt wird, wenn das Verhalten für den einzelnen oder die Gesellschaft unerträglich oder sozial schädigend ist. Deshalb ist die Prostitution an sich seit dieser Zeit bei uns nicht mehr verboten. Strafbar ist allerdings, die Prostituierte in einer persönlichen oder wirtschaftlichen Abhängigkeit zu halten, was durch die Zuhälterei natürlich weiterhin geschieht.

So wie in Deutschland wird derzeit in vielen westlichen Ländern die Prostitution toleriert. Neben den eigentlichen Bordellen und dem Straßenstrich in Großstädten gibt es die über «Sex-Anzeigen» werbenden Callgirls, Begleiterinnen, Modelle usw. Es gibt einschlägige Bars, Nachtlokale, Saunabäder, Massagesalons, Kontaktclubs oder sexuelle Wochenend- und Fernreisen, die letztlich nur der Prostitution dienen.

Insgesamt kann man feststellen, daß all diese Einrichtungen dort besonders geschmacklos und auf Ausbeutung aus sind, wo die Gesetzgebung restriktiv ist und die Etablissements in den Untergrund und in die Arme von skrupellosen Geschäftemachern und Verbrechern drängt. Je geringer der staatliche Druck, um so weniger sind Zuhälter und die Abwanderung in den Schmutz notwendig.

Zwischen der offenen und der geheimen Prostitution stehen die HwG-Mädchen (Mädchen mit häufig wechselnden Geschlechtspartnern), die ständig kurze flüchtige Freundschaften eingehen und sich meistens aushalten lassen.

Den einheitlichen Typ der Prostituierten gibt es nicht. Wie sich die Frau anbietet, hängt von ihrer Intelligenz, ihrem Temperament und ihrem Gefühlshaushalt ab. Einschlägige Untersuchungen (Mergen[3]) wollen festgestellt haben, daß gut fünfzig Prozent der Frauen, die der Prostitution nachgehen, mehr oder weniger schwachsinnig sind, wobei nicht nur das intellektuelle, sondern in besonderem Maße das emotionale Erleben eingeschränkt ist. Ansonsten handele es sich häufig um gefühlsarme, schizoide, willensschwache, geltungssüchtige Psychopathen. Achtzig Prozent gäben von sich an, sie seien frigide, viele hatten auch lesbische Erlebnisse.

Die meisten untersuchten Prostituierten erfuhren als Kinder oder Heranwachsende ungünstige Sexualkontakte und traumatisierende Erlebnisse. Viele wurden früh verführt, zu inzestuösen Handlungen gedrängt oder fühlten sich von den Eltern ungerecht behandelt. Neben den Mädchen, die sich rächen wollen, gibt es die infantilen, die seelische Bedürfnisse – wie die Hysterischen und Hypochonder – ins Körperliche verlegen. Unreife junge Mädchen lassen sich von ihren Wunschträumen nach Reichtum und Luxus – nicht selten von älteren Prostituierten – zu einem vermeintlich leichten Leben verführen.

Vernünftiger als jedes Strafen, Moralisieren, Kriminalisieren ist eine sinnvolle Sexualaufklärung von Kindern und Jugendlichen und das Vorleben der Erwachsenen. Simone de Beauvoir[4] hat vereinfachend gesagt, man brauche nur die freie Liebe gesellschaftlich anzuerkennen, und die Prostitution werde verschwinden. Daß dies nicht so ist, haben wir gesehen.

Will man etwas gegen die Prostitution unternehmen, müßte man zunächst die Männer «verändern», die Kunden und die Zuhälter. Wie bereits gesagt, neigen besonders die Männer dazu, Bordelle aufzusuchen, die bequem sind, die sich nicht dem umständlichen Werben und Verführen aussetzen wollen, die sich gar nicht verlieben können.

Der Zuhälter ist in der Regel ein arbeitsscheuer, an die bestehenden sozialen Verhältnisse nicht angepaßter, auf sexuellem Gebiet eher unsicherer Mann, der oft sadistisch und gewalttätig ist. Zuhälter sind jedoch meist keine Berufsverbrecher und Gangster. Oft besteht sogar eine affektive Beziehung zwischen Zuhälter und Prostituierter.

Es gibt aber auch die «Manager», die Prostitution nach betriebswirtschaftlichen Gesichtspunkten betreiben. Es handelt sich dabei um regelrechte Organisationen, die die Prostituierten zu festgesetzten Arbeitszeiten an bestimmten Orten einteilen. Oft muß eine Prämie für Mitgliedschaft, Schutz und Sicherheit an die Organisation gezahlt werden. Es gibt sogar «Betriebsgemeinschaften», die regelrecht soziale Leistungen, einen freien Tag, Urlaub gewähren und sich im Krankheitsfall um die Frauen kümmern. Oft sind das Zusammengehörigkeitsgefühl, der interne Status, die Disziplin so gut, daß es zu keinen Reibereien mit der Umwelt kommt.

Innerhalb der Prostitution gibt es Hierarchien und Strukturen, in die sich die Betroffenen meist freiwillig einordnen. Sie reichen von der Modell-Prostitution oben über die Bordell- und Bar-Prostitution bis hinunter zum Straßen- oder Autostrich.

Eine besondere Rolle spielt die Drogen-Prostitution. Hier ist das Verkaufen des Körpers eher eine zwangsweise und nur sporadisch ausgeübte Alternative zum Gelderwerb. Deshalb spricht man hier auch häufig von einer Sekundär-Prostitution (Mellenthin[5]).

Normalerweise führt der Weg über prostitutionsähnliches Verhalten in Cliquen, indem sich die Mädchen für ihre Gruppe zur Verfügung stellen und dafür die Droge erhalten. Von dieser Cliquen-Prostitution ist es nur ein kleiner Schritt zur mehr offensiven Szenen-Prostitution. Die Mädchen bieten gezielt ihren Körper für Drogengeschäfte, Obdach und andere Vorteile an. Der Kreis der Freier wird immer größer und beliebiger. Das Abrutschen in den Drogen-Strich ist dann nur noch eine Frage der Zeit. Die Praktiken der Straßen-Prostitution werden zunehmend übernommen. Oft kommt es jedoch zu Auseinandersetzungen mit den «registrierten» Prostituierten, wenn die Drogen-Mädchen die üblichen Spielregeln des Gewerbes nicht einhalten. Die Krankheit Drogensucht läßt keinen Raum mehr für eine persönliche Entscheidung.

Die Drogen-Prostituierten sind deutlich jünger als ihre Kolleginnen. Man spricht deshalb auch vom «Baby-Strich». Bekannt geworden ist die Geschichte der Christiane F.[6], die für anfällige Jugendliche so etwas wie eine Kultfigur geworden ist.

Männliche Prostituierte gibt es sowohl in der herkömmlichen Prostitution als auch am Drogen-Strich. Erstere sind keineswegs immer homosexuell, oft heterosexuell, gepflegt, wählerisch, die anderen selten homosexuell, oft ungepflegt mit Tendenzen zur Verwahrlosung.

Oft hat der Drogenmißbrauch eine Manipulationsfunktion. Jüngere Frauen werden gezielt mit Drogen in Berührung gebracht, um die Hemmschwelle für die Prostitution abzubauen und um sie gefügiger zu machen. Später wird häufig versucht, das Durchhaltevermögen mit Anregungs- und Aufputschmitteln (Amphetaminen, Downs, Kokain) zu erhalten. Letztlich dienen Alkohol, Beruhigungsmittel und Schmerzmittel oder gar harte Drogen nur noch der psychischen und physischen Betäubung.

Häufig werden Drogen-Prostituierte bestohlen, erpreßt, geschlagen, vergewaltigt, zum «Körperschmuggel» oder zum Eingehen von Scheinehen genötigt. Aus Angst, wegen eigener strafrechtlicher Verstrickungen verfolgt zu werden, und aus Furcht vor Rache vermeiden sie meistens eine Anzeige. Der soziale Abstieg verläuft sehr schnell. Ernsthafte Krankheiten (Hepatitis, Geschlechtskrankheiten, Aids) und der Druck von Zuhälterringen und Dealern treiben die Mädchen nicht selten in den Suizid.

Fall 1

Drei junge Frauen aus der Westpfalz und dem Saarland wurden von vier Männern entführt, mit Drogen behandelt, vergewaltigt und zur Prostitution gezwungen.

Die vier Männer zwischen zwanzig und sechsundzwanzig Jahren gehen keiner geregelten Arbeit nach. Bei einer wegen eines Rauschgiftdeliktes durchgeführten Wohnungsdurchsuchung des mutmaßlichen Haupttäters, des sechsundzwanzigjährigen Schreiners XY, in Kaiserslautern machte die Polizei eine schreckliche Entdeckung. Sie fand in der Wohnung eingesperrt eine fünfzehnjährige Schülerin aus Hamburg, die als vermißt gemeldet war. Das Mädchen erzählte, der Mann habe sie vergewaltigt und unter Anwendung von Gewalt zur Prostitution gezwungen. Außerdem habe der Schreiner mehrmals versucht, sie heroinsüchtig zu machen.

Die weiteren Ermittlungen ergaben, daß das gleiche Schicksal vor einigen Monaten auch zwei anderen Frauen aus Kaiserslautern widerfahren war. Nachdem sie ihre beiden Opfer zum Konsum von Heroin gezwungen hatten, wurden die Frauen ins Saarland entführt und dort in einem Hotel drei Tage lang wie Gefangene behandelt. In dieser Zeit, so ergaben die Nachforschungen, mußten die beiden achtzehn und neunzehn Jahre alten Frauen täglich sechs Einheiten Heroin konsumieren. Die gewaltsame Beibringung des Rauschgifts erfolgte in der Absicht, die Mädchen ebenfalls der Prostitution zuzuführen und sie darüber hinaus auch noch beim Heroin-Handel einzusetzen. Ihren «Lohn» sollten die entführten Frauen jeweils in Form von Heroin für den persönlichen Bedarf erhalten.

Eine der beiden Frauen, die neunzehnjährige M. L., war früher drogenabhängig und verkaufte sich hin und wieder an Männer, um sich so das Geld für neue Rauschgiftmittel zu verschaffen. Später war es ihr dann gelungen, sich von der Drogenabhängigkeit zu befreien. Aus Verzweiflung über die gegen ihren Willen erneut entstandene Heroinsüchtigkeit schluckte die junge Frau eine Überdosis Tabletten und wurde Mitte August tot in ihrem Zimmer aufgefunden.

Inzwischen liegen Anhaltspunkte vor, daß auch noch weitere Frauen und Mädchen Opfer von Straftaten der in wechselnder Zusammensetzung operierenden Tätergruppe geworden sind.

Erwähnt sei noch, daß in Rockerkreisen oft Mädchen zu erniedrigenden Sexualpraktiken in der Gruppe gezwungen werden. Gerade hier ist die Anwendung von Gewalt sehr verbreitet. Der Weg in die Alkohol- und Drogenabhängigkeit und die Prostitution ist nicht weit.

Auf etwas höherem Niveau spielt sich das Leben der Groupies um mehr oder weniger berühmte Sänger und Rockgötter ab. Diese Mädchen sehen sich natürlich nicht als Prostituierte, da sie sich nicht ausgebeutet fühlen und glauben, die Stars wirklich zu lieben.

Literatur

1 Brownmiller, S.: Weiblichkeit, Frankfurt 1984.
2 Brownmiller, S.: Gegen unseren Willen. Vergewaltigung und Männerherrschaft, Frankfurt 1975.
3 Mergen, A.: Die Prostitution, in: Sexualität und Verbrechen (Hg. F. Bauer u. a.), Frankfurt 1963.
4 Beauvoir, S. de: Das andere Geschlecht. Sitte und Sexus der Frau, Reinbek 1980.
5 Mellenthin, K.: Drogen und Prostitution, in: Gyne 7, 213–217, 1985.
6 Christiane F.: Wir Kinder vom Bahnhof Zoo, Hamburg 1980.

9. Kapitel

Folter und Schikane

Ursprünglich kannte die Menschheit nur das Vergeltungsrecht. Später, als man die Justiz erfand, lernte sie sehr schnell, die Bedeutung des Geständnisses zu schätzen. Es dauerte nicht lange, und die Folter ersetzte das Gottesurteil.

Während die Chinesen für jedes Delikt eine ganz spezielle Marter kannten, entwickelte im mittelalterlichen Abendland jedes Volk auf seine Weise eine furchtbare, subtile Klassifikation des Schreckens. Die Martern reichten von der Verrenkung der Glieder, der Brandmarkung, dem Auspeitschen, der öffentlichen Zurschaustellung am Pranger über die Verstümmelung, das Augenausstechen und Gliedmaßenabhacken bis zum Tod im Feuerofen, der Steinigung, der Ertränkung, der Köpfung. Und immer übten Folter und Hinrichtung eine unbezwingbare Anziehungskraft auf die zuschauenden Menschen aus. Immer genoß die menschliche Grausamkeit das Blut und die Tränen der Opfer. Man amüsierte sich bei Hinrichtungen wie auf Volksfesten.

Meistens ging es nicht nur um eine Bestrafung, sondern um die Erniedrigung und Demütigung des Menschen. Pranger, Schandmantel, Strafmasken existierten in verschiedenen Formen zu allen Zeiten. Man nagelte Menschen an Pfähle, sperrte sie in Käfige, hängte sie in Reusen. Jeder durfte die öffentlich Ausgestellten beleidigen, beschimpfen oder gar schlagen.

Die Brandmarkung diente nicht nur zur Identifizierung von Sklaven und Soldaten, damit wurden auch Diebe und Kuppler gekennzeichnet. Das Abschneiden der Ohren war eine Verschärfung der Prangerstrafe. Mit dem Abhacken der rechten Hand, das heute noch in manchen arabischen Ländern üblich ist, bestrafte man Diebe, Falschmünzer, aber auch Kriegsgefangene. Die Blendung galt in und nach vielen Kriegen als wirksame Methode, den Gegner auszuschalten. Die Kastration war durch viele Jahrhunderte das Mittel, den Widersacher zu demütigen und zu verhindern, daß er Nachkommen zeugte. Auch Vergewaltigern und Ehebrechern wurden die Genitalien abgeschnitten. Eines der beliebtesten Mittel war zu allen Zeiten die Auspeitschung. Sie diente der Züchtigung allzu leidenschaftlicher Frauen, Alkoholiker, Geisteskranker, Meuterer, Diebe. Besonders beliebt war das Auspeitschen des nackten Gesäßes von jungen Mädchen und Frauen. Mit Peitschen, Ruten und Knuten wurden aber auch nicht selten Menschen regelrecht zu Tode geprügelt.

Eine frühe Todesstrafe war das Hinabstürzen von einem Felsen oder einem Turm. Die Steinigung wurde mit Vorliebe an Ehebrecherinnen verübt. Das Ertränken war zeitweise eine bevorzugte Art der Massenvernichtung. 1905 ertränkten russische Soldaten unzählige Chinesen, indem sie sie mit den Zöpfen zusammenbanden und in den Fluß Amur stürzten. Auch das Einflößen von Wasser oder Wein bei gleichzeitigem Abbinden des Penis war nicht nur bei Tiberius eine bevorzugte Tötungsart.

Unzählige Menschen starben auf Scheiterhaufen, viele «Hexen» und Giftmörder, aber auch der Reformator Jan Hus und Johanna von Orleans. Variiert wurde diese unbarmherzige Tötungsmethode, indem man die Opfer auf einem Rost briet oder in einem Kessel kochte.

Immer wieder wurden auch Menschen wilden Tieren vorgeworfen, Löwen, Elefanten, Alligatoren. Um die Schmerzen zu verlängern, wurden jedoch häufig kleinere Tiere, wie Vögel, Ratten, Ameisen, Fliegen eingesetzt. Katzen wurden in die Hosen untreuer und ungehorsamer Frauen gebunden. In Mittelamerika wurde die Treue der Frau mit Hilfe der großen, roten Ameise getestet.

Gegen Ende des 18. Jahrhunderts war das Hängen die am meisten verbreitete Todesstrafe, wobei auch hier das Leiden verlängert werden konnte, wenn der Delinquent nicht erdrosselt wurde, sondern nur an Beinen oder Armen aufgehängt und / oder aufgespießt wurde.

Die Enthauptung blieb in der Regel den Privilegierten und Aristokraten vorbehalten, weil sie schnell und schmerzlos ging. Bekannt wurde schließlich die Guillotine als die Tötungsmaschine der Französischen Revolution.

Im Gegensatz zur Enthauptung war die Pfählung zu allen Zeiten eine große Schande. Nicht nur Homosexuelle mußten diese qualvolle

Tortur erleiden. Wie bei der Kreuzigung trat der Tod oft erst nach vielen Stunden, gar Tagen ein. Der Mensch erdachte sich weiter die Erstickung, die Zermalmung, die Streckung, die Vierteilung, die Strafe des Rades, die Schindung (das Abziehen der Haut) usw.

Diesen schrecklichen Weg durch das Reich der Qualen, die der Mensch dem Menschen selbst bereitet, müssen wir gehen, um zu begreifen, was wir sind. Und sagen wir nicht ständig, das war vor vielen hundert Jahren so, oder das waren Einzelfälle.

Was den Menschen vom Tier unterscheidet: Er ist immer bereit, seinen Mitmenschen auszubeuten, ihn zu verletzen, ihn leiden zu lassen. Die Folter ist eine ganz spezielle Erfindung des menschlichen Geistes. Nur die Angst vor Strafe und die Unterordnung unter ein Gesetz verhindern wohl, daß die naturgegebene Grausamkeit des Menschen mehr Schaden anrichtet.

Immer noch werden Herrscher, die auf dem Blut Tausender unschuldiger Opfer ihre Eroberungen aufbauten – Alexander, Cäsar, Attila, Napoleon usw. – als «groß» bezeichnet. Geduldet werden, trotz aller Empörung, auch heute noch grausame Tierversuche, sadistische Treibjagden, Box- und Stierkämpfe, brutale, Gewalt verherrlichende Filme. Gerne verweist unsere kultivierte Zivilisation darauf, wie weit wir uns von der bestialischen Vierteilung eines Verbrechers entfernt haben. Schließlich werde heute kein armer Sünder mehr aufs Rad geflochten...

Die Peitsche des Henkers, ist sie nun ein Symbol für das erigierte männliche Glied? Selbst die Geißelungen und Folterungen auf christlichen Bildern lassen noch Platz für den erotischen Voyeur. Das Martyrium als Ersatz für Vergewaltigung und Defloration? Dem Menschen, sagt de Sade [1], ist die Qual immer die unentbehrliche Würze der Liebe. Der Sadist brauche die heftige Erschütterung seiner Nerven, um in seinem wollüstigen Wahn zur erstrebten Lösung seiner Lust zu gelangen. Unfähig, den normalen Liebesakt zu genießen, zögen Triebtäter immer die Marter dem Koitus vor.

Auch viele Tyrannen konnten dem Kitzel von Blut und Tränen nicht widerstehen. Sie hatten die Macht und immer genügend Komplicen und Diener, die mit Lust an die Grausamkeiten ihrer Herren gefesselt waren.

Leibesstrafen und Folter wurden eingesetzt in und nach Kriegen. Gefangene und Kinder wurden den Göttern geopfert. Zauberer schlitzten schwangeren Frauen die Bäuche auf. Lange Zeit war die Erzwingung eines Geständnisses wesentlicher Teil der Prozeßführung. Diese Form der «Wahrheitsfindung» wird auch heute noch – oft geheim und verschlüsselt – in vielen Ländern durchgeführt.

Aus den Methoden der Tortur ist oft einfach abzulesen, daß sexuelle Impulse hinter der Folter stehen. Die ägyptischen Pharaonen ließen ihren Gefangenen nicht nur die Hände, sondern auch den Penis abschneiden. Viele Fruchtbarkeitsriten verlangten die Vergewaltigung junger Mädchen. Das lusterfüllte Auspeitschen nackter Frauenkörper fehlte selten.

Die Diener der Religion mischten oft eifrig mit. In Mexiko schnitten sie mit einem Onyx-Messer das Herz aus dem lebendigen Leib. In Indien warfen sie ihre Opfer in den glühenden Schoß der Göttin Kali. Bekannt ist die obszöne, sadistische Prozedur der Hexenprozesse. Hinter der Maske der Frömmigkeit und Friedensliebe verbirgt sich oft barbarische Grausamkeit.

Immer triumphieren die Starken über die Schwachen, das erklärt die Erbsünde, den Klassenkampf, aber auch die Anwendung der Leibesstrafen während der mittelalterlichen Inquisition und in den neueren Konzentrationslagern. Erstaunlich in der Geschichte der Menschheit, daß nach einem politischen Umsturz, einer Revolution, einem verlorenen Krieg die Opfer von gestern oft zu den Henkern von morgen werden. Immer wieder erfüllen sich revolutionäre Hoffnungen nicht, immer wieder werden die neuen Errungenschaften in Frage gestellt, indem sich aus den Befreiten die neuen Foltermeister rekrutieren. Rache zieht Rache nach sich.

Die mittelalterlichen Verliese und Kerker mit ihren Keuschheitsgürteln und Halseisen rufen bei den heutigen Besuchern keineswegs Abscheu, eher geiles Gelächter und Schmunzeln hervor. Aus den Folterinstrumenten von damals sind heute lebensgefährliche Gase, brennende Zigaretten, chromblitzende Skalpelle, geistige Torturen geworden. Der Henker-Ingenieur von heute macht sich die Hände nicht mehr dreckig. Allein die Verbrechen, die wir in unserem eigenen Leben überblicken, lassen uns wenig Hoffnug auf eine Änderung.

«In den Niederungen des Bösen findet sich alle Lust», sagte Charles Baudelaire. Und Octave Mirabeau fügte hinzu: «Blut ist eine kostbare Zugabe zur Begierde.» Wenn der Geschlechtstrieb seine Rechte fordert, kuscht unser Verstand und unser Wille. Das Böse übt eine unwiderstehliche Anziehungskraft auf uns aus. Ständig erfindet die Menschheit in ihrer Zerstörungswut neue Foltermethoden, Erniedrigungen, Sklaverei, Terror. Der Schmerz der anderen zählt gering gegenüber dem eigenen Vergnügen.

Wollust und Quälen sind sehr benachbarte Gefühle. Den Grund dafür habe ich schon dargelegt. Eine Spur von Sadismus würzt viele Liebesbeziehungen. Doch die Vielzahl von Spezialmagazinen, die kniende, geknebelte, gefesselte, aufgehängte und in allen Positionen erniedrigte Frauen darstellen, zeigt, daß die Nachfrage nach solchen Bildern sehr groß ist. Man erfindet Marterkammern, Nagelstühle, Maulkörbe, Keuschheitsgürtel, Zwangsjacken, selbst komplizierte Hinrichtungsmaschinen.

Tränen, Bitten, Schreie und Seufzer des Gequälten sind für den Folternden unentbehrlich. Die Lust am Leiden anderer, die Schadenfreude inspiriert das Verhalten eines sadistischen Zynikers. In der übersteigerten Erregung ist Mitleid mit dem Opfer völlig ausgeschlossen.

Viele dieser späteren Folterer fallen schon als Kinder auf, indem sie Frösche aufblasen, Katzen erhängen, Entenhälse in Schubladen klemmen und andere Tiere auf grausame Art zu Tode bringen.

Vermutlich ist das Vergnügen, das Freunde des Hahnen- oder Stierkampfes empfinden, auch in erster Linie ein sexuelles. Es liegen Berichte von Männern und Frauen vor, die gesagt haben, daß ihnen beim Anblick gelungener Paraden, der schrecklichen Hörnerstöße, die Pferdeleiber aufschlitzen, jeder Muskel im Unterleib bebt.

Die Flagellomanie hatte sich in ihrer Blütezeit im 18. Jahrhundert über ganz Europa ausgebreitet. Von England ausgehend, zogen Flagellanten durchs Land und ließen sich auf Marktplätzen auspeitschen. Junge Bürgermädchen trafen sich zu «Flogging-Parties» in Gefängnissen, wo sie wollüstig zusahen, wie das Blut vom Rücken der ausgepeitschten Prostituierten spritzte. In Frankreich wurde republikanischen Frauen das Zeichen der Lilie mit einem nagelgespickten Wäscheklopfer ins Gesäß geschlagen. Im Zuge der Französischen Revolution wurden 1792 die Mädchen von Lyon von einer Horde Revolutionäre durch die Straßen getrieben, öffentlich ausgepeitscht und vergewaltigt.

Viele Sklaven wurden sicher weniger wegen der Arbeitsleistung, sondern vielmehr wegen des Züchtigungsrechts gehalten. Sie mußten Gürtel mit scharfen Stacheln und Schuhe, die innen mit Nägeln besetzt waren, tragen. Ein Sklavenhalter berichtet voller Stolz, daß er eine junge Widerspenstige zweimal am Tag gezüchtigt habe, bis sie alles tat, was er verlangte, «einschließlich gewisser oraler Liebesdienste». Auf diese Art sei er «der glücklichste Besitzer dienstbaren weiblichen Fleisches geworden».[2]

Ein Sklavenhalter aus der Kolonialzeit bekundet, daß ihm «der Anblick der entblößten und verletzten weiblichen Scham eines der lebhaftesten Vergnügen» bereitet habe.

Schreckliches wird schon von den römischen Kaisern berichtet. Tiberius ließ angeblich keinen Tag seiner Regierungszeit ohne eine Hinrichtung vergehen. Caligula belustigte sich damit, während der Tafel und während Orgien foltern zu lassen. Claudius liebte es, die Gesichter sterbender Gladiatoren eingehend zu beobachten. Domition ließ den Gefolterten die Geschlechtsorgane verbrennen. Commodos ließ den Leib eines dicken Mannes öffnen und die Eingeweide herausreißen, anderen ließ er die Füße abschlagen und die Augen ausstechen.

Spätere Herrscher ließen etwa ein Liebespaar lebendig begraben, eine hochschwangere Frau von Wölfen zerreißen, Kindern die Kehle durchschneiden.

Die Weltgeschichte ist voll von solchen Taten. Die Menschheit ist sicher nicht besser geworden. Nicht alle perversen Neigungen können in Filmen und Clubs befriedigt werden.

Ein Beispiel aus unseren Tagen:

Fall 2

Die Polizei hat erst vor kurzem dem Treiben zweier Schwestern in Mexiko ein Ende gesetzt, die 24 Mädchen, die sich ihren schrecklichen und sadistischen Befehlen widersetzt hatten, einfach verhungern ließen.

Diese beiden Frauen, die eine Kette von Rendezvoushäusern unterhielten, verlangten, daß die bei ihnen etablierten sehr jungen Mädchen sich einer wüsten Disziplin von Stock und Eisen unterwarfen. Sie wurden schrecklich mißhandelt und dazwischen gezwungen, das Fleisch ihrer unglücklichen Gefährtinnen zu essen. Diese Anthropophagie erregte in einer blasierten Kundschaft die lasterhaftesten Begierden.

Sehr schnell schlägt die ursprüngliche Abscheu der Menge in Blutgier und Wollust um. Oft endeten öffentliche Auspeitschungen in Massenvergewaltigung und Mord. Auswüchse des Massensadismus zeigten sich in der Sizilianischen Vesper, der Bartholomäusnacht, dem Septembergemetzel und den Judenpogromen.

«Trunken von Wein und Sinnlichkeit», schrieb Maton de la Varenne, «tanzten die Freundinnen der Septembermörder auf den Leichen der Erschlagenen und schlugen den Takt auf den Teilen, deren Nacktheit am deutlichsten auffiel. Und sie trugen an ihren Brüsten die Teile der Verstümmelten, welche die Scham nicht zu nennen erlaubt. Die Kellnerinnen der Kommune gingen mit den Leichen der Gendarmen und Priester gleicherweise übel um.»[2]

Liest man all diese Schilderungen, so wird klar, daß viele der grausamen Verstümmelungen und Gewaltakte von sexuellen Begierden diktiert wurden. Charles de Mauvais zwang vierzehn- bis fünfzehnjährige Mädchen und Jungen, sich in seiner Gegenwart zu lieben und erdolchte sie hinterrücks während des Geschlechtsakts. Die lesbische Gräfin Bathory sperrte junge Mädchen nackt in einen mit scharfen Spitzen versehenen Metallkäfig und ließ sie mit spitzen Eisenstäben traktieren. – Mehr oder weniger willkürlich müssen wir die Aufzählung all der Abscheulichkeiten hier abbrechen.

Seit die Folter in allen Kulturstaaten geächtet wird, hat sich eine subtilere, hinterhältigere Form des Piesackens und Quälens etabliert. Es ist die allgegenwärtige Schikane.

Hans-Jürgen Seemann und Rainer Meier[3,4] haben sich in ihrem Buch «Das Prinzip Bosheit» die tausend Boshaftigkeiten des Alltags, mit denen uns auf Schritt und Tritt Schikaneure zu Leibe rücken und unsere Wut ständig schüren, aufgezeigt. Die Schikane wird aus dem Geist der Rache – das ist die Macht der in Wirklichkeit Ohnmächtigen – geboren und weidet sich an der Hilflosigkeit des Opfers. Schikane ist immer auch eine Demonstration von Stärke, hinter der aber oft eine zweifelhafte, leere, fast imaginäre Anmaßung steht, die so typisch für gewisse Bürokraten auf Ämtern und Behörden, Hausmeister, aber auch für Exgeliebte ist.[5]

Gegen Schikaneure kann man nicht an, weil sie oft das Recht auf ihrer Seite haben. Der Grenzbeamte, der penibel unsere Koffer durchsucht, der Postbeamte, der uns den Schalter vor der Nase zumacht, der Finanzbeamte, der unsere falsch ausgefüllten Formulare arrogant zurückweist, der Busfahrer, der in dem Moment abfährt, als wir gerade keuchend die Haltestelle erreicht haben, sind begeisterte Prinzipienreiter, kleinkarierte Perfektionisten.

Ohnmächtig und kochend vor Wut stehen wir den endlosen Anforderungen gegenüber, die im Namen des Rechts von uns verlangt werden. Doch nicht nur auf Ämtern, an vielen anderen Arbeitsstellen auch, in Krankenhäusern und Anwaltskanzleien finden Menschen Gefallen daran, dem Opfer die eigene Ohnmacht vor Augen zu führen. Klatsch und Tratsch, das Weiterverbreiten gezielter Indiskretionen und kleinerer Gehässigkeiten, das Isolieren eines Mitarbeiters, das hinterhältige Fallenlassen (Mobbing), kann Menschen körperlich und seelisch zugrunde richten – wie die Folter.

So wie Politiker mit der Intrige leben und arbeiten müssen, so sind alle unsere beruflichen und privaten Beziehungen, auch unsere Freizeitgestaltung, von Schikanen bestimmt. Doch schikanieren immer nur die anderen? Sind wir immer nur die unschuldigen, armen Opfer?

Höchst schikanös waren schon die griechischen Götter. Tantalos zogen sie das Wasser weg, wenn er trinken wollte, die Früchte der Bäume bogen sich ihm in unerreichbare Ferne. Orpheus verboten sie, sich nach seiner geliebten Eurydike umzudrehen.

Schikane erhöht uns, um uns noch tiefer fallen zu lassen. Auch der biblische Gott scheint nicht frei von Schikane. Abraham, der seinen Sohn opfern soll, kann sich doch nur zwischen Mord und Gehorsamsverweigerung entscheiden. Das Opfer wird gezwungen, seine eigene Strafe zu wählen.

Normalerweise hat das gemeine, aber nie gewalttätige Spiel mit der Schikane nicht diesen tödlichen Akzent. Es beginnt schon mit den aus Langeweile geborenen, endlosen – eben schikanösen – Beziehungsdiskussionen, die uns so «wahnsinnig betroffen» machen und letztlich niemand weiterhelfen.

Neid, Boshaftigkeit, Haß gehören zu den Grundprinzipien menschlichen Lebens. Auch gegen die Schikane können wir wenig tun, das gilt ganz besonders für die perfekt inszenierte. Wir können nur versuchen, ruhig zu bleiben, Distanz zu halten und das miese, unverschämte Spiel zu ignorieren.

Literatur

1 de Sade, Marquis: Les Crimes de l'amour, Brüssel 1891.
2 Villeneuve, R.: Grausamkeit und Sexualität, Berlin 1988.
3 Seemann, H.-J. und R. Meier: Das Prinzip Bosheit – die Alltäglichkeit der Schikane, Weinheim 1989.
4 Meier, R.: Böses Spiel mit allen Schikanen, in: Cosmopolitan 3 (71–77) 1989.
5 Reik, T.: Geständniszwang und Strafbedürfnis. Probleme der Psychoanalyse und der Kriminologie (1925), in: Psychoanalyse und Justiz, Frankfurt 1971.

10. Kapitel

Vergewaltigung und sexuelle Nötigung

Unter Vergewaltigung versteht man den Geschlechtsverkehr, der gegen den Willen eines Partners durchgeführt wird. Der Widerstand des Opfers wird in der Regel mit physischer oder psychischer Gewalt oder deren Androhung gebrochen.

Während rein rechtlich nur der außereheliche, vaginale Geschlechtsverkehr eine Vergewaltigung darstellt, gibt es für die Betroffene Formen der sexuellen Erniedrigung, die viel widerwärtiger sein können, aber juristisch nur als «sexuelle Nötigung» gewertet werden. Denn auch jede Art von oralem oder analem Verkehr oder manueller Befriedigung unter Gewaltanwendung entspricht in der Intention und nach unserem Gefühl einer sexuellen Aggression. Somit können auch Männer – zum Beispiel in Gefängnissen – vergewaltigt werden.

Vom kriminologischen Standpunkt aus ist Vergewaltigung und sexuelle Nötigung nicht so sehr ein Sexual-, sondern mehr ein Gewaltverbrechen. Da beide Straftaten den gleichen Grundtatbestand erfüllen, faßt man sie als sexuelle Aggressionsdelikte zusammen. Ein Drittel aller Sexualstraftäter entfallen auf die Verletzung der Paragraphen 177 (Vergewaltigung durch vaginalen Geschlechtsverkehr) und 178 StGB (Sexuelle Nötigung durch sexuelle Handlungen wie Berühren, nicht nur der Genitalien, Oral-, Analverkehr, erzwungenes Küssen usw., also das, was man früher als «unzüchtige Handlungen» bezeichnete. Oft wird dabei eine Machtposition z. B. am Arbeitsplatz ausgenutzt). Vom Tatgeschehen her ist die Unterscheidung zwischen versuchter Notzucht und sexueller Nötigung sehr schwierig. Sexualpsychologisch enthält die Aggression ohne Koitusabsicht mehr deviantes Verhalten als die eigentliche Vergewaltigung und darf keineswegs als für die Umwelt harmloser eingestuft werden.

Jede Gesellschaft setzt gemäß ihrer Tradition andere sexuelle Normen. Die enge, oft unrealistische Begrenzung in unserem Kulturkreis führte dazu, daß ein seinerzeit nur von der Norm abweichendes Sexualverhalten wie beispielsweise Homosexualität rechtlich und sozial genauso geahndet wurde wie eine sexuelle Gewalthandlung, die eindeutig gegen den Willen eines Partners verstieß.

Die Beschuldigung ist einfach zu erheben, der Tatbestand oft sehr schwer zu beweisen. Zeugen gibt es in der Regel nicht. Die Aussagen von Opfer und Täter sind entscheidend. Über Schuld und Unschuld entscheidet, wem das Gericht glaubt.

Zwischenmenschliche Begegnungen können im Einzelfall so kompliziert ablaufen, daß es für einen Richter oft unmöglich ist, zu beurteilen, ob es sich um eine Verführung oder um eine Vergewaltigung handelte.

In der Bundesrepublik kommen jährlich ca. 7000 Fälle von versuchter und vollendeter Vergewaltigung zur Anzeige. Manche Kriminologen schätzen jedoch, daß nur jedes zehnte Opfer Anzeige erstattet und somit die Gesamtzahl der Vergewaltigungen um 70000 pro Jahr liegt. Es gibt Schätzungen, die doppelt so hoch sind.

Bei 100 angezeigten Vergewaltigungen werden 67 Täter ermittelt, von denen 37 angeklagt und 28 verurteilt, 6 freigesprochen und 3 in ein psychiatrisches Krankenhaus eingewiesen werden [1].

Der § 177 StGB fordert eine Haftstrafe zwischen sechs Monaten und fünfzehn Jahren – die Regelstrafe beträgt zwei Jahre –, wenn eine Frau «mit Gewalt oder durch Drohung mit gegenwärtiger Gefahr für Leib und Leben zum außerehelichen Beischlaf mit ihm oder einem Dritten» genötigt wird.

Zahlreiche Vorurteile hindern Frauen daran, das Verbrechen anzuzeigen. Viele Vergewaltigte dulden, daß sie zu «legitimen Opfern» der Gesellschaft werden.[2] Doch diese Frauen bekommen in den letzten Jahren von Feministinnen und Frauenrechtlerinnen den Rücken gestärkt. Diese betonen immer wieder, daß die Vergewaltigung der Frau bereits im Lokal und im Büro mit dem Blick auf die Bluse und dem Klaps auf den Po beginnt. Immer wieder weisen Frauengruppen darauf hin, daß den vergewaltigten Frauen vor Gericht kein Recht geschieht, sondern im Gegenteil, daß man ihnen die Schuld oder zumindest eine Mitschuld anlastet.

Obwohl in den letzten Jahren alle Beteiligten – auch Männer! – die Qual des Opfers im Rechtsverfahren zu reduzieren suchen, bleibt das

Problem bestehen, daß die Frau als einzige Zeugin die sexuelle Begegnung im Detail möglichst exakt schildern muß.

Berichte in einschlägigen Boulevardblättern und Stammtischgespräche bezeugen immer wieder, daß «Mann» die Vergewaltigung als Verbrechen nicht so ganz ernst nimmt. Das Mißtrauen gegenüber dem Opfer hat psychologische Wurzeln. Es ist die Angst des Mannes, eine Frau könne ihn zu Unrecht der Vergewaltigung bezichtigen. So, wie schon in der Genesis beschrieben, das Weib des ägyptischen Großwesirs Potiphar den Sklaven Josef durch eine falsche Anschuldigung in den Kerker brachte.

Der von Balzac formulierte Satz: «Man kann keinen Faden einfädeln, wenn die Nadel nicht stillhält», macht genüßlich die Runde. Aber nicht nur Laien, auch Kriminologen, Juristen und Ärzte sind nicht selten der Meinung, daß es kaum möglich ist, eine Frau zu vergewaltigen, die ernstlich Widerstand leistet. Immer noch hört man, daß die Frau bewußt oder unbewußt zum Geschlechtsverkehr gezwungen werden möchte. Viele Frauen oder Mädchen würden die Männer absichtlich sexuell reizen, sich auf ein gefährliches Spiel einlassen, das sie nach der Tat als Notzucht definierten.

Selbst der große Sexologe Alfred Kinsey erzählt den Witz, «daß der einzige Unterschied zwischen einer Vergewaltigung und einem schönen Erlebnis darin besteht, daß die Eltern des Mädchens noch wach waren, als es nach Hause kam». Auch nach Ansicht des Kriminologen H.-J. Schneider[3] möchten viele Frauen unbewußt zum Geschlechtsverkehr gezwungen werden, um einen «scheinheiligen moralischen Anspruch» zu wahren.

Ausgerechnet eine Frau, die Freud-Schülerin Helene Deutsch[4], hat dann auch den Mythos von den Frauen, die Gewalt spüren wollen, durch ihre Theorie vom «femininen Masochismus» wissenschaftlich zu untermauern versucht. Der Mann sei nun mal der sexuell angreifende, die Frau spiele eine passive Rolle, wünsche jedoch in Wirklichkeit, mit Gewalt genommen zu werden.

Bis in unsere Zeit behaupten auch Wissenschaftler immer wieder, daß Frauen nicht selten bei Vergewaltigungen unerwartet plötzlich große Lust empfänden. Der Soziologe Dieter Duhm[5] meint sogar, daß vergewaltigte Frauen oft zum Orgasmus kämen, weil «sie es genießen, wenn der Trieb gewaltsam befriedigt wird, der sonst durch die Angst blockiert ist».

Auch erklären Forscher seit Freud immer wieder, daß Aggressivität und männliche Sexualität zwingend zusammengehören. Der Kriminalist und Psychologe Paul Dost[6] schreibt in seinem umfangreichen Buch «Die Psychologie der Notzucht»: «Es entspricht biologischen Gesetzen, daß der Mann der sexuell Angreifende ist.» Und an anderer Stelle: «Frauen von starker Triebhaftigkeit können leicht von Notzuchttätern sexuell so erregt werden, daß sie nicht in der Lage sind, sich zu wehren.»

Oft wird auch das eingeengte Bewußtsein des Täters entschuldigend ins Feld geführt. Es ist natürlich eine Selbstverständlichkeit, daß bei jedem Sexualakt das Wahrnehmungsvermögen verzerrt ist, woraus jedoch nicht zu folgern ist, daß die Befriedigung des sexualbiologischen Triebes auf Kosten anderer Rechtens ist.

Nach den sehr gewissenhaften Untersuchungen des israelischen Soziologen Menachem Amir[7] in den USA sind etwa 70 Prozent der Notzuchtdelikte geplant. In 85 Prozent der Fälle wird körperliche Gewalt angewendet oder angedroht. Das Durchschnittsalter der Täter liegt bei dreiundzwanzig Jahren, und häufig handelt es sich um niedere soziale Schichten. Sozial besser gestellte Bürger können sich ihre Sexualwünsche häufig mittels der Brieftasche erfüllen und sind vermutlich nur deshalb seltener vertreten. Es gibt aber auch Psychologen, die der Ansicht sind, daß in der Oberschicht der Geschlechtsverkehr mehr durch psychische Gewalt erzwungen wird und deshalb auch kaum zur Anzeige kommt. Die Tat wird am häufigsten in einer Wohnung begangen, oft aber auch im Auto oder im Freien. Gewöhnlich spielt Alkohol eine große Rolle.

Viele vergewaltigte Frauen berichten, daß sie durch die körperliche Bedrohung, mit und ohne Waffe, Angst um ihr Leben hatten und sich deshalb nicht zur Wehr setzten. Es ist bekannt, daß eine Frau, die sich wehrt, schwere Verletzungen riskiert, wenn nicht den Tod. Es gibt natürlich auch den Tätertyp, der bei Widerstand und Schreien flüchtet. Dies ist jedoch von der Frau nicht vorhersehbar. In der Regel führt Gegenwehr und Schreien zu einer höheren Verletzungs- und Todesrate.[8]

Nicht ganz logisch ist deshalb auch das Urteil des Bundesgerichtshofes, der noch in den sechziger Jahren formulierte: «Wenn eine Frau dem Verlangen des Mannes nach Geschlechtsverkehr lediglich mit Worten, sei es auch eindeutig, widerspricht, sich aber gegen dieses

Ansinnen nicht körperlich wehrt, so wird der Mann in der Regel annehmen dürfen, daß sie trotz des Widerspruchs mit seinem Vorhaben letzten Endes einverstanden ist.»

Die seelischen und körperlichen Folgen einer Vergewaltigung sind für viele Frauen dramatisch. Oft sind sie noch Jahre danach unfähig, eine normale heterosexuelle Beziehung einzugehen. Häufig haben sie Schmerzen beim Geschlechtsverkehr, klagen über Frigidität, Vaginismus und Dyspareunie. Die körperliche Verletzung ist relativ einfach zu registrieren. Der seelische Schaden wirkt oft im verborgenen jahrelang, wenn nicht das ganze Leben lang nach. Auf die Folgen und ihre Behandlung wollen wir ausführlich in den Kapiteln 21 und 22 eingehen.

Unter all diesen Gesichtspunkten ist es unverständlich, daß der Durchschnitt der Bevölkerung fast alle negativen Vorurteile übernommen hat. Viele halten eine Vergewaltigung schlechterdings für unmöglich, andere glauben, daß es nicht reicht, nur mit Worten den Sexualakt zu verweigern. Viele sind der Meinung, daß eine Frau, die mit einem Mann in ein Lokal geht, dort Alkohol trinkt, schließlich mit ihm in ihre oder seine Wohnung geht, davon ausgehen müsse, daß es zwangsläufig zum Geschlechtsverkehr kommen müsse.

Eine Frau hat es um so schwerer, eine Vergewaltigung vor Gericht zu beweisen, je weniger sie sich gewehrt hat, je besser sie den Täter kannte.

Die Angst vor dem Verbrechen schränkt den Freiheitsraum vieler Frauen erheblich ein. Die Furcht vor Vergewaltigungen wird zum «Mittel sozialer Kontrolle»[9]. Frauen müssen dunkle Straßen, Tiefgaragen, leere Eisenbahnabteile usw. meiden. Allzuleicht wird ihnen Verführung und Mitschuld angelastet, wenn sie überhaupt spätabends alleine ausgehen.

In den letzten Jahren haben auch Polizisten, Juristen und Ärzte hinzugelernt und die schiefe Perspektive teilweise korrigiert. Die Ausbildung der Berufsgruppen, die mit vergewaltigten Frauen in Kontakt kommen, wurde verbessert. Es wurden außerdem von Frauengruppen Notruftelefone für vergewaltigte Frauen eingerichtet. Sozialpädagoginnen, Juristinnen, Psychologinnen bieten den Geschädigten Unterstützung beim Gang zur Polizei und zum Arzt an, informieren über die Rechtslage und offerieren therapeutische Gespräche. Das Bundeskriminalamt hat eine «Stelle für Opfer sexueller Gewalt» («SOS-Gewalt») eingerichtet. Selbsthilfegruppen für Täter und Opfer sind in Erprobung.[10]

Wie bei allen Reformen und gedanklichen Veränderungen ist auch hier die Gefahr groß, daß durch Scharfmacherei über das Ziel hinausgeschossen wird. Sicher ist es richtig, wenn Feministinnen die Rolle des Opfers im Prozeß stärken wollen und wenn ein sensiblerer Umgang mit vergewaltigten Frauen gefordert wird. Doch es geht nicht, daß man erklärt, ein Mann müsse schon verurteilt werden, wenn die Tat nur behauptet wird. Auch bei einem Sexualdelinquenten sollte Rehabilitation vor Rache das Strafziel sein. Auch er hat Anspruch auf eine Rechtssicherheit. Aber noch immer prallen im Gerichtssaal emotionsgeladen die Extrempositionen aufeinander. Feministische Prozeßbeobachterinnen wettern in Sprechchören von den Zuschauerbänken gegen die «patriarchalische Kumpanei im Gerichtssaal».

Der BKA-Psychologe Michael Baurmann[11] schlägt dagegen für die Zukunft Wiedergutmachungsverträge zwischen Vergewaltigern und Vergewaltigten vor. Und immer wieder fordern kompetente Fachleute, doch endlich die Ursachen der kriminellen Begegnung der Geschlechter zu heilen. Doch dieses Kernproblem entzieht sich zu oft unseren guten Absichten. Es ist ein Unterschied, ob man gescheit über die vernünftige Gestaltung der Geschlechterbeziehung doziert oder ob man sie lebt. Sexualaufklärung kann man mehr oder weniger gut ausüben, doch die Eignung als Partner ist schwer anzuerziehen.

Auch wenn sich derzeit vieles zum Besseren ändert, so bleiben die Wurzeln des Übels doch bestehen: Viele Männer werden noch immer zur werbenden und erobernden Männlichkeit erzogen, Frauen dazu, sich passiv, emotional von Männern abhängig zu sehen. Durch diese unterschiedliche sexuelle Prägung werden Frauen gesellschaftlich zu Opfern, Männer zu Tätern programmiert. Für einen Mann mit Machismo-Verständnis ist es dann tatsächlich nur ein sehr kleiner Schritt von der Verführung zur Vergewaltigung.

Daß es heute, in der Zeit der Single-Bewegung, zahlreichen Frauen und Männern gelungen ist, sich aus diesen überkommenen Rollenstereotypien zu lösen, bedarf eigentlich keiner ausdrücklichen Erwähnung.

Schon der kleine Junge muß lernen, daß Mädchen nicht ja meinen, wenn sie dreimal nein sagen. Der Heranwachsende muß sicher wissen, daß es ein dummes Vorurteil ist, daß Mädchen eigentlich zum Genuß gezwungen werden möchten. Dann werden hoffentlich auch die genüßlich dreisten Stammtischsprüche vom «Vergewohltätigen» verstummen.

Psychodynamisch ist die Vergewaltigung als Kompensations- und Stabilisierungsversuch des fragilen männlichen Selbstbewußtseins zu sehen.[12] Den Tätern fehlt oft jedes Einfühlungsvermögen in die Frau. Der sexuelle Zugang zum weiblichen Geschlecht ist nur über Gewalt vorstellbar.

Eine Psychotherapie des potentiellen oder wirklichen Täters, die zum Ziel hat, das Ich, die Gefühle, das Selbstbewußtsein nachreifen zu lassen, wird auch die Fähigkeit stärken, Konflikte ohne Gewalt zu lösen. Die Männer müssen im Reifungsprozeß so weit kommen, daß sie sich nur noch den einverständlichen Koitus vorstellen können. Nur, große Illusionen darf man sich hier nicht machen. Die Deformationen der Persönlichkeitsstruktur sind meist in einem über mehrere Generationen hinwegreichenden Prozeß der Ich-Einschränkung und Verkümmerung von seelischen Funktionen entstanden.[13] Die Enge des Gesichtskreises und die begrenzte Vorstellungsfähigkeit des Delinquenten erschweren zudem jede Therapie und das Einfühlen in die Gegenseite.

Nicht verschwiegen werden soll die wichtige Tatsache, auf die Anthropologen[14] immer wieder hinweisen, daß in vielen Kulturen die Zahl der Vergewaltigungen dann sprunghaft ansteigt, wenn es für junge Männer sehr schwierig ist, sich auf rechtmäßige Weise einer Frau zu nähern, zum Beispiel, wenn der Brautpreis sehr hoch ist.

Ethnologische Untersuchungen sogenannter Primitiver erklären Vergewaltigung mit Vorstellungen von Männlichkeit, Tapferkeit, vom Besitzcharakter der Frauen und, wie schon gesagt, als eine Möglichkeit sozialer Kontrolle.[15] Viele Stämme haben überhaupt kein spezielles Wort für die Vergewaltigung. Diese Tatsachen werden allzugern von anderen Kulturkreisen mißbraucht, indem man im heroischen Vergewaltiger den siegreichen Helden feiert.

Jeder, in dem das Thema Vergewaltigung Sexualphantasien weckt, sollte sich klarmachen, daß die im Liebesspiel von manchen Frauen tatsächlich gewünschte Aggressivität oder gar Brutalität nichts mit dem Verbrechen zu tun hat, bei dem die Frau mit dem Messer an der Kehle unter Todesangst zum Geschlechtsverkehr gezwungen wird.

Unser Erschrecken vor der menschlichen Seele und den Möglichkeiten menschlichen Verhaltens kann gar nicht groß genug sein. Wir müssen uns jedoch damit abfinden, daß es immer Menschen gibt, die nur den gewalttätigen Umgang kennen, nach alldem, was ihnen selbst passiert ist.

Literatur

1 Wille, R.: Forensische Sexualmedizin, in: Praxis der Rechtsmedizin. Hg. B. Forster, Stuttgart 1986.
2 Degler, H.-D.: Vergewaltigung: Mord an der Seele, in: Der Spiegel Nr. 32/1981.
3 Schneider, H.-J.: Kriminologie. Berlin/New York 1974.
4 Deutsch, H.: Psychologie der Frau. Zwei Bände, Bern/Stuttgart 1954.
5 Duhm, D.: Angst im Kapitalismus. Lampertheim 1973.
6 Dost, P.: Die Psychologie der Notzucht, Hamburg 1963.
7 Amir, M.: Patterns in Forcible Rape, Chicago 1971.
8 Dost, P.: Über die Abwehr bei Notzucht, in: Kriminalistik 217, 1957.
9 Weis, K.: Die Vergewaltigung und ihre Opfer, Stuttgart 1982.
10 Brownmiller, S.: Gegen unseren Willen, Frankfurt 1975.
11 Baurmann, M. C.: Sexualität, Gewalt und die Folgen für das Opfer, Wiesbaden 1984.
12 Bräutigam, W./U. Clement: Sexualmedizin im Grundriß, Stuttgart 1989.
13 Moser, T.: Jugendkriminalität und Gesellschaftsstruktur, Frankfurt 1972.
14 LeVine, R. A.: Gusii Sex Offenses. A Study in Social Control, in: American Anthropologist, Bd. 61, Nr. 6, 1959.
15 Mead, M.: Mann und Weib, Zürich 1955.

Tatort und Tathergang

Anhand der Auswertung von fünf wissenschaftlichen Arbeiten [1,2,3,4,5] und weit über hundert eigenen Fällen will ich versuchen, die Ergebnisse unter dem Aspekt des Tatortes und des Tatherganges zusammenzufassen.

Drei Viertel aller Frauen in der Bundesrepublik haben Angst, wenn sie abends oder nachts unterwegs sind. Diese Angst ist nicht unbegründet, denn in fast der Hälfte der Fälle sieht der Täter ein Opfer zunächst auf der Straße, lockt es dann mit irgendwelchen Tricks in Gebäude, ins freie Feld oder ins Auto, oder er verschleppt das spätere Opfer unter Gewaltandrohung. Vor allem ist die nächtliche Großstadt für viele Frauen ein feindliches Territorium.

Alkohol spielt eine ganz entscheidende Rolle. Drei Viertel der Täter standen unter Alkoholeinfluß. Ein Drittel der von mir untersuchten vergewaltigten Frauen hatten Alkohol zu sich genommen. In nicht wenigen Fällen hatten Täter und Opfer sogar gemeinsam getrunken.

Aus der Auswertung der von mir überblickten Falldarstellungen geht hervor, daß die Vergewaltigungstat selbst in 25 Prozent aller Fälle im Freien, also im Wald, an Waldwegen, auf dem Feld, in Parks, Gärten, im Gebüsch, hinter Häusern stattfindet. Die Vergewaltigung im Freien geschieht in der Regel abends bzw. nachts. Oft wird das Opfer von mehr oder weniger belebten Straßen in Äcker, Felder, Grünanlagen gezerrt, gezogen oder getragen, in den meisten Fällen mit dem Auto dorthin gefahren. In kleineren Städten und Gemeinden sind mitunter auch Mädchen und Frauen, die landwirtschaftlich arbeiten, die Opfer.

Fall 3

Am Samstag abend, 26. Juli 1986, besuchte die achtzehnjährige Stephanie D. zusammen mit ihrem Verlobten Paul B. und ihrer Freundin Sabine die Kirchweih in N. Dort habe man gegen 23 Uhr im Festzelt den ihr schon vorher bekannten zwanzigjährigen Roland U. getroffen. Er habe viel Bier getrunken und sei schon ziemlich betrunken gewesen. Sie selbst habe Cola-Schoppen (Cola mit Bier) getrunken und an sich selbst keine Alkoholeinwirkung bemerkt. Roland U. habe ihr plötzlich den Verlobungsring abgenommen und eingesteckt. Als das gute Zureden ihrer Freundin und ihres Verlobten, den Ring wieder herauszugeben, nicht halfen, habe sie im Zelt ihren Bruder gesucht. Plötzlich habe Roland wieder hinter ihr gestanden, noch zwei Bier geholt und sei mit ihr vors Zelt gegangen. Der junge Mann habe ihr den Ring wieder zurückgeben wollen und sie gebeten, mit ihm ein paar Schritte mitzugehen.

Als sie nicht mehr weiter mitwollte, habe er sie in eine Wiese gezogen. Sie sei ihm zweimal entwischt, aber der junge Mann habe sie immer wieder eingeholt und zu Boden geworfen. Als sie Leute bemerkte, habe sie versucht zu schreien, aber Roland U. habe ihr den Mund zugehalten.

Obwohl sie sich heftig zur Wehr gesetzt habe, habe ihr Roland U. schließlich die lange Hose und den Schlüpfer aus einem Bein ausgezogen. Er habe ihr die Bluse aufgemacht und den BH hochgeschoben. Dann habe er ihr die Beine auseinandergedrückt, und es sei zum Geschlechtsverkehr gekommen. Der junge Mann habe eine große Kraft entwickelt, so daß ihr Widerstand zwecklos gewesen sei. Schließlich habe Roland U. von ihr den Mundverkehr verlangt. Aus Versehen habe sie ihm in den Penis gebissen. Es habe sehr stark geblutet, und sie seien beide total mit Blut verschmiert gewesen. Man habe vereinbart, der Freundin und dem Verlobten nicht den wahren Tathergang zu erzählen, sie habe gesagt, es sei zu einer Schlägerei gekommen. Heute morgen habe ihre Schwester die Mutter informiert, und ihre Eltern hätten darauf gedrängt, Anzeige zu erstatten.

Bei der Untersuchung von Stephanie D. findet sich an der rechten Halsseite eine ca. zehn Zentimeter lange, ein bis zwei Millimeter breite oberflächliche Hautabschürfung. Die Innenseite des linken Oberarmes weist einen gut markstückgroßen Bluterguß auf. Im Bereich der äußeren und inneren Geschlechtsorgane finden sich keine Verletzungen und keine Zeichen für einen gewaltsamen Geschlechtsverkehr.

Fall 4

An einem Herbstabend besuchte die sechzehnjährige Ulrike H. eine Diskothek in K. Auf dem Nachhauseweg, unweit der Diskothek, hätten drei Neger ihr angeboten, sie im Jeep nach Hause zu fahren. Die Männer seien jedoch gegen ihren Willen mit ihr in einen nahe gelegenen Wald gefahren. Sie könne etwas englisch und habe heftig protestiert. Im Auto habe ein Maschinengewehr gelegen, womit man sie jedoch nicht bedroht habe. Sie habe den Männern erzählt, sie erwarte ein Kind, und man möge sie nicht zum Geschlechtsverkehr zwingen.

In einem Waldweg habe man sie schließlich aus dem Auto gezerrt, sie auf den Boden gelegt, und nacheinander hätten die drei Männer einen vaginalen Geschlechtsverkehr mit ihr ausgeübt. Sie habe die Hoffnungslosigkeit ihrer Lage eingesehen und sich nicht weiter zur Wehr gesetzt. Deshalb sei sie auch nicht verletzt worden. Schließlich hätten sie die Männer nach Hause gefahren. Sie habe sich ins Bett gelegt, habe erbrochen, starke Schmerzen im Unterleib gehabt. In ärztliche Behandlung sei sie damals nicht gegangen. Erst Tage später habe sie den Vorfall der Polizei gemeldet.

Fall 5

Die vierzigjährige Gisela K. wird mit zahlreichen Verletzungen am gesamten Körper und im Bereich des Genitals von der Kriminalpolizei zur Untersuchung gebracht. Frau K. hat in der Nacht zuvor auf der Herbstmesse in K. an einem Metzgereistand Wurst verkauft. Der ihr vom Sehen her bekannte dreißigjährige Bernd F. habe sie angesprochen, ob sie ihn in ihrem Auto mit nach Hause nehmen könne.

Auf der Fahrt nach Hause, zwischen A. und P., habe ihr Herr F., der unter Alkoholeinfluß gestanden habe, ins Lenkrad gegriffen, die Handbremse angezogen und sie zum Halten auf der Landstraße gezwungen. Er habe sie dann auf der Beifahrerseite gegen ihren Willen aus dem Auto gezerrt, sie an den Haaren gezogen, sie geboxt, über die Straße geschleift und geschrien «Ich bring dich um». Es seien mehrere Autos vorbeigefahren, man habe sie auch gesehen, jedoch nicht angehalten. Der Mann habe sie durch eine Stacheldrahtumzäunung in eine Wiese geworfen, ihr den Mund zugehalten und immer wieder gerufen «Ich bring dich um». Schließlich habe er ihr im Kampf die Hosen und den Schlüpfer ausgezogen, ihr Sträucher in die Scheide gesteckt und sie dann zum Geschlechtsverkehr gezwungen. Sie habe große Angst gehabt, daß er sie umbringen würde. Ob es zu einem Samenerguß gekommen sei, könne sie nicht sagen.

Als sie versuchte, ein vorbeifahrendes Auto anzuhalten, habe ihr der Mann ins Gesicht geschlagen. Auch ein Versuch, mit dem Auto zu fliehen, sei nicht gelungen. Der Motor sei nicht angesprungen, da das Licht gebrannt habe. Schließlich habe sie der Mann allein gelassen und sei in Richtung P. davongelaufen. Während sie auf Hilfe wartete, sei ein anderes Auto auf ihr unbeleuchtetes Auto aufgefahren.

Relativ hoch ist die Zahl der Vergewaltigungen in Wohnungen, was von Frauen oft unterschätzt wird. Dreißig Prozent aller Vergewaltigungen finden sogar in der Wohnung des Opfers statt. Oft sind die Täter Händler, Hausierer, Einbrecher und andere Eindringlinge, die sich gewaltsam und rechtswidrig Zugang zur Wohnung verschaffen. Nicht selten wird jedoch der spätere Täter freiwillig hereingelassen, zum Beispiel nach Tanzveranstaltungen oder anderem flüchtigen Kennenlernen. Meist handelt es sich hierbei um eine Überraschungsnotzucht.

Fall 6

Annemarie C. wurde in der Nacht vom 23. auf den 24. September durch ein kratzendes Geräusch aufgeweckt. Sie glaubte, das Geräusch sei durch ihre Katze verursacht, stand auf und ging in den Flur. Dort kam ihr von der Kellertreppe der ihr vom Sehen her bekannte vierzigjährige Helmut Sch. entgegen. Der Mann habe sie sofort im Hausgang gewürgt, und sie habe gespürt, daß sie bewußtlos werde. In der Küche, auf dem Fußboden liegend, sei sie wieder zu Bewußtsein gekommen. Wie lange sie bewußtlos gewesen ist und ob der Mann sich an ihr vergangen habe, kann sie nicht sagen.

Dann habe der Mann jedoch mit Gewalt versucht, einen Geschlechtsverkehr zu erzwingen. Während der fast einstündigen Auseinandersetzung habe er ihr schließlich die Hosen heruntergezogen, sie in die linke Brust gebissen und immer wieder versucht, ihre Beine zu spreizen. Sie habe beruhigend auf ihn eingeredet und ihm empfohlen, zu einer anderen Zeit nochmals wiederzukommen. Schließlich habe der Mann sie in der Küche eingesperrt und das Haus durch die Haustür verlassen. Sie habe sich nicht getraut, etwas zu unternehmen, und erst gegen Morgen die Polizei aufgesucht.

Frau C. hat starke Schmerzen beim Schlucken, im Bereich des Halses finden sich zahlreiche Kratzspuren sowie tiefer liegende rötlichbläuliche Hauteinblutungen, wobei es sich eindeutig um Würgemale handelt. Im inneren Anteil der linken Brust findet sich eine handflächengroße Bißwunde. Auch am übrigen Körper zeigen sich zahlreiche Kratzspuren und andere leichte Verletzungen. Im Bereich der äußeren und inneren Geschlechtsorgane finden sich keine Verletzungen.

Fall 7

Die zweiundvierzig Jahre alte Ingrid St. gibt an, sie sei allein in der Wohnung gewesen und habe von einem ihr bekannten Mann Schuhe kaufen wollen. Plötzlich sei dieser zudringlich geworden und habe versucht, sie zu küssen. Dann habe der körperlich überlegene Mann sie ins Schlafzimmer gezerrt und aufs Bett gelegt. Sie habe jedoch getreten, ihm Haare ausgerissen und um Hilfe gerufen. Dem Mann sei es nicht gelungen, ihr die Kleider auszuziehen. Es sei nicht zu einem Geschlechtsverkehr gekommen.

Frau Ingrid St. hat überall am Körper oberflächliche Schürfwunden, an beiden Unterarmen Kratzspuren und eine schmerzhafte Rötung im Bereich der linken Brust. Die Kleidung ist zerrissen.

Fall 8

Die achtzehnjährige Marika Z. gibt an, in der Nacht vom 27. auf den 28. September auf der Kirchweih in B. gewesen zu sein. Gegen ein Uhr nachts habe sie nach Hause gewollt, und der zweiundzwanzigjährige Wolfgang N. aus O. habe ihr angeboten, sie in seinem Auto nach Hause zu bringen. Statt dessen habe er sie jedoch gegen ihren Willen in eine andere Richtung, nämlich nach F. zu seiner Wohnung, gefahren. Dort habe er sie aus dem Auto gezerrt, ihr den Mund zugehalten und sie mit Gewalt in seine Wohnung geschleppt. In seinem Zimmer habe er sie auf ein Bett geworfen und ihr die Jeans und den Schlüpfer ausgezogen. Dann habe er sich selbst bis auf die Unterhosen entkleidet, diese bis zum Knie heruntergezogen und sich auf sie geworfen. Sie habe versucht zu schreien. Sie habe sich nach allen Kräften gewehrt, gekratzt, gebissen, geschlagen und getreten. Sie sei jedoch benommen gewesen, und es sei zum Geschlechtsverkehr gekommen. Ob es zu einem Samenerguß gekommen sei, wisse sie nicht.

Der Mann habe keinen betrunkenen Eindruck gemacht. Sie selbst habe an dem Abend ein Glas Bier, zwei Likör und zwei Gläschen Wein getrunken.

Schließlich habe man ihre Hilferufe gehört. Zunächst sei die Mutter, dann der Vater des jungen Mannes in das Zimmer gekommen. Diese hätten jedoch nichts unternommen. Anschließend sei die Schwester von Herrn N. ins Zimmer gekommen, habe ihr geholfen und sie zu ihrer Cousine gebracht. Von dort aus sei sie nach Hause gefahren worden und habe gegen fünf Uhr die Polizei verständigt.

Anläßlich ihrer Untersuchung gibt Frau Z. starke Schmerzen im Unterleib an. Der gesamte Körper ist mit Blutergüssen und Schürfwunden übersät. Am Hals finden sich Würgemale. Im Bereich der Geschlechtsorgane finden sich keine Verletzungen.

Das Auto ist in etwa zwanzig Prozent der Vergewaltigungsfälle der Tatort. Anläßlich gemeinsamer Heimfahrten nach Veranstaltungen,

Discobesuchen u. ä. nutzt der Täter die Situation aus. Die beengte Lage auf den Autositzen kommt zudem noch seinem Vorhaben entgegen. In den meisten Fällen ist das Opfer ohne jeden körperlichen Zwang völlig freiwillig in das Auto gestiegen. Der oder die Täter werden erst im Wagen zudringlich.

Fall 9

Die vierundzwanzigjährige Eleonore K. ging am Abend des 20. Februar in das Tanzlokal «Oberbayern». Gegen vier Uhr habe der ihr bekannte Klaus W. angeboten, noch kurz wegzufahren, um eine Pizza zu essen. Statt dessen sei er aber in den Wald vor der Stadt gefahren. Gegen ihren Willen habe er ihr Kleider heruntergerissen, lange Hosen und Schlüpfer, Schuhe und Strumpfhosen. Den Pulli und BH habe sie noch angehabt. Sie habe sich heftig zur Wehr gesetzt und zum Teil auch wieder angezogen. Der Mann sei jedoch sehr kräftig gewesen, und es sei dann auf dem Beifahrervordersitz des Wagens zum Geschlechtsverkehr gekommen. Sie habe halb gelegen, halb gesessen, der Mann habe vor ihr gekniet. Es sei viermal zum Geschlechtsverkehr gekommen. Anschließend habe der Mann sie aus dem Auto gestoßen und sei weggefahren.

An Hals und Schulter finden sich einige leichte Verletzungen wie Hautabschürfungen und blutunterlaufene Flecken. Im Bereich der Geschlechtsorgane ist es nicht zu Verletzungen gekommen.

Fall 10

Nach einem gemeinsamen Besuch des K.-Clubs haben drei Amerikaner den beiden zwanzigjährigen Freundinnen Elga O. und Fatima S. angeboten, sie in einem Auto nach Hause zu bringen. Bald darauf habe der Wagen in einem Feldweg angehalten. Ein Amerikaner sei ausgestiegen und habe sie nicht belästigt.

Der Fahrer des Wagens hat die neben ihm sitzende Fatima S. aus dem Auto gezerrt, geschlagen, ihr die langen Hosen und die Schlüpfer heruntergezogen. Sie habe sich heftig zur Wehr gesetzt, dabei seien die Kleider zum Teil zerrissen worden. Der Mann habe sie auf den Rücken gelegt, ihr die Beine gespreizt, und es sei zum vaginalen Geschlechtsverkehr gekommen. Gleichzeitig hat, der zweite Amerikaner auf dem Rücksitz Elga O. bedrängt. Er habe sie geschlagen und getreten. Obwohl sie sich heftig zur Wehr gesetzt habe, habe sie der

Mann schließlich überwältigt, ihr die langen Hosen und die Schlüpfer heruntergerissen, und es sei in Rückenlage auf dem Rücksitz des Autos zum Geschlechtsverkehr gekommen. Die Kleidung beider Mädchen ist verschmutzt und zerrissen. Beide haben erhebliche Verletzungen am Körper davongetragen.

Fall 11

Die achtzehnjährige Doris G. gibt anläßlich ihrer Untersuchungen an, zwei ihr bekannte Männer im Alter von neunzehn und zwanzig Jahren hätten ihr gegen 1.30 Uhr nachts angeboten, sie von O. in ihren Heimatort E. mit dem Auto nach Hause zu fahren. Bevor sie jedoch den Wohnort erreichten, seien sie in einen Waldweg abgebogen. Einer der Männer habe sie festgehalten, während der andere sie vergewaltigte. Verletzungen wurden bei Doris G. nicht festgestellt.

Fall 12

Die neunzehnjährige Christine H. kommt zusammen mit ihrer Mutter zur Untersuchung ins Krankenhaus. Das Mädchen hat wegen einer Gaumenspaltenoperation erhebliche Sprachschwierigkeiten. Die Mutter gibt an, ihre Tochter sei am 8. Februar gegen 20.15 Uhr in K. unterwegs gewesen. Gegenüber Aldi habe plötzlich ein orangefarbener BMW gehalten, und ein fünfunddreißig- bis vierzigjähriger Mann habe sie ins Auto gezerrt und sei mit ihr weggefahren. Außerhalb der Stadt habe er sie vergewaltigt.

Im Bereich beider Beine, der rechten Brust und am Scheideneingang finden sich relativ frische Verletzungen.

Fall 13

Eine sechsundzwanzigjährige Umschülerin ist an Heiligabend 1990 in Saarbrücken überfallen, gefesselt, im eigenen Auto entführt und vergewaltigt worden. Wie die Saarbrücker Polizei gestern berichtete, hatte die junge Frau gerade ihren Wagen abgestellt und wollte noch etwas aus dem Fahrzeug herausnehmen, als sie von einem Unbekannten vermutlich mit einem Messer bedroht und gezwungen wurde, sich in das Fahrzeug zu legen. Daraufhin habe sie der Unbekannte gefesselt und ihr die Augen verbunden. Der Unbekannte fuhr – so die Polizei – mit der Sechsundzwanzigjährigen zu einem noch unbekannten Ort außerhalb von Saarbrücken und hat sie dort vergewaltigt. Anschließend sei er mit dem Fahrzeug und der Sechsundzwanzigjährigen zurück nach Saarbrücken gefahren und habe das Fahrzeug abgestellt. Sein Opfer habe er gefesselt in dem Wagen liegengelassen. Die Frau konnte sich selbst befreien und die Polizei verständigen.

Oft lassen sich auch Mädchen und Frauen durch das Auftreten des Täters oder der Täter irritieren und in eine Falle locken. Potentielle Verbrecher geben sich mitunter als Polizisten oder Ärzte, Bedienstete von verschiedenen Behörden usw. aus oder locken die Frau unter irgendeinem Vorwand an einen Ort, wo sie sie überwältigen können.

Fall 14

Die siebzehnjährige Carola M. hielt sich am Abend gegen 19.00 Uhr auf dem Rathausvorplatz in K. auf. Gelegentlich wurde hier mit Drogen gehandelt. Plötzlich fuhr eine große amerikanische Limousine vor, und zwei Männern, mit MP-Binden stiegen aus, gingen auf Carola M. zu und erklärten ihr in gebrochenem Deutsch, daß sie sie zur Überprüfung ihrer Personalien und zum Ausschluß eines Drogendelikts mit auf die Polizeiwache nehmen müßten. Das verdutzte Mädchen stieg nach kurzem Zögern in das Auto ein. Die beiden falschen Militärpolizisten fuhren mit dem Mädchen jedoch in einen nahen Wald, zerrten sie aus dem Auto und vergewaltigten sie beide zweimal auf dem Waldboden.

Das Mädchen wurde mit völlig zerrissenen Kleidern und schwer verletzt zur Untersuchung gebracht.

Fall 15

Der dreiundzwanzigjährige ledige kaufmännische Angestellte R. H. hatte der neunzehnjährigen Geschäftskollegin Monika M. in Sch. mehrere Bücher zum Lesen geliehen. Eines Tages bat er sie, noch am selben Abend einen Teil dieser Bücher in seine Wohnung zu bringen. Als das Mädchen am 11. März gegen 20 Uhr verabredungsgemäß an seiner Wohnung läutete, gelang es H., sie unter einem Vorwand in sein Zimmer zu locken. Nachdem er sich vergewissert hatte, daß keine Hausbewohner anwesend waren, verschloß er die Tür, überwältigte das Mädchen und vergewaltigte sie.

R. H. wurde zu zwei Jahren und zwei Monaten Gefängnis verurteilt.

Drohungen, den Opfern nahestehenden Personen etwas anzutun, führen nicht selten dazu, daß die Frauen einem aufgezwungenen Geschlechtsverkehr zustimmen. Manchmal lassen jedoch unwahrscheinliche Schilderungen Zweifel aufkommen.

Fall 16

Die vierundzwanzigjährige Monika G. berichtet, sie sei Mitte April von einem ihr bekannten Mann angesprochen worden. Der Mann habe ihr angedroht, er würde am Auto des Ehemannes etwas verändern, daß dieser lebensgefährlich verunglücken werde, wenn sie nicht in den Geschlechtsverkehr mit ihm einwillige. Sie habe schließlich zugestimmt. Der Mann habe sie abgeholt, und es sei in seinem Auto zum Geschlechtsverkehr gekommen.

Fall 17

Im November 1978 wird der vierundzwanzigjährige Maschinenschlosser aus P. wegen Vergewaltigung und entsprechenden Versuchs in zwei weiteren Fällen zu einer Gefängnisstraße von sechs Jahren verurteilt. Der Mann hatte sich auf entsprechende Zeitungsanzeigen hin telefonisch bei Hausfrauen in K. als Kaufinteressent für ein Brautkleid, ein Umstandskleid oder Babysachen ausgegeben und sich zum Hausbesuch angemeldet, um die Sachen in Augenschein nehmen zu können. In einem Fall konnte er eine Frau dazu bewegen, ihm das Kleid vorzuführen. Gegenüber den überraschten Frauen – es handelte sich jeweils um Mütter mit Kindern im Alter von neunzehn Monaten bis drei Jahren – ließ er dann jedoch recht bald durchblicken, was der eigentliche Zweck seines Kommens war. Dabei versuchte er – einmal hatte er dabei Erfolg – die Frauen dadurch zu zwingen, ihm zu Willen zu sein, indem er ihre kleinen Kinder mit einem sogenannten Dreikantschaber oder mit einem Küchenmesser bedrohte.

Zum Schutz der Frauen haben viele Städte Initiativen ergriffen. So wurden in etlichen Parkhäusern besondere Parkplätze für Frauen nahe am Eingang eingerichtet. Diskutiert wird auch ein Billigtarif für Frauen nachts im Taxi. Angesichts der geschilderten Fälle zeigt sich jedoch, daß diese gutgemeinten Maßnahmen nur in Einzelfällen zur Reduzierung von Sexualdelikten beitragen können.

Literatur

1 Dost, P.: Die Psychologie der Notzucht, Hamburg 1963.
2 Brown, B.: Statistik im Auftrag der Polizei von Memphis, Memphis/USA 1973.
3 Untersuchung, die 17 amerikanische Großstädte umfaßt, durch die National Commission on the Causes and Prevention of Violence.
4 Amir, M.: Victim precipitated forcible rape. J. Crim. Law and Crim. in: Pol. science 58/4, 493, 1967.
5 Wille, R.: Forensische Sexualmedizin, in: Praxis der Rechtsmedizin für Mediziner und Juristen (Hg. B. Forster), S. 519–562, Stuttgart 1986.

Die Täterpersönlichkeit

Jeder Mensch ist ein potentieller Verbrecher. Es gibt keine starren Verbrechertypen, die völlig anders sind als die Menschen ihrer Umgebung. Biologische, psychologische und soziale Faktoren führen schließlich dazu, daß ein Individuum zum Täter wird. Nach Gehlen [1] ist der Mensch ein riskiertes Wesen, dem die Chance innewohnt zu verunglücken.

Daß es kaum Frauen unter den Sexualtätern gibt, liegt wohl darin begründet, daß die Frau Sexualität anders erlebt als der Mann und daß alte Traditionen und moralische Schranken die sexuelle Aktivität der Frau hemmen. Es fehlen ihr in der Regel auch die physischen Kräfte für Gewaltverbrechen wie Notzucht. Außerdem beurteilt unsere Gesellschaft weibliches von der Norm abweichendes Sexualverhalten sehr viel großzügiger als männliches. Die lesbische Liebe wird zum Beispiel als etwas harmloseres eingestuft als die männliche Homosexualität. Lebt eine Frau ihre abwegige Sexualität in der Prostitution aus, entgeht sie in der Regel einer Strafverfolgung. Sodomistische Verhältnisse älterer Frauen zu Hunden, Katzen und anderen Haustieren gelangen nur selten zur Anzeige.

Bei den Entgleisungen von Frauen handelt es sich in erster Linie um den Inzest mit jüngeren Partnern. Die Inzestschranke fällt bei den Täterinnen entweder gegenüber dem Sohn, dem Bruder oder einem anderen männlichen, passiv duldenden Partner. Oft spielt Alkohol eine Rolle, wenn verwahrloste Mütter ihre meist noch minderjährigen Söhne zum Beischlaf bringen. Manchmal handelt es sich bei den Täterinnen um triebhafte Schwachsinnige, die Unzucht an Kindern, insbesondere an pubertierenden Jungen begehen.

Extrem selten sind weibliche Exhibitionisten. Durch eine Zurschaustellung ihrer Genitalien erfahren Frauen normalerweise keine Selbstbefriedigung. Entblößen heißt bei der Frau vielmehr Wecken von sexuellen Wünschen beim zukünftigen Sexualpartner. Der Anteil der Frauen an dem in der Bundesrepublik rechtskräftig wegen Sittlichkeitsdelikten Verurteilten liegt etwa bei drei Prozent. Und dabei handelt es sich meist um Vergehen im Zusammenhang mit Prostitution, Kuppelei, Pornographie. Verurteilungen wegen klassischer Sexualdelikte gibt es so gut wie gar nicht.

Wir wollen in diesem Kapitel die Persönlichkeit des Sexualtäters zu ergründen versuchen. Wir wollen ihn weder als Gefühlskrüppel, den das Leben zum Ungeheuer gemacht hat, noch als von sexuellen Verwirrungen heimgesuchten Märtyrer darstellen.

Es wird heute viel von der Identitätskrise der Männer gesprochen, vom krisenhaften Verlust einer gesellschaftlich sanktionierten Männerrolle. Tatsächlich geändert haben sich jedoch nur die Mittelschicht-Männer, die gefühlvoller, weniger autoritär, toleranter, dafür vielleicht aber auch uninteressanter, unerotischer, oft eben zu «Softies» geworden sind. Männer in Führungspositionen und einfache Arbeiter dagegen verharren weiter in den traditionellen Geschlechtsmustern.[2] Insgesamt kann man sagen, daß die Energie der Männer in dem gleichen Maße geringer wird, wie sich die Frauen unaufhaltsam in Führungspositionen vorkämpfen. Und die Krise des Mannes zeigt sich nirgends deutlicher als in seiner Sexualität. Ein beredtes Zeichen dafür sind die Männergruppen, die schon in die Tausende gehen. Immer mehr Bücher befassen sich mit der globalen Misere des Mannes.[3]

Gleich welcher sozialen Schicht sie angehören, Gewalt üben Männer häufig «aus einer subjektiv empfundenen Ohnmacht und Schwäche heraus» aus.[4] Durch Überreaktion versuchen sie ihre Unsicherheit zu vertuschen. Wer seine Aggressionen verdrängt, wird bösartig hinter der Fassade der Wohlanständigkeit. Wir wissen, wieviel Depression und Isolation sich hinter der Maske der Macht verbirgt.

Nur durch die Anwendung von Gewalt gelingt die Kontrolle über die Frau. Nur dadurch kann das beschädigte Selbstbewußtsein wiederaufgerichtet werden. Der Gewalttäter bestimmt seine Männlichkeit über eine unterworfene Weiblichkeit.

Die psychologische Forschung glaubt heute zu wissen, daß viele Triebtäter als Kinder nie die Möglichkeit hatten, eine zärtliche Beziehung zu einem Menschen zu entwickeln. Bei aggressiven Sexualdelinquenten werden häufig eine mangelnde Identifikationsmöglichkeit mit den Vätern und mitunter eine frustrierende Beziehung zu den Müttern beobachtet. Selbst wenn eine stärkere Bindung an die Mutter besteht, so werden beide Eltern doch als schwach erlebt. Dazu kommen oft eine mangelhafte geistige Entwicklung, eine nur geringe Befriedigung im Beruf und häufig ökonomisch frustrierende Erfahrungen. Es muß jedoch immer wieder klargestellt werden, daß es sich hierbei um Erklärungsversuche handelt und daß einheitliche Forschungsergebnisse bislang fehlen.

Aus Sicht der Tiefenpsychologie wird der Täter als Junge, der nicht selten von der Mutter allein erzogen wird, in frühester Kindheit trotz Liebesmangel verwöhnt und lernt nicht, seine Gefühle auszudrücken. Das subjektive Vaterdefizit und die zu enge Bindung an die Mutter treiben die Söhne in ein Gefängnis, aus dem sie sich durch trügerische Ersatzbefriedigung zu befreien suchen, meint Wilfried Wieck.[5]

Später fördert die Gesellschaft die stillen, angepaßten, nach außen braven, jungen Männer, die bewußtlos auf Tauchstation verharren und sich nicht trauen, etwas zu verlangen. So wächst das Verlangen nach der Frau im geheimen, und irgendwann durchschlägt es alle Schranken und Gesetze (Alberoni[6]).

Die Unselbständigkeit, die nicht eingestandene Angst, die fehlenden sozialen Kontakte machen diese Männer zu ewig Flüchtenden, bewirken, daß sie nicht um die Frau werben können, nicht verführen können. Der Hunger nach Sexualität, der Drang nach Dominanz und Anerkennung wird wortlos gewalttätig gestillt. Die innerlich Heimatlosen haben nie erfahren, daß sie die Zärtlichkeit einer Frau auf eine andere Weise in Anspruch nehmen dürfen, daß sie genießen dürfen, ohne selbstquälerisch zu leiden. Nie konnten sie aufrichtig ihre Wünsche in Worte fassen, nie konnten sie jemandem ihre Angst vor dem Alleinsein mitteilen. Sie leben in Unfreiheit, ersticken am emotionalen Mangel, sie haben nicht gelernt, Sympathie zu verbreiten.[7]

Vielen dieser Männer fällt es schwer, zu Frauen Gesprächsbeziehungen aufzunehmen. Sie fühlen sich unterdrückt, bevormundet, die Nähelosigkeit macht sie wütend. Ihr immenses Anerkennungsbedürfnis wird auf normalem Wege nicht gestillt. Die Gefühle und die Ausdrucksfähigkeit verkümmern immer mehr. Gegen das seelische und körperliche Leid anderer sind sie so weit selektiv abgeschirmt, daß sie es nicht wahrnehmen.

Der typische Vergewaltiger ist kein brutaler Draufgänger, er ist ein zutiefst unsicherer, ängstlicher, lebensuntüchtiger Mensch. Er hat eine geringe Frustrationstoleranz und neigt zu übertriebenen emotionalen Reaktionen. Er lebt mit seiner Umwelt in Streit, umgeht jedoch jede ernsthafte Auseinandersetzung. Er ist ein kraftloser, unberechenbarer Schweiger, der sich selbst nicht über den Weg traut.[8]

Aber auch gewalttätige Männer sind verletzlich und hilflos. Auch sie wollen im Grunde die Liebe und Zuwendung der Frau. Auch sie spüren wohl weit weg eine Sehnsucht nach Verstandenwerden, nach Nähe. Aber nicht durch Erotik, sondern durch Gewaltausübung nähern sie sich dem anderen Geschlecht. Wirklich menschliche Begegnungen können nicht mehr stattfinden, wenn das Gefühl tot ist.

Rücksichtslos, oft in wahnsinniger Wut, werden die Frauen beschimpft, gefesselt, gequält, gewürgt, gepeitscht. Manchmal sprechen die Täter davon, daß sie ihre Opfer aufbrechen, auseinandernehmen möchten. Am Ende dieser Kette von Aggressionen steht der «Lustmord». Auch dieser schrecklichen Zerstörungswut ist die Psychoanalyse nachgegangen. Der Haß stamme aus der frühesten und frühen Kindheit. Der Sohn räche sich für seine Abhängigkeit von der Mutter. Es ist schwer auszuloten, wie weit da die eigene Verantwortlichkeit reicht.

Welche Chance sollte ein junger Vergewaltiger haben, der sich Sexualität nur vorstellen kann als Macht über die Frau, wenn er einige Jahre ins Gefängnis gesteckt wird ohne Therapie? Wenn ihn niemand über seine Gefühle aufklärt? Wenn ihm niemand klarmacht, daß Sexualität die Erfüllung eines liebenden Miteinander von eigenverantwortlichen, sich frei schenkenden Menschen ist? Auf der anderen Seite wissen wir jedoch, daß der Mensch auch ohne Behandlung entwicklungs- und reifungsfähig ist und daß junge Notzuchttäter selten nach dem dreißigsten Lebensjahr rückfällig werden.

Die von Baurmann im Auftrag des Bundeskriminalamtes[4] erstellte

Studie hat noch einmal erhärtet, daß sexuelle Gewaltdelikte oft in Kombination mit anderen unspezifischen kriminellen Handlungen wie Raub und Körperverletzung begangen werden, wohingegen bei harmlosen Sexualdelikten (Exhibitionismus) so gut wie nie Gewaltanwendung vorkommt. Der durchschnittliche Notzuchttäter ist weder ein Unhold noch ein Geisteskranker, noch ein Sexualprotz, sondern ein gewöhnlicher, zu Gewalttätigkeiten neigender Mensch.

Stärker werdende feministische Tendenzen der letzten zwanzig Jahre sehen es ungern, wenn Vergewaltigung in die Nähe von Exhibitionismus, Homosexualität, Pyromanie gerückt wird. Sie wollen kein Verstehen des Täters, sie wollen die moralische Entrüstung.

Während Freudsche Kriminologen im Notzuchttäter ein unkontrollierbares, infantiles Wesen sehen, das Opfer seines frustrierten natürlichen Impulses ist, mit der Mutter zu schlafen, seine Tat als neurotische Überreaktion, als Unzulänglichkeitsgefühle darstellen, will die feministisch orientierte Fachliteratur die männliche Vorherrschaft und Aggression gebrochen wissen. Letztere möchte nicht, daß der sexuell gut angepaßte Jugendliche, der auf seinen Eroberungszügen neben einer Reihe von Einbrüchen eben auch mal vergewaltigt, mit der linken Hand abgetan wird. Sie lehnen es ab, bei der nörgelnden Mutter und der unterwürfigen, masochistischen, ihre Weiblichkeit negierenden Ehefrau den Grund für die Entgleisung zu sehen.

Auf eine «Mitschuld» der Ehefrauen von Sittlichkeitstätern wies besonders der Kriminologe David Abrahamsen[9] hin. Gewisse Frauen begünstigten durch eine männlich aggressive Orientierung die sexuellen Aggressionen. Sie stimulierten ihre Männer zu sexuellen Handlungen, die zum Scheitern verurteilt seien und unweigerlich zur Frustration führten. Die Männer zweifelten schließlich an ihrer Männlichkeit, was unbewußt die Beziehung dieser Männer zu ihrer eigenen Mutter fortsetze. Die sexuelle Frustration, die von diesen Frauen ausging, motiviere zur Vergewaltigung.

Männer sind in ihrem sexuellen Verhalten im allgemeinen viel stärker durch ihre früheren Erfahrungen bestimmt als Frauen. Prägungsvorgänge der Kindheit und Jugendzeit spielen fraglos die entscheidende Rolle. Vielfältig sind aber auch die Möglichkeiten der Anpassung und Modifizierung unserer Einstellung im späteren Leben.

Auch die moderne Psychoanalyse kann uns nicht eindeutig sagen, inwieweit eine gewisse Verhaltensweise in unserem Gehirn «gemacht» wird. Der sexuell anders denkende und lebende Mensch hat keine anderen sinnlichen Eindrücke, sondern demonstriert seinen Verfall an die Sinnlichkeit.[10]

Alles ist natürlich eine Frage des Maßes. Der Perverse, der beim Anfühlen von Leder oder durch einen gewissen Geruch in sexuelle Erregung gerät, kann nicht mit einem Vergewaltiger auf eine Stufe gestellt werden. Trotzdem ist dem Fetischisten, auch dem Exhibitionisten und dem Vergewaltiger eins gemeinsam: Ihr Vorgehen schließt ein differenziertes Kennenlernen eines Gegenübers aus. Die Partnerschaft wird nicht oder einseitig hergestellt, zu einem wirklichen Gespräch kommt es nicht. Immer handelt es sich um Versuche, das gestörte Selbstwertgefühl zu kompensieren. Immer handelt es sich um Formen der Unreife.

Offen bleiben muß allerdings die Frage, welche Gründe jene Akzentuierung des sinnlichen Erlebens verursachen. Sicherlich ist es nicht das Ergebnis bloßer Willkür, sondern auch ein gut Stück Ausgeliefertsein. Die Umwelt sendet die Signale, die die Menschen steuern. Aber wer ist für die darauf eingestellten Antennen verantwortlich?

Zur menschlichen, juristischen und therapeutischen Beurteilung der Straftat sind die psychischen Eigenschaften des Delinquenten entscheidend. Je nachdem, ob der Beurteiler mehr genetisch-biologisch oder mehr psychologisch-soziologisch ausgerichtet ist, wird er die Zusammenhänge zwischen psychopathologischem Bild und kriminellem Verhalten einstufen. Wichtig kann zum Beispiel sein, intellektuelle Minderleistung von Hemmungen und Unsicherheit abzugrenzen.

Nicht selten fallen die späteren Täter bereits in ihrer Kindheit bzw. Pubertät durch sexualbezogene Mißhandlungen an Gleichaltrigen oder Jüngeren auf. Diese Vorkommnisse werden in der Regel bagatellisiert und bleiben dann den Behörden unbekannt. Auch wenn viele Erwachsene die Tierquälerei bei Kindern und Jugendlichen als dumme Jungenstreiche abtun, fällt immer wieder auf, daß Gewaltverbrecher sich in ihrer Jugend in überdurchschnittlichem Maße als Tierquäler mit besonderer «Qualität» betätigten. Oft wurden die Tiere besonders grausam mißhandelt. Sie wurden stranguliert, bekamen die Köpfe abgerissen, die Bäuche aufgeschlitzt, Zigaretten wurden auf ihrem Körper ausgedrückt, Knallkörper in Körperöffnungen gesteckt usw.

In der einschlägigen Literatur werden immer wieder Typisierungen des Sexualtäters versucht. Er wird als Krimineller, dessen Hauptcharakteristika Willenlosigkeit, Gemütsarmut und sexuelle Begierde sind, beschrieben[11], als sexueller Rohling, haltloser, willensschwacher Psychopath mit defektem Gefühlsleben[12], als minderbegabt, impulsiv, substanzarm[13], als bindungsunfähiger, egozentrisch-egoistisch eingeengter polytroper Krimineller[14]. Zusammenfassende Beurteilungen von Hartmann[15] und Schorsch[8] ergänzen das ziemlich einheitliche Bild. Allen Beschreibungen gemeinsam ist die relativ undifferenzierte Persönlichkeit und die schwache Intelligenz.

Nur in Ausnahmefällen lassen sich sexuelle Abweichungen wie Sadismus oder Triebanomalien nachweisen. Bei der Notzucht handelt es sich vielmehr «um die Erfüllung eines normalen Bedürfnisses mit illegalen Mitteln, das dem räuberischen Diebstahl verwandter ist als einer sexuellen Abweichung» (Schorsch 1971). Das ist der Grund, warum die Notzucht im Gegensatz zu anderen Sexualdelikten mit der allgemeinen Kriminalität ansteigt.

Die Triebstärke bzw. die Sexualbetätigung ist bei Notzuchttätern oder Sexualmördern nicht überdurchschnittlich hoch. In der Regel weisen sie die gleiche Kohabitationsfrequenz auf wie Vergleichspersonen. Eine Ausnahme bilden hier die Inzesttäter. Bei ihnen ist die Koitusfrequenz bedeutend größer als beim Durchschnitt. Nicht selten werden Mädchen von zehn bis vierzehn Jahren registriert, die täglichen Verkehr mit ihrem Vater angeben.

Ein Zweig der Psychopathologie geht davon aus, daß Triebe überspringen können. Der noch nicht fixierte Erregungsablauf im Sexualzentrum springt auf das benachbarte Aggressionszentrum über und bewirkt eine Aggressionshandlung. «Wenn die Äußerungen zweier verschiedener Triebe in einem Individuum nicht nebeneinander, sondern in realer Verbindung auftreten (Triebkoppelung), kann es zu einer Triebkompensation dadurch kommen, daß bei Nichtbefriedigung eines Triebes ein anderer Trieb in erhöhter Wirksamkeit auftritt.»[16]

Wichtig für die kriminologische Forschung ist die Arbeit von Marvin Wolfgang[17] von der Universität Pennsylvania, der besonders auf die Subkultur der Gewalt hinwies. (Allerdings sind die Ergebnisse nicht ohne weiteres auf deutsche Verhältnisse zu übertragen.) Wolfgang geht davon aus, daß Vertreter der unteren Sozialschicht mit ihren Wertvorstellungen gegen Vertreter der herrschenden Kultur prallen. Die Privilegierten, die Reichen können im Rahmen der geltenden Gesetze ohne Gewalt das erreichen, was sie wollen. Die Armen dagegen, die Menschen aus der Subkultur, greifen schnell zur Gewalt, zur körperlichen Aggression. Soziale Ungerechtigkeit, Unterdrückungsmechanismen unserer Herrschaftsverhältnisse, aber auch die Demonstration von Männlichkeit und Härte führen zu antisozialen kriminellen Gewalttaten wie Mord, Körperverletzung, Notzucht. Besonders Jugendliche der unteren sozioökonomischen Schichten, die sich meist in Gruppen oder Banden zusammenschließen, sind diesem «Männlichkeitswahn» verfallen.

Der bereits erwähnte israelische Soziologe und Mitarbeiter von Wolfgang, Menachem Amir[18], rechnet den typischen Notzuchttäter eindeutig der Subkultur der Gewalt zu. Sein 1971 veröffentlichtes Buch schließt eine statistische Untersuchung über den Charakter des Täters ein. Amir stellt den typischen Täter als einen ganz gewöhnlichen, zu Gewalttätigkeiten neigenden Menschen dar, der keine erkennbaren pathologischen Symptome aufweist. Er errechnete bei 1292 Tätern ein Durchschnittsalter von dreiundzwanzig Jahren. Die Täter waren vorwiegend unverheiratet, waren vorwiegend angelernte Arbeiter bzw. Arbeitslose.

Die Hälfte der Täter war vorbestraft, in der Regel wegen Einbruchsdiebstahl, Raub, ordnungswidrigem Verhalten oder Körperverletzung. Knapp zehn Prozent der Vorbestrafen waren bereits wegen Vergewaltigung festgenommen worden. Amir weist auch darauf hin, daß über zwei Drittel der Delikte geplant waren und nicht, wie man früher annahm, spontanen Ausbrüchen und unkontrollierten Triebregungen entsprangen. Fast alle Gruppenvergewaltigungen waren sorgsam in Szene gesetzte Taten. Einen Gipfel von Notzuchtdelikten fand Amir in heißen Sommermonaten, an Wochenenden, nachts zwischen 20 Uhr und 2 Uhr morgens. In fünfzehn Prozent der Fälle reichte verbale Einschüchterung des Opfers, in 85 Prozent wurde körperliche Gewalt in irgendeiner Form angewandt.

In der neueren sexualmedizinischen Forschung geht der Trend eindeutig dahin, Vergewaltigungen und sexuelle Nötigung als Aggressionstaten und kaum noch als Sexualdelikte zu verstehen. Das sexuelle Gewaltdelikt ist damit sexueller Ausdruck von Aggressionen und nicht aggressiver Ausdruck von Sexualität.

Eine empirische und plausible Beantwortung der Frage, «wie es zur Tatzeit im Kopf des Täters aussah», liefert R. Wille von der Sexualmedizinischen Forschungs- und Beratungsstelle der Universität Kiel.[19] Der Wissenschaftler unterscheidet fünf Tätertypen.

1. Der unkontrollierte, egozentrische und wenig differenzierte Täter im traditionell kriminalpsychologischen Sinn will in seiner aggressiven Rücksichtslosigkeit die sofortige sexuelle Bedürfnisbefriedigung. Die Beziehungen zu Frauen sind meist apersonal, instabil und ohne zärtliche Zuwendung. (30 Prozent)

2. Die spätpubertären Jungtäter sind oft scheu, gehemmt und einzelgängerisch. Ihre sexuellen Wunschvorstellungen drängen in ihrer unreifen Sexualität auf eine Abfuhr und Spannungslösung. (10 Prozent)

3. Frustrierte, eifersüchtige Täter mit Dominanzkonflikten. Die Vergewaltigung ist hier ein Symboldelikt in einer Beziehungskrise, oft in einer auslaufenden Partnerschaft. (10 Prozent)

4. Der rücksichtslose, frauenverachtende Machotyp ist ein sexistischer, bindungsschwacher Egozentriker, ein Playboy, ein erfolgsgewohnter Discoabschlepper, für den «der Widerstand des Opfers nur ein ärgerlicher Stolperstein» ist. Er erwartet von den Frauen jederzeit sexuelle Verfügbarkeit und hat ein sehr unterentwickeltes Unrechtsbewußtsein. (30 Prozent)

5. Der psychosexuell abnorme Vergewaltiger mit primär-sadistischer, frauenfeindlicher Komponente. Die destruktive Sexualität macht nur diesen Tätertyp zum eigentlichen sexuell Perversen im traditionellen Verständnis. (10 Prozent)

Literatur

1 Gehlen, A.: Der Mensch, seine Natur und seine Stellung in der Welt, Bonn 1950.

2 Barth, A.: Energien vom wilden Mann, in: Der Spiegel 40/1989.

3 Hollstein, W.: Nicht Herrscher, aber kräftig. Die Zukunft der Männer, Hamburg 1989.

4 Baurmann, M.: Sexualität, Gewalt und die Folgen für das Opfer, Wiesbaden 1984.

5 Wieck, W.: Männer lassen lieben, Stuttgart 1988.

6 Albertoni, F.: Erotik, München 1987.

7 Lauster, P.: Die sieben Irrtümer der Männer, Düsseldorf 1987.
8 Schorsch, E./M. Becker: Angst, Lust, Zerstörung. Sadismus als soziales und kriminelles Handeln, Reinbek 1977.
9 Abrahamsen, D.: The Psychology of Crime, New York 1960.
10 Giese, H.: Psychopathologie der Sexualität, Stuttgart 1962.
11 Weingartner, E.: Die Notzucht. Jur. Diss. Freiburg 1951.
12 Plauth, P.: Der Sexualverbrecher und seine Persönlichkeit, Stuttgart 1960.
13 Luthe, R.: Psychiatrische Probleme der Sexualdelinquenz, Mschr. Krim. Strafrechtsref. 52, 314, 1969.
14 Witter, H.: Die forensische Beurteilung der Sexualdelikte. Notzucht und Gewaltunzucht, in: Handbuch der forensischen Psychiatrie 1972.
15 Hartmann, G.: Die Vergewaltigung: der Täter und sein Opfer, in: Praktische Sexualmedizin, Wiesbaden 1978.
16 Seelig, E.: Triebkoppelung, Triebkompensation und Ambivalenz bei Notzüchtern. Beitr. z. Sexualforschung 2 (1952).
17 Wolfgang, M.: Analytical categories for research of victimization, in: A. Mergen, H. Schäfer (Hg.): Kriminologische Wegzeichen. Festschrift für H. von Hentig, Hamburg 1967.
18 Amir, M.: Patterns in Forcible Rape, Chicago 1971.
19 Wille, R.: Der sexuelle Gewalttäter: Persönlichkeitsstruktur und Therapiemöglichkeiten, Vortrag, Richterakademie Trier 1992.

Das Opfer

Schon Märchen wie Rotkäppchen enthalten die Vergewaltigungsparabel. In Dornröschen, Schneewittchen, Aschenputtel wird das Mädchen bzw. die Frau in die Rolle der passiv Schönen gedrängt. Teilnahmslos muß sie warten, bis der Jäger oder ein Prinz kommt, um sie zu befreien, um ihre weibliche Sexualität zu wecken, um sie Frau werden zu lassen. Ohne Zweifel schimmert hier der Mythos von der total passiven Vagina durch, die auf das männliche Glied warten muß, um von ihm «erlöst» zu werden.

Und die griechischen Götter Zeus, Poseidon, Apoll vergewaltigen häufig, ohne daß die vergewaltigten Frauen, oft Göttinnen, Schaden nehmen. Sie werden höchstens schwanger. Jedoch auch Brutalitäten werden beschrieben: Der König der Thraker, Tereus, vergewaltigte Philomele und schneidet ihr anschließend die Zunge heraus, damit sie ihn nicht verraten kann. Poseidon vergewaltigt Kainis. Um weiteren Vergewaltigungen zu entgehen, bittet das Mädchen Poseidon, er möge sie in einen Mann verwandeln, was auch geschieht.

Eine der bekanntesten Vergewaltigungen ist die Inbesitznahme Ledas durch einen Schwan, hinter dem sich Zeus verbirgt. Leda wird schwanger. Das Produkt der sodomistischen Attacke ist Helena, ohne die der Trojanische Krieg nicht stattgefunden hätte.

Im patriarchalischen Gedankengut, das bekanntlich von Sigmund Freud[1] und von Helene Deutsch[2] in unserem Jahrhundert noch einmal psychoanalytisch untermauert wurde, ist der Mann der Handelnde und die Frau die, an der gehandelt wird.

Für Feministinnen ist die weibliche Vergewaltigungsphantasie lediglich ein verzerrtes Spiegelbild männlicher Sexualträume. Die Psychoanalyse hat bis heute nicht eindeutig geklärt, ob die Frau sich in ihrem Innersten wirklich nach der Kraft des Mannes, nach dem Genommenwerden sehnt.

Susan Brownmiller[3] geht in ihrem Buch «Gegen unseren Willen / Vergewaltigung und Männerherrschaft» ausführlich auf das Frauenbild (das Bild des Mannes von der Frau) in unserer Gesellschaft ein. Danach glauben immer noch viele Männer, Frauen seien von Natur aus masochistisch und empfänden Lustgefühle, wenn sie vergewaltigt werden. Im Grunde liebten Frauen den starken, groben Mann, der es ihnen anständig «besorge».

Margit Brückner[4] fragt in ihrem intelligenten Aufsatz «Lebensstark, Beziehungsschwach», ob dieser sogenannte weibliche Masochismus, von dem so viel geredet wird, nichts anderes ist als ein die Männer herausforderndes Fehlverhalten der Frauen. Die Beziehungsschwäche sei es, die dazu führe, daß die Frauen sich unterbuttern ließen und sich nicht ausreichend zur Wehr setzten.

Immer weiter werden Frauen analytisch auf Abhängigkeit und Unselbständigkeit festgelegt. In den Büchern «Der Cinderella-Komplex» von Colette Dowling[5] und «Wenn Frauen zu sehr lieben» von Robin Norwood[6] geht es um weibliche Schwächen, um nicht geglückte weibliche Sozialisation. Die Lust an der Abhängigkeit und die Sucht nach Liebe sind sicher relevante Themen, verfestigen jedoch die falsche Einseitigkeit des herrschenden Frauenbildes noch mehr.

Dieser weiblichen Ohnmacht und Abhängigkeit steht jedoch ein großes Machtbedürfnis der Frauen gegenüber. Da sie nicht öffentlich Täterinnen sein können, sind sie versucht, ihre Macht geheim auszuüben.[7] Das führt zur Bosheit, zur Schikane und zur weiblichen Mittäterschaft. Die Ohnmächtigen erhalten Macht, sie müssen sich nur noch lossagen von ihrer Unterordnung.

Nach gescheiterten Partnerschaften haben viele Frauen Angst vor neuen Beziehungen. Sie blicken voller Mißtrauen auf jeden sich nähernden Mann, weil er womöglich das gleiche Spielchen mit ihren treiben könnte. Aus Angst, noch einmal mißbraucht zu werden, wollen sie lieber allein leben. Und die psychologischen Helfer können auch nicht helfen. Die sagen nur immer: Du kannst nicht alles haben.

Aus Angst vor Einsamkeit und Verlassenwerden geben viele Frauen ihre persönliche Autonomie und ihre Selbständigkeit auf, um sich in einer abhängigen Beziehung aufzulösen. Auch Frauen, die in ihrer Selbständigkeit und in ihrem Selbstverständnis der Partnerschaft weiter fortgeschritten sind, klagen über das Spannungsverhältnis zwischen außerhäuslicher und familiärer Orientierung.[2]

Immer mehr Frauen schaffen jedoch den Individualisierungsschub und bewegen sich von einem Dasein für andere zu einem Stück Recht auf ein eigenes Leben. Stolpersteine auf dem Wege zu dieser neuen Lebensauffassung liegen sowohl in eigenen innerpsychischen Hemmnissen als auch in den Beziehungsvorstellungen der Männer, meint Margit Brückner.[4]

Statt sich den irrealen Größenphantasien ihres Partners zu überlassen, stehen immer mehr junge Frauen zu ihren eigenen Entscheidungen. Das erfordert jedoch innere Freiheit und Unabhängigkeit, die viele Frauen aufgrund ihrer Erziehung zur Verbundenheit nicht entwickeln konnten. Die Angst, schützende Beziehungen zu verlieren, ist immer noch vorhanden.

Viele Frauen sind durch das kulturelle Weiblichkeitsmuster, in dem sie alle Probleme als Frau und Mutter lösen sollen, überfordert. Sie können einfach nicht die Verantwortung für Arbeitsplatz und Familie, die Erziehung der Kinder, Geldsorge usw. übernehmen, insbesondere nicht, wenn sie der Mann damit allein läßt. Das Pendel zwischen Allmacht und Ohnmacht ist eine typisch weibliche Reaktion. Auch in Zukunft wird es nicht jeder Frau gelingen, sich vom grauen Aschenputtel zur schönen Königstochter, vom abhängigen Mädchen zur großen Mutter zu entwickeln.

Aber es wird in Zukunft wohl mehr Frauen geben, die Kompromisse schließen und die vom anderen auch etwas verlangen wollen.

Es kann nicht die Rolle der neuen Psychologie sein, die hochgeschätzte Bindungsfähigkeit und ihre Hingabe zu untergraben. Die Frau erfährt gerade Liebe und Wertschätzung durch ihre mütterliche Fürsorge und ihre Fähigkeit, Beziehungen aufrechtzuerhalten und zu dem Partner und den Kindern voll und ganz zu stehen. Der Preis für diese geschätzten Fähigkeiten darf nur nicht Selbstlosigkeit und Selbstaufgabe sein.

Nach diesem Exkurs über das Bild, das moderne Frauen heute von sich zeichnen, zurück zur Frau als Opfer.

Es war schon immer so: Das Opfer übt auf uns eine geheimnisvolle Anziehungskraft aus. Unsere Aufmerksamkeit gilt weniger dem Täter als vielmehr dem Opfer, sei es nach Vergewaltigungen, bei sexuellem Mißbrauch von Kindern, sexuellen Belästigungen am Arbeitsplatz oder Gewalttätigkeiten in der Partnerschaft. Woher kommt das? Vermutlich können wir uns besser mit den Aspekten der Opfersituation identifizieren. Aber für diese ängstigende Gefühlsnähe muß das Opfer, die Frau, bestraft werden, indem sie als wahre Schuldige, als Verführerin oder zumindest als Masochistin gesehen wird und es ja nicht anders haben will. Diese unheimliche Faszination, über einen anderen Körper gnadenlos und bedingungslos verfügen zu können, ist so mächtig in uns, weil wir das Anderssein existentiell in Frage stellen müssen.[2]

Es ist nicht zu leugnen, daß in unserer Gesellschaft der autoritäre Charakter mit einer im weiteren Sinne sadomasochistischen Persönlichkeitsstruktur vorherrschend ist.[8] Wir alle haben solche sadomasochistischen Anteile, entladen uns je nach Geschlechtszugehörigkeit mehr masochistisch oder mehr sadistisch.

Ein relativ junges Teilgebiet der Kriminologie, die Viktimologie (lat.: victima = das Opfer), befaßt sich mit dem Verbrechen aus der Perspektive des Opfers. In Deutschland legte der Kriminologe Hans von Hentig[9] erst nach dem Zweiten Weltkrieg den Grundstein für eine systematische Erforschung der Opfer. Herkunft, Persönlichkeit, Charakter, Geschlecht, Alter, Bewußtseinslage, geistige Eigenschaften und körperliche Merkmale des Opfers sowie seine familiären, beruflichen und gesellschaftlichen Bezüge wurden untersucht. Insbesondere bemühte man sich, die Rolle des Opfers während der Tat aufzuklären. Man versuchte festzustellen, welche Opfer zu welchen Tätern «passen».

Die Beschäftigung mit der Opferpsychologie hat eine entscheidende Bedeutung bei der Verbrechensvorbeugung. Im Bereich der Sexualdelikte spielt die Viktimologie eine große Rolle bei der Behandlung psychischer Schäden beim Opfer und bei der Wiedergutmachung. Länder wie Japan, Amerika, Skandinavien haben die Bedeutung der Opferforschung viel früher erkannt als wir und wichtige Beiträge zu ihrer Erforschung geliefert.

Je mehr ein Verbrechen dramatisiert wird, je stärker die Angst vor dem Opferwerden ist, um so ungünstiger wirkt sich dies auf das soziale Miteinander aus. Gesellschaften, Unterhaltungen werden aus Angst gemieden.

Ein anderer wichtiger Punkt ist das Vertrauen der Bürger in die Rechtsstaatlichkeit. Eine geringe Aufklärungsquote führt zu Mißtrauen gegenüber der Kriminalpolizei. Dieses mangelnde Vertrauen wiederum führt zu einer geringen Anzeigehäufigkeit, wodurch sich wieder hohe Dunkelziffern erklären und die Aufklärungsquoten weiter fallen. Opfer ist in der Kriminalwissenschaft jede natürliche oder juristische Person, die in einem von der Rechtsordnung geschützten Rechtsgut verletzt wird.

Hans von Hentig[9] wies darauf hin, daß bei der komplizierten Tatsituation, wie sie bei einer Vergewaltigung vorliegt, der Täter nicht nur Subjekt und das Opfer nicht nur Objekt ist. Er spricht von Komplementärpartnern. Das «geborene Opfer» forme und gestalte den Täter mit. Mit ihm waren und sind auch andere Forscher der Meinung, daß eine gewisse Opferanfälligkeit angeboren ist.

Neuere Autoren wie H. J. Schneider[10] sind durchweg der Meinung, daß es keine Erbfaktoren gibt, die für eine Opfereignung oder -neigung empfänglich machen. Vielmehr führten individuelle Sozialisierungsprozesse zur Viktimisierung.

Je niedriger die Einkommensschicht, um so größer ist die Gefahr des Opferwerdens. Insbesondere Opfer von Notzucht, schwerer Körperverletzung sind Angehörige der Unterschichten. Bestimmte Berufe wie Kellnerinnen oder Bardamen sind besonders gefährdet. Kinder sind durch ihre Unerfahrenheit und ihre Schwäche außerordentlich opferanfällig. Charaktereigenschaften wie Leichtsinnigkeit, Vertrauensseligkeit, sexuelle Vergnügungssüchtigkeit, vermehrter Alkoholkonsum spielen eine wesentliche Rolle beim Opferwerden. Alkohol führt zum Verlust der Übersicht über die Situation, zur Verkennung der Umgebung, zu Streitsüchtigkeit, zur Kritiklosigkeit und zu sexueller Ansprechbarkeit.

Die kindlichen Opfer von Sexualdelikten entstammen nicht selten disharmonischen Elternhäusern. Die Eltern-Kind-Beziehung ist oft durch ehelichen Streit gestört. Liebesentzug, Zurückweisungen führen beim jungen Mädchen zu einer schlechten Triebkontrolle. Die Eltern geben nicht genügend Liebe und Wärme, und die jungen Mädchen lernen, daß Zuneigung oder Befriedigung oft nur durch sexuelle Beziehungen erreicht werden kann. Meist handelt es sich um gut entwickelte, attraktive, verführerische Zehn- bis Zwölfjährige, die sich bereitwillig in ein «sexuelles Abenteuer» einlassen. In vielen Fällen erkennen die Mädchen sehr wohl bei der ersten Kontaktaufnahme die Absicht des Mannes.

Die Mehrheit der Bevölkerung bringt steigende Kriminalität mit mangelhafter moralischer Disziplin in Zusammenhang. Der Mann auf der Straße empfiehlt zur Verbrechensbekämpfung ein härteres Durchgreifen der Polizei sowie eine gnadenlosere Verurteilung. Soziale Verbesserungen werden erst sekundär genannt. Ich habe bei Gerichtsverhandlungen die Erfahrung gemacht, daß etwa zwei Drittel der Zuhörer der Meinung sind, die Urteile in Sexualstrafrechtsprozessen seien zu mild. Vom gleichen Personenkreis werden an erster Stelle repressive Maßnahmen zur Verbrechensbekämpfung genannt.

Die Bevölkerung ist über Ausmaß, Struktur und Entwicklung der Kriminalität in der Regel schlecht unterrichtet. Sie ist der Meinung, daß einige kriminell sind und die Polizei diese nur fangen müsse. Wie sehr Kriminalität ein Problem der Gesellschaft ist, wird selten gesehen. Es wird auch unzureichend begriffen, daß soziale Kontakte das Verbrechen kontrollieren und nicht fördern.

Auch andere Autoren wie Mergen[11] betrachten die Notzuchtsituation von der Seite des Opfers her. Sie glauben, typische Opferstrukturen und -verhaltensweisen gefunden zu haben, die Auslöser für sexuelle Reaktionen des Täters sind. Die äußere Aufmachung, Kleidung, Haartracht, Schminke sowie ein aufreizender Gang und Tanz könnten eine Signalwirkung für den potentiellen Täter haben. Je größer der Reiz, um so eher falle die Hemmschwelle. Auch Hartmann und Rindfleisch[12] beschäftigten sich besonders mit der Täter-Opfer-Beziehung und der Opferprädisposition.

Nicht selten kennt die Frau den späteren Täter seit längerem. Am häufigsten ist jedoch die Konstellation, daß der Täter die später vergewaltigte Frau erst kurz vor der Tat kennenlernt. In etwa einem Drittel der Fälle handelt es sich um eine überfallartige Vergewaltigung ohne jede Täter-Opfer-Beziehung. Insgesamt kann man sagen, daß die Täter-Opfer-Beziehung inniger ist, als allgemein angenommen wird. Jeder zweite Täter kennt sein Opfer.

Etwa 20 Prozent aller Opfer zeigen zumindest primär ein entgegenkommendes Verhalten. Amir[13] bezeichnet diese Fälle als «victim-precipitated cases», H.-J. Schneider[10] und Marvin Wolfgang[14] sprechen ebenfalls von einer Opferpräzipitation.

Man versteht darunter die Notzuchtsituation, bei der das spätere Opfer zunächst tatsächlich oder scheinbar einer erotischen Beziehung, einem Flirt, einem Anbandeln zustimmt, dann aber die eigentliche sexuelle Handlung nicht oder noch nicht möchte, sich aber auch nicht stark genug gegen den Täter zur Wehr setzt. Schorsch[15] spricht in diesem Zusammenhang von einer illusionären Verkennung bzw. von einer geschlechtsspezifischen Situation. Oft geht eine kurze Bekanntschaft voraus, zum Beispiel der gemeinsame Besuch einer Tanzveranstaltung. Unter der anregenden Wirkung des Alkohols manipuliert sich die Frau in die zwiespältige Situation.

Am häufigsten finden sich die Opfer in einem Alter zwischen vierzehn und zwanzig Jahren. 90 Prozent der Opfer leben im sozialen Nahraum des Täters. In einem Viertel der Fälle kannten die Frauen den Täter vor der Tat. In etwa 40 Prozent erfolgt eine überfallartige Notzucht, wobei hier meist eine intensivere Täter-Opfer-Beziehung fehlt.

Etwa zwei Drittel der Opfer wehren sich gegen die Angriffe des Täters, meist durch Umsichschlagen und Schreien, und tragen dementsprechend auch Verletzungen davon. Das verbleibende Drittel ist durch die massiven Drohungen des Täters so eingeschüchtert, daß keine Abwehr erfolgt. Nicht selten versuchen die Frauen, den Täter mit Worten zu beschwichtigen. Sie geben vor, sie seien schwanger oder geschlechtskrank. Sie versuchen, einen Treffpunkt unter günstigeren Bedingungen zu vereinbaren.

In der Regel führt der Widerstand des Opfers zu brutaleren Attacken des Täters. Besonders dem schreienden Opfer kann dies gefährlich werden. Massives Würgen und Knebeln, erhebliche Verletzungen sind die Folge. Allerdings gelingt es bei energischer Abwehr mit Umsichschlagen und Schreien einem Großteil der Frauen, dem Täter zu entkommen, und nur in einem kleineren Teil der Fälle kommt es zur vollendeten Notzucht. Aber sicher darf man Ursache und Folge nicht zu linear sehen.

Jüngere, koitusunerfahrene Opfer lassen sich in der Regel leichter einschüchtern und werden deshalb weniger schwer verletzt. Ältere, koituserfahrene Frauen setzen sich häufiger zur Wehr und tragen deshalb oft auch erhebliche Verletzungen davon. Insgesamt werden etwa die Hälfte aller Opfer verletzt. Oft handelt es sich um leichtere Verletzungen wie Blutergüsse, Kratzer, Würgemale, Platzwunden im Bereich von Kopf, Hals, Armen und Beinen. Bei heftigerem Kampf kommt es jedoch auch zu Prellungen, Schürfwunden, Schnittverletzungen, eventuell auch zu Gehirnerschütterungen, Knochenbrüchen. Bei der reinen Augenblickstat sind die Verletzungen am geringsten. Am brutalsten gehen die Täter vor, wenn die Tat geplant ist und wenn eine enge Beziehung zum Opfer besteht.

Von den verletzten Frauen werden etwa 40 Prozent im Bereich der Geschlechtsorgane verletzt, aber insgesamt kommt es in weniger als zehn Prozent zu Genitalverletzungen. Neben der Defloration kommt es zu Schürfungen der Scheidenschleimhaut, zu Blutungen im Bereich des Scheidenvorhofs und zu Dammrissen. Außerdem kann extrem selten eine Schwangerschaft, eine Geschlechtskrankheit, Aids, eine Pilzinfektion die Folge sein.

Es ist schwierig, den Frauen einen Ratschlag für ihr Verhalten in einer Vergewaltigungssituation zu geben. Obwohl Gegenwehr in vielen Fällen die Täter von ihrem Opfer abhält, darf nicht außer acht gelassen werden, daß die Frau ihr Leben aufs Spiel setzen kann, wenn sie sich gegenüber einem brutalen Gewaltverbrecher zur Wehr setzt. Die Angst, ermordet zu werden, hält mit Recht viele Frauen von einer effektiveren, konsequenten Gegenwehr ab.

Sicher tut sich eine vergewaltigte Frau ohne sichtbare äußere Verletzungen vor Gericht schwer, die Gewaltanwendung und ihren Widerstand zu beweisen. Aber Ärzte, Polizisten, Juristen und Öffentlichkeit sind heute so weit informiert, daß man nicht unbedingt Kratzspuren herzeigen muß, um eine Vergewaltigung glaubhaft zu machen.

In den letzten Jahren hat sich auch die Situation auf den Polizeirevieren bei Anzeigen und anschließender Untersuchung durch einen

Frauenarzt für die Frauen verbessert. Auch vor Gericht wird Frauen mehr Verständnis entgegengebracht. Sicher gibt es weiterhin negative Beispiele, wie viele Mitarbeiterinnen von Frauenhäusern und Notrufzentralen für vergewaltigte Frauen zu berichten wissen. Daß Frauen, die beruflich mit mißhandelten Geschlechtsgenossinnen zu tun haben, schlecht auf die weitgehend durch Männer vertretene Justiz, Polizei und Wissenschaft zu sprechen sind, ist verständlich. Auf der anderen Seite wissen auch erfahrene Psychologinnen und Soziologinnen, daß Vorbehalte bei Anzeigen wegen Vergewaltigung gerechtfertigt sind, da es immer wieder, wenn auch relativ selten (zwei bis vier Prozent), Falschanzeigen gibt. In den letzten Jahren werden auf den Polizeirevieren vermehrt Polizistinnen ausgebildet, die sich der Frauen annehmen, sie zum Arzt begleiten und ihnen Adressen von Hilfsorganisationen vermitteln. Es muß klar gesagt werden, daß es in erster Linie Aufgabe der Polizei ist, den Täter zu verfolgen, und erst in zweiter Linie, die Frau zu trösten.

Jede vernünftige Frau wird einsehen, daß eine eingehende Befragung über den Tathergang und eine gründliche ärztliche Untersuchung notwendig sind, damit der Täter ermittelt werden kann und sie sich später in ihren Rechten als Zeugin und Opfer behaupten kann. Je exakter die Fakten unmittelbar nach der Tat festgehalten werden, um so leichter wird es die Frau vor Gericht haben, wenn der Verteidiger des Vergewaltigers etwa versuchen wird, sie als unglaubwürdig hinzustellen und ihren Lebenswandel zu kritisieren: Es gibt zahlreiche Hinweise dafür, daß das Vertrauensverhältnis zwischen Opfer und kriminalpolizeilicher Sachbearbeiterin wächst und die nun einmal notwendige Befragung auf ein Minimum reduziert wird. Auch ohne eine Änderung der Strafprozeßordnung wird es möglich sein, durch eine bessere Ausbildung der Polizisten und einen besseren Schutz der Opfer vor Gericht den Frauen zu helfen.

Die Opferforschung wird sehr oft mißverstanden, zum Beispiel als Mittel, um den Täter zu entschuldigen und diesen mit größerer Nachsicht zu behandeln. Man versuche einen Teil der Schuld auf das Opfer abzuwälzen. Das ist keineswegs so. Sicher beschäftigt sich die Viktimologie mit der Feststellung der Mitwirkung des Opfers an der Tat. Hauptaufgabe ist jedoch die Prophylaxe, also zukünftige Straftaten erst gar nicht entstehen zu lassen. Auf der anderen Seite muß ausgesprochen werden dürfen, daß es sich beim Opfer keineswegs immer um das völlig unschuldige, verführte Mädchen handelt. In nicht wenigen Fällen geht das angetrunkene Opfer in seinen Provokationen so weit, daß es tatsächlich am Tag danach schwerfällt zu entscheiden, ob ein Geschlechtsverkehr gegen den Willen der Frau stattgefunden hat.

Literatur

1 Freud, S.: Über die weibliche Sexualität. Ges. Werke, Bd. 14, Frankfurt 1964.
2 Deutsch, H.: Psychologie der Frau, zwei Bände, Bern–Stuttgart 1954.
3 Brownmiller, S.: Gegen unseren Willen. Vergewaltigung und Männerherrschaft, Frankfurt 1978.
4 Brückner, M.: Lebensstark, Beziehungsschwach, in: Psychologie heute 12/1988.
5 Dowling, C.: Der Cinderella-Komplex, Frankfurt 1985.
6 Norwood, R.: Wenn Frauen zu sehr lieben, Reinbek 1986.
7 Mitscherlich-Nielsen, M.: Psychoanalyse der weiblichen Sexualität, in: Psyche 29 (1975), 769–788.
8 Adorno, W.: Th. Studien zum autoritären Charakter, Frankfurt 1976.
9 Hentig, H. v.: The criminal and his victim, New Haven 1948.
10 Schneider, H.-J.: Viktimologie. Wissenschaft vom Verbrechensopfer, Tübingen 1975.
11 Mergen, A./H. Schäfer (Hg.): Kriminologische Wegzeichen, Hamburg 1967.
12 Hartmann, G./J. Rindfleisch: Notzuchtdelikte (I). Versuch einer viktimologischen Typisierung, in: Sexualmedizin 5, 655–658 (1976).
13 Amir, M.: Victim precipitated forcible rape. J. Crim. Law and Crim. Pol. science 58/4, 1967.
14 Wolfgang, M.: Analytical categories for research of victimization, in: A. Mergen, H. Schäfer (Hg.), Hamburg 1967.
15 Schorsch, E.: Sexualstraftäter, Stuttgart 1971.

11. Kapitel

Der sexuelle Mißbrauch von Minderjährigen

Die Zahlen klingen erschreckend. Jede zweite Frau soll irgendwann in ihrem Leben von einem Verwandten oder Bekannten sexuell belästigt worden sein. Fast jede vierte Frau hat – so lauten die Schätzungen von Experten – bereits vor dem vierzehnten Lebensjahr Erfahrungen mit sexuellem Mißbrauch in der Familie hinter sich.[1]

Von den jährlich in der Bundesrepublik geschätzten ca. 70000 Sittlichkeitsdelikten werden etwa 13000 an Kindern verübt. Nach einigen Schätzungen soll die Dunkelziffer bis sechsmal so hoch liegen. Oft verschweigen Kinder die Vorfälle, oder Eltern erstatten keine Anzeige, um den Begutachtungen und Verhandlungen zu entgehen. Untersuchungen[2] haben ergeben, daß sich Verhöre und Gerichtsverhandlungen dem Kind stärker einprägen als die Tat selbst.

Sexuelle Gewalt an Kindern ist also keine Seltenheit, sondern alltägliche Realität. Inzest betrifft Kinder häufiger als Knochenbrüche und Blinddarmentzündungen. Da es sich bei den Tätern in der Regel nicht um fremde Menschen handelt, sondern um Personen, die sie lieben, sind die zurückbleibenden seelischen Narben besonders schmerzhaft.

Gewalt gegen Kinder, das sind nicht nur körperliche Gewalt und sexuelle Ausbeutung, sondern auch psychischer Druck und Entwertung eines Kindes. Viele mißhandelte Kinder machen auf den ersten Blick einen unauffälligen Eindruck, denn ihre psychische Situation ist gekennzeichnet von Angst, Rückzugsverhalten und extremer Anpassung an tatsächliche oder vermeintliche Erwartungen.[3]

Wie eine Gesellschaft mit ihren Kindern umgeht, ist ein Gradmesser für ihre Menschlichkeit. Nachweislich hat sich die Sensibilität für Unrecht gegenüber Kindern seit den siebziger Jahren erhöht. Belege sind die zahlreichen Diskussionen in den Medien[4,5,6], die Behandlung des Themas auf vielen Kongressen und in Publikationen[8–15] und schließlich die UNO-Konvention über die Rechte des Kindes, die 1989 unterzeichnet wurde.

Trotzdem steigt die Zahl der polizeilich registrierten Fälle von sexuellem Mißbrauch an Kindern gemäß einer Untersuchung des Bundesfamilienministeriums[16] weiter ständig an. Nach dieser Studie sind Männer in 90 Prozent die Täter. Die Mehrzahl der mißbrauchten Kinder sind Mädchen. Drei Viertel der Täter sind Familienangehörige, ein Drittel sogar die biologischen Väter.

Unter Inzest versteht man nach § 173 StGB den Geschlechtsverkehr zwischen Verwandten der im Gesetz aufgezählten Grade. Das deutsche Wort «Blutschande» wird nur noch wenig benutzt. Handelt es sich um unzüchtige Handlungen unter Ausnutzung eines Abhängigkeitsverhältnisses, so wird nach § 174 StGB verfolgt.

Der sexuelle Mißbrauch von Kindern ist in Paragraph 176 festgelegt. Dem Langzeitdelikt des Strafrechts entsprechen in der ärztlichen Praxis die Wiederholungstaten.

Inzesttäter sind neben den Vätern ältere Geschwister, Onkel, Großväter. In etwa zehn Prozent der Fälle sind Frauen die Täter, Mütter, Tanten, Großmütter, Cousinen, Babysitter.

Entgegen der weitverbreiteten Meinung werden fast so viele Jungen wie Mädchen in ihrer Kindheit sexuell mißhandelt, oft schon im Alter von zwei bis sechs Jahren. Es ist bekannt, daß ein hoher Prozentsatz der Strichjungen als Kind vergewaltigt wurde. Straffrei bleiben sexuelle Handlungen zwischen Geschwistern, wenn beide über vierzehn Jahre alt sind.

Das Wort Inzest leitet sich von dem lateinischen *incestare* = beflecken ab. Das Strafbedürfnis durch die Gesetzgebung geht auf uralte Tabuvorstellungen zurück. Die meisten Religionen geben diesbezüglich genaue Anweisungen. Sexualforscher sind der Meinung, daß die sogenannte Inzestschranke erst durch die Erziehung im Kind aufgebaut und nicht als Instinkt angeboren ist. Es gab und gibt Kulturen, bei denen die Geschlechtsverbindungen zwischen Vater und Tochter, Mutter und Sohn, Bruder und Schwester nicht tabuisiert sind.

Während jugendliche Täter zwischen fünfzehn und zweiundzwanzig Jahren mehr zum Überfall auf Kinder neigen, liegt das klassische Prädilektionsalter für den Inzest bei Männern zwischen dem vierzigsten und fünfzigsten Lebensjahr. Bei der Ehefrau setzt das Klimakterium ein, die Tochter kommt ins geschlechtsreife Alter. Als Täter und als Opfer überwiegen auch hier die Angehörigen sozial schwacher Schichten, Minderbegabte, Psychopathen, Alkoholiker usw. In der Regel ist die Familie zutiefst gestört. Es sind Fälle bekannt, wo die jugendliche Tochter nach einer Erkrankung oder dem Tod der Mutter über Jahre hinaus nicht nur die Hausfrau, sondern auch die Sexualpartnerin ersetzen muß.

Fall 18

Die zweite Ehefrau des sechsundfünfzigjährigen Polizisten G. erkrankte nach der dritten Geburt an Tuberkulose. Der Geschlechtsverkehr verursachte ihr Schmerzen, weshalb sie diesen weitgehend mied. Die heranwachsende Tochter M. war ganz im Gegensatz zu ihrer Mutter schon in jungen Jahren sehr stark sexuell interessiert und befriedigte sich auffallend oft selbst. G., dem dies nicht verborgen blieb, nützte eine Begegnung im Badezimmer und das abendliche Zubettbringen zur Berührung des kindlichen Geschlechtsteils. Als die Tochter neun Jahre alt war und mit dem Vater offen über Selbstbefriedigung sprach, überzeugte er sie, daß es angenehmer sei, wenn er sie befriedigte. Fortan manipulierte und leckte er regelmäßig am Geschlechtsteil seiner Tochter, und sie verhalf durch Penismanipulation ihrem Vater zum Samenerguß. Aus den Manipulationen und Friktionen entwickelten sich allmählich Schenkelverkehr, Mundverkehr und schließlich, als die Tochter dreizehn Jahre alt wurde, regelmäßiger Geschlechtsverkehr. Die Rollen vertauschten sich nun. Die Tochter verführte ihren Vater, wenn sie Lust dazu verspürte, und überforderte ihn mit ihrem häufigen sexuellen Verlangen. Als M. sich daraufhin zusätzlich jungen Männern zuwandte, versuchte der Vater sie mit Geld und Süßigkeiten, durch Kauf von Unterwäsche und Kleidern an sich zu binden. Die Ehefrau vermochte nicht länger die Sexualkontakte zwischen ihrer Tochter und ihrem Ehemann zu ertragen und erstattete deshalb Anzeige. G. wurde zu drei Jahren Gefängnis verurteilt. Während des Strafvollzugs schrieb er zahlreiche Entschuldigungsbriefe an seine Frau, die jedoch ohne Antwort blieben. Daraufhin beging er Selbstmord.

Wohnungsnot, Arbeitslosigkeit sind fördernde Faktoren. In außergewöhnlich vielen Fällen spielt bei der ersten Annäherung der Alkoholeinfluß eine Rolle, insbesondere beim Verkehr zwischen Vater und Tochter. Gewalttätigkeiten kommen beim Inzest selten vor. Die Mädchen sind am gefährdetsten zwischen dem neunten und fünfzehnten Lebensjahr.

Oft dauert es sehr lange, bis ein Kind weiß, daß das, was mit ihm gemacht wird, nicht normal ist. Oft sind es zufällige Gespräche, Filme, Zeitungsnotizen, die einem Kind erst die eigentliche Situation erschließen. Psychodynamisch ist die Situation komplizierter, als es zunächst den Anschein hat. Das Kind will geliebt werden und empfindet die erotische Atmosphäre zunächst oft als angenehm. Der Übergang von Zärtlichkeit zu Gewalt wird häufig kaum bemerkt. Nicht selten freut sich das kleine Mädchen, daß sich der Vater offenbar in es verliebt hat. Es wird ihr so viel Aufmerksamkeit entgegengebracht, es ist schöner als die Mutter, es hat ein Geheimnis.

Hat das Kind jedoch erkannt, daß offenbar die Grenze zwischen Liebe und Mißbrauch überschritten wurde, und vertraut sich der Mutter an, so wird es hier nicht selten mit fadenscheinigen Argumenten abgewimmelt. Durch die Tabuisierung des Sexuellen bestehen auch immer große Sprachschwierigkeiten. Die Mutter kann das Entsetzliche nicht glauben. Hält sie die Situation doch für möglich, so ist sie eventuell der Meinung, das Kind habe den Vater verführt, man dürfe das ja nicht weitersagen, sonst werde die ganze Familie unglücklich. Das zudeckende Schweigen dauert oft viele Monate, gar Jahre.

In der Regel gerät das Kind in einen katastrophalen Konflikt, weil die bösen Dinge von einem Menschen begangen werden, den es liebt. Wenn der Vater dann fragt, ob es schön für es sei, lügt es auch noch und sagt ja. In Wirklichkeit ist es angeekelt und fühlt sich wie der letzte Dreck. Nach vielen ausführlichen Schilderungen von Betroffenen[18,19] sind noch nach Jahrzehnten die Verletzungen, die Angst, die Isolation da. Die Frauen fühlen sich auch noch als Erwachsene schuldig. Sie können sich später in einer Beziehung nicht fallenlassen. Sie passen immer auf, daß nichts passiert. Angst begleitet die ehemaligen Opfer das ganze Leben lang. Doch nicht immer kommt der Täter aus der Familie.

R. Wille von der Sexualmedizinischen Forschungs- und Beratungsstelle der Universität Kiel[20] betont, daß es sich bei den übrigen Delinquenten vorzugsweise um «Täter aus Schwäche» handelt. Zwei Drittel seiner begutachteten Täter wiesen eine «primitiv-dumpfe, haltarme und wenig durchsetzungsfähige Persönlichkeitsstruktur» auf, drei Viertel waren minderbegabt bis schwachsinnig. Der Rest waren sexuell und psychisch zum Teil hochgradig abnorme Persönlichkeiten, nicht selten auch Angehörige von sozialpädagogischen Berufen.

Bei den pädophilen Tätern geht man meist von einer altersspezifischen Untergruppierung aus.

1. Bindungslose, retardierte Jungtäter (Jugendliche vierzehn bis siebzehn Jahre, Heranwachsende achtzehn bis zwanzig Jahre, Jungerwachsene einundzwanzig bis fünfundzwanzig Jahre), die durch Selbstunsicherheit, Egozentrizität, Undiszipliniertheit und mangelhaftes Einfühlen auffallen. Die unausgelebten sexuell-erotischen Spannungen werden ohne Rücksicht auf das Opfer oft mit grobschlächtiger Gewaltanwendung durchgesetzt.

2. Genuine Pädophile der mittleren Lebensjahre sind fixiert auf Kinder als Sexualobjekte. Das gesellschaftliche Tabu und die Strafandrohung treibt viele Hetero- und Homopädophile in sexualpädagogische Berufe. Da die Harmonie des kindlichen Körpers romantisch idealisiert wird, kommt es kaum zu Gewaltanwendung. Hier finden sich keine Intelligenzmängel, wohl aber neurotische Persönlichkeitsbilder.

3. Der Alterstäter weist normalerweise einen unauffälligen Lebenslauf und ein störungsfreies früheres Sexualleben auf. Als Gründe für die sexuelle Altersdelinquenz werden angeführt: seelische Labilität, nachlassende Potenz bei erhaltener Libido, mangelnde Durchsetzungsfähigkeit, sexuell-erotische Verunsicherung, Nutzen des geringen Widerstandes. Ähnlich reagieren auch Alkoholiker und Drogenabhängige.

Beim Inzest wird überwiegend ohne physische Gewalt vorgegangen. Bei den Tätern handelt es sich oft um gemütsmäßig weiche, wehleidige und wenig durchsetzungsfähige Persönlichkeiten. Beschrieben wird immer wieder die Vitalschwäche, die mangelnde soziale Konkurrenzfähigkeit, die ungenügende mitmenschliche Bindungsfähigkeit und fehlendes sexuelles Durchsetzungsvermögen. Es imponiert eine unfreie Einstellung zur Sexualität und eine innerliche Verkrampfung. Alle Autoren, die sich mit dieser Problematik beschäftigten, kommen zu dem Schluß, daß im Vordergrund bei den Delinquenten eine biologische Entwicklungs- und Reifestörung besteht.

Inzesttäter werden mit Halt- und Willensschwäche, Intelligenzmängeln, als beruflich untüchtig, antriebsschwach, affektlabil, ohne vorausschauende Zielsetzung und innere Verpflichtung gegenüber den sozialethischen Normen beschrieben.

Mit beklemmender Eindringlichkeit beschreibt Florence Rush[21] in «Das bestgehütete Geheimnis», auf welch hinterlistige Art Väter, Brüder, Onkel, Großväter oder Freunde der Familie sich in das Vertrauen eines unerfahrenen Mädchens einschleichen. Oft erdulden die Kinder viele Jahre die unvorstellbaren Erniedrigungen, weil sie Angst vor der Mutter haben oder befürchten, daß ihnen niemand glaubt und sie als Lügnerin hingestellt werden. Meistens haben sie gar nicht so unrecht, denn die Umwelt bezeichnet Mädchen, um den Makel von der Familie abzuwenden, nicht selten als «böse Hexen» und «kleine Huren», die den unschuldigen Vater verführt haben.

Thea Schönfelder[22] betont in einer eingehenden Untersuchung, daß das Ausmaß und die Folgen sexueller Traumatisierung in der Kindheit methodisch sehr schwer erfaßbar sind. Das liegt einmal an der generellen Tendenz zum Verschweigen sexueller Erlebnisse, zum anderen fordert das Bekanntwerden der Einbeziehung eines Kindes in die Sexualhandlung eines Erwachsenen die Umwelt zu affektiv hochgespannten Haltungen heraus. Das ist mit ein Grund, warum nur ein Bruchteil der sexuell mißhandelten Kinder erfaßt werden. Oft wird erst später in Analysen retrospektiv das kindliche Sexualtrauma eruiert.

Zum eigentlichen Geschlechtsverkehr bzw. zum ernsthaften Versuch kommt es mit Kindern nur in ca. 20 Prozent der Fälle. Die häufigste Form des sexuellen Kontaktes ist die genitale Berührung bzw. die gegenseitige Manipulation. Bei fast einem Viertel der Fälle kommt es zu beischlafähnlichen Handlungen oder zu oralen und analen Praktiken. Kinder werden relativ selten gewalttätig überfallen, da die Verführer aus dem engeren Umfeld des Kindes kommen. Über die Hälfte der Kinder muß sich mehrfach mit dem Täter einlassen. Die Kontaktaufnahme ist in der Regel nicht aggressiv, sondern freundschaftlich, spielerisch. Erst aus unspezifischen Zärtlichkeiten werden im Laufe der Zeit sexuelle Handlungen. Oft sind die Mädchen dem Sexualkontakt zunächst nicht abgeneigt und finden die Täter sympathisch.

Man schätzt, daß ca. 40 Prozent der Mädchen den pädophilen Sexualhandlungen des Mannes nicht nur keinen Widerstand entgegensetzen, sondern ihm aktiv entgegenkommen bzw. ihn provozieren. Oft steht bei diesen Mädchen nicht einmal das sexuelle Interesse im Vordergrund, sondern einfach die Möglichkeit, mit einem Partner eine positive Beziehung einzugehen.

Kommt Gewaltanwendung vor, dann handelt es sich oft um einen fremden Täter, bzw. der Bekannte stößt plötzlich auf Ablehnung. Auch bei gewalttätigen sexuellen Angriffen kommt es bei Kindern relativ selten vor, daß sie schreien oder sich sonst körperlich zur Wehr setzen.

Fall 19

Mit Freiheitsstrafen zwischen eineinhalb und vier Jahren sowie mit einer Geldstrafe von 3000 Mark ahndete die Jugendstrafkammer des Landgerichtes K. die brutale Vergewaltigung eines dreizehnjährigen Mädchens aus O.

Verurteilt wurden drei junge Männer im Alter zwischen zwanzig und dreiundzwanzig Jahren. Gegen drei weitere Täter, die erst im Verlauf dieses Strafverfahrens festgestellt werden konnten, hat die Staatsanwaltschaft die Ermittlungen aufgenommen.

Das junge Mädchen war am 22. Mai nach K. gekommen, um sich das Bundesligaspiel des 1. FC Köln gegen den 1. FC Nürnberg anzusehen, hatte jedoch nach dem Spiel die Rückfahrtmöglichkeit nach O. verpaßt. Eine befreundete Familie, bei der das Mädchen übernachten wollte, war ebenfalls nicht zu Hause. Auf dem Maimarkt lernte die Dreizehnjährige dann die späteren Täter kennen. Einer von ihnen, ein dreiundzwanzig Jahre alter Arbeiter aus K., feierte gerade die Geburt seiner Tochter. Nach dem Maimarktbesuch feierte man in der Wohnung des Dreiundzwanzigjährigen weiter, der das Mädchen durch Prügel und Bedrohung mit einer Waffe schließlich zum Geschlechtsverkehr zwang. Anschließend fielen mit einer Ausnahme die anderen Teilnehmer der «Party» über das inzwischen apathische Opfer her.

In der zweitägigen Hauptverhandlung, die zum Teil unter Ausschluß der Öffentlichkeit geführt wurde, machten die drei Angeklagten vor allem ihren erheblichen Alkoholisierungsgrad in der Nacht vom 22. zum 23. Mai für ihre Handlungsweise verantwortlich. Das Gericht blieb mit seinem Urteil nur wenig unter dem Antrag des Staatsanwaltes, der für die drei Männer Freiheitsstrafen zwischen acht Monaten und fünf Jahren gefordert hatte. Die Verteidiger hatten für ihre Mandanten «eingeschränkte Schuldfähigkeit» geltend gemacht und in einem Fall sogar auf Freispruch plädiert.

Die beiden Themenkreise, die nach jedem Sexualvergehen an Kindern evident werden, sind die Glaubwürdigkeit und das Ausmaß des erlittenen körperlichen und insbesondere des seelischen Schadens.

Erfahrene Rechtsmediziner und forensische Psychologen wissen einerseits um die Gefahr, von den Phantasiegebilden kindlicher Unwahrheiten getäuscht zu werden, wissen aber auch, daß schon sehr junge Kinder verläßliche Zeugenaussagen machen können, vorausgesetzt, ein erfahrener Kinderpsychologe führt eine kindgemäße Vernehmungstechnik durch. Es ist bekannt, daß Kinder dabei keine größeren Fehler machen als Erwachsene. Da bei ihnen Affekt, Voreingenommenheit, Aberglaube und Beeinflussung durch Alkohol und Drogen fehlen, sind ihre Aussagen oft mehr wert als die der Erwachsenen.

Kinder, die im Vorschulalter durch eine gesteigerte sexuelle Aktivität auffallen, weisen – wie übrigens auch ihre Eltern – meist eine neuropathische Konstitution auf. Trotz kindlichen Aussehens sind viele zehn- bis elfjährige Mädchen sexuell sehr interessiert und drängen nicht selten neugierig, voller Abenteuerlust auf Erlebnisse mit dem anderen Geschlecht. Polizeilich erfaßt werden jedoch meist erst die Zwölf- und Dreizehnjährigen, die gerne ein höheres Alter vortäuschen und bei sexueller Verwahrlosung dirnenhafte Beziehungen eingehen. Kinderprostitution stellt ein immer größeres Problem der Fürsorge dar.

Infolge übermäßiger Phantasie, gesteigertem Geltungsbedürfnis und Rachegefühlen gegenüber den Eltern kommt es bei pubertierenden Mädchen mitunter zu bewußten oder unbewußten Lügen und Falschaussagen. Manchmal werden die Kinder auch durch Familienmitglieder zu falschen Aussagen gezwungen, um die Familie zu schonen.

Der versierte medizinisch-psychologische Sachverständige bekommt jedoch ein Gespür dafür, ob die geschilderten Vorgänge realistisch sind. Um den Wahrheitsgehalt einer Aussage zu prüfen und nicht, um die Neugier des Fragers zu befriedigen, ist es deshalb notwendig, in Einzelheiten zu gehen, um an der Ausdrucksbewegung und an der Gefühlsbeteiligung des Kindes festzustellen, ob es sich um etwas tatsächlich Erlebtes oder nur um ein Phantasiegebilde handelt.

Doch auch mit Zuhilfenahme der Aussage der Eltern und Verwandten und die Einbeziehung von psychologischen Tests (so des Children-Apperception-Tests von Belak oder eines modifizierten Rorschach-Tests) sind der Wahrheitsfindung Grenzen gesetzt.

Manchmal führen Intelligenzmängel zu ungenauen, übertriebenen, verfälschten Aussagen. Noch schwieriger ist es natürlich, eine Aussage über die sittliche Reife, über das Gewissen eines Kindes zu treffen. Trotz behutsamsten Vorgehens eines Kinderpsychologen wird insbesondere bei inzesthaften Beziehungen, wo das Recht auf Zeugnisverweigerung besteht, vieles im dunkeln bleiben.

Im Brennpunkt der Diskussion stehen die psychischen Schäden durch sexuelle Handlungen an Kindern, die auch für die Strafzumessung eine nicht unerhebliche Bedeutung haben. Dieser Gedanke bewegt naturgemäß besonders die Eltern der betroffenen Kinder. Wie groß die seelische Alteration ist, hängt von vielen Faktoren ab.

Entscheidend für die Folgen ist, wie das betreffende Kind die Sexualhandlung erlebt und verarbeitet hat. Die unzüchtige flüchtige Berührung am Genitale kann für ein wohlbehütetes kleines Mädchen weitaus gravierendere Folgen haben als der vollendete Geschlechtsverkehr für eine dreizehnjährige minderbegabte Frühverwahrloste.[22]

Man unterscheidet in der Kindheit prägsame Phasen, Perioden, in denen die Kinder sensibilisiert sind und einer größeren Labilität unterliegen. Besonders die Präpubertät und Pubertät sind solche Entwicklungsphasen, in denen sexuelle Erlebnisse sehr nachhaltig wirken. Hörigkeitsverhältnisse, Bevorzugung eines bestimmten Partnertyps haben hier ihre Wurzeln. Das moralische Bewußtsein sensitiver Kinder nimmt gerade in der Präpubertät viele Gegebenheiten sehr stark wahr, und bereits geringe Übertretungen führen zur Gewissensunruhe.

Sexuell früh interessierte Kinder sind besonders gefährdet. Frühe sexuelle Beziehungen führen nicht selten dazu, daß eine geringe Widerstands- und Willenskraft solchen Situationen entgegengebracht wird. Es wird auch immer wieder erwähnt, daß nach einem ersten sexuellen Erlebnis sich diese Delikte an den gleichen Kindern gehäuft wiederholen.

Kinder, welche Sexualdelikten zum Opfer fielen, berichten oft über bedrückende Phantasien, die sie nicht loswerden, und daß neue Ereignisse die alten unerfreulichen Bilder wieder zum Ausbruch bringen.

Die häufigste Folge bei einem feinfühligen Mädchen, das sexuell belästigt wurde, wird sein, daß es in seiner weiteren Entwicklung immer mit ängstlicher Abwehr auf eine sexuelle Annäherung reagieren wird. Es ist durchaus denkbar, daß diese Frauen auch später emotional gestört sind und Schwierigkeiten in einer dauerhaften Partnerbeziehung haben werden.

Nicht selten fühlen sich die Kinder schuldig, daß sie es soweit kommen ließen. Oft entsteht ein Ambivalenzkonflikt gegenüber den Eltern. Autoritätsängste und Verunsicherungen sind die Folgen. Nicht selten behalten die Mädchen auch später eine aggressive Abwehrhaltung gegenüber dem männlichen Geschlecht bei.

Verschlimmert wird die ganze Situation durch das Bekanntwerden der Geschehnisse und unangemessene Umweltreaktionen, Vorwurfshaltungen der Eltern, ungeschickte Befragung durch die Kriminalpolizei und uneinfühlsame ärztliche Untersuchung. Wie schon gesagt, stellen gutachterliche Untersuchungen und die Gerichtsverhandlungen oft ein größeres Unglück für das Kind dar als die Handlung selbst. Vom gegnerischen Rechtsanwalt kann Lügenhaftigkeit unterstellt werden. Oft wächst erst jetzt eine nicht mehr gutzumachende, sich verhärtende Abwehrhaltung.

Die Frage der Behandlung der Opfer von Sittlichkeitsverbrechen setzt die Kenntnis von Art, Häufigkeit und Prognose der durch die erlittenen Verbrechen verursachten Schäden voraus. Das Kriterium der sozialen Lebensbewährung reicht nicht aus. Man weiß nicht, wie sich die Persönlichkeit ohne den Vorfall entwickelt hätte. Es gibt jedoch in der psychoanalytischen Literatur zahlreiche Falldarstellungen, die darauf hindeuten, daß schwere Neurosen und sexuelle Funktionsstörungen Folge von in der Kindheit erlittenen Sittlichkeitsdelikten sein können. Art, Intensität, Dauer der Schädigung hängen sicher von der Intensität der sexuellen Handlung, von der Persönlichkeit des Opfers, auch von seinem Alter und auch vom Verhältnis zum Täter ab. Besonders ungünstig wirken der Dauermißbrauch im Inzest oder in einer pädophilen Beziehung.

An vorübergehenden Folgen werden beschrieben: diffuse Ängste, Angst vor dem Täter, Angst vor dem Tatort oder ähnlichen Örtlichkeiten oder Angst vor Männern im allgemeinen, Schlafstörungen bei Leistungsminderung in der Schule, verschiedenste neurotische Symptome, Stottern, Einnässen. Weiter sind alle psychosomatischen Störungen, regressive Tendenzen, Fehlhaltungen der verschiedensten Art beschrieben.

Als Dauerschäden sind bekannt: Sexualängste, Probleme bei der Partnerwahl, Fixierung an bestimmte sexuelle Praktiken, Prostitution, Verwahrlosungstendenzen, die verschiedensten Neurosen, eventuell auch eine homosexuelle Neigung.

Nachfolgend dokumentieren wir den typischen Fall eines Stiefvater-Inzests.

Fall 20

Die Ärztliche Beratungsstelle wird von einer Vertrauenslehrerin einer Hauptschule angerufen: Eine sechzehnjährige Schülerin habe sich mit familiären Problemen an sie gewandt. Die Lehrerin hat einen Verdacht auf sexuellen Kindesmißbrauch. Die erste sexuelle Handlung an A. geschah im Alter von ca. drei Jahren durch einen jüngeren Bruder des Stiefvaters. Dieser Mann erhielt Jahre später durch die Mutter Hausverbot, da sie Verdacht geschöpft hatte. Die sexuellen Handlungen durch den Stiefvater haben später begonnen, A. war ca. vier bis fünf Jahre alt, und sie dauerten bis zum vierzehnten Lebensjahr an, als A. ihre Menstruation bekam. Sie ist sechzehn Jahre alt, als sie zum erstenmal über die sexuelle Handlung spricht, und hat erste intime Beziehungen zu einem Freund ihres Alters. Zurückverfolgend konnten viele Signale und Hilferufe ausgemacht werden, die A. als äußerst schwieriges und verhaltensauffälliges Kind charakterisierten. Sie legten den Verdacht eines sexuellen Kindesmißbrauchs nahe. A. war im Alter von vier bis fünf Jahren häufig bei einem Kinderarzt, da sie Schlafstörungen und Kopfschmerzen hatte sowie häufig einnäßte. Der Kinderarzt hatte damals keine sexuelle Handlung vermutet und symptomatisch behandelt. Als A. eingeschult wurde, zeigte sie Konzentrationsschwierigkeiten, und das Lernen fiel ihr sehr schwer. Sie kam deshalb in einen heilpädagogischen Hort. Doch ihre eigentliche Problematik blieb unentdeckt. Die Familie hatte auch Kontakt zu einem öffentlichen sozialen Dienst, aber nur im Rahmen wirtschaftlicher Hilfe. Obwohl bei Hausbesuchen auffiel, daß die Familie mehr als nur finanzielle Probleme hatte (die Sozialarbeiterin hatte seit Jahren den Verdacht sexueller Handlungen), wurden keine Hilfsangebote für A. und ihre Familie gemacht. Man wußte nicht, wie zu helfen war, und es bestand ja auch nur ein Verdacht.

A. lief wiederholt von zu Hause weg. Die Mutter hatte A. im Alter von zehn bis zwölf Jahren mehrmals einer Frauenärztin vorgestellt, da A. über Juckreiz in der Vulva klagte. Es wurde eine Pilzinfektion festgestellt und lokal behandelt. A. ist das zweite nichteheliche Kind der Mutter, das erste Kind verstarb kurz nach der Geburt. A. kannte ihren Vater nicht, die Mutter sagte, daß er die Bekanntschaft einer Nacht war. Die Mutter lebte vor und während der Schwangerschaft in einem Heim. Die Mutter hat den jetzigen Stiefvater von A. geheiratet, damit A. bei ihr leben konnte und nicht zur Adoption freigegeben wird. Geschlechtsverkehr zwischen den Eheleuten findet so gut wie gar nicht statt, da die Mutter sich davor ekelt und auch über mehrere genitale Pilzinfektionen berichtet. Nach einem Eröffnungsgespräch mit der Mutter und danach mit Mutter und Vater wird das Tatgeschehen nicht geleugnet. Die Mutter weiß – weil sie gesehen hat, daß Stiefvater und Stieftochter im Bett lagen, und die Tochter ihr erzählt hat, daß der Stiefvater sie «angefaßt» hat –, daß sexuelle Mißhandlungen stattgefunden haben. Sie hat ihrer Tochter gesagt, daß sie den Kontakt zum Stiefvater meiden soll, und paßte selber auf, daß die beiden nicht allein sind. Beide Elternteile erscheinen sehr hilflos und sehen die Konflikte in ihrer Beziehung selbst.

Die Vorsorgemaßnahmen umfassen das gesamte Spektrum aller therapeutischen Verfahren, wie sie uns in der Jugendpsychiatrie und Psychotherapie zur Verfügung stehen. Da jeder Fall anders gelagert ist, lassen sich keine allgemeingültigen Maßnahmen nennen. Grundsätzlich sollten jedoch die Eltern von einem Psychologen oder Psychotherapeuten beraten werden. Bei den Voruntersuchungen und der Gerichtsverhandlung sollte das Kind soweit wie möglich geschont werden. Das Fragerecht des Verteidigers muß natürlich gewahrt bleiben.

Oft genügt ein kürzeres psychotherapeutisches Gespräch, manchmal ist aber auch eine längere Behandlung notwendig. Falsch ist in jedem Fall eine schnelle, zudeckende Beschwichtigung, besonders, wenn bei jungen Mädchen ein Aussprechbedürfnis besteht. Die Kinder müssen lernen, sich an den eigenen Gefühlen zu orientieren, sie müssen ihre Rechte kennen und lernen, sich zu wehren.

Auch Experten, die sich häufig mit der Begutachtung von kindlichen Opfern beschäftigen müssen, geraten nicht selten in enorme emotionale Schwierigkeiten. Es ist eine natürliche Regung in uns, daß wir das Kind idealisieren und zu einer projektiven Verteufelung der Erwachsenen neigen. Es ist keineswegs so, daß die Psychoanalyse die Eltern entlastet und das Kind wegen seiner eigenen Triebhaftigkeit schuldig spricht. Doch die Forschung warnt zu Recht vor einer Vereinfachung und Schablonisierung der Probleme.

Zuletzt haben sich besonders intensiv Hirsch[23] und Pfannschmidt[24] mit der Psychodynamik des Inzests auseinandergesetzt. Das Wichtigste soll hier für psychoanalytisch interessierte Leser wiedergegeben werden.

Analytisch läßt sich der Inzest aus der ödipalen Grundsituation des Menschen ableiten. Das kleine Mädchen steht in der phallischen Phase in der Spannung zwischen ihrer Einheit mit der Mutter auf der einen und dem Begehren nach der Potenz – symbolisch dem Phallus – des Vaters auf der anderen Seite. Das kleine Mädchen sucht die Liebe und Harmonie mit dem Vater und fürchtet die Rivalität zur Mutter. Die gesunde Entwicklung des Kindes ist nur gewährleistet, wenn eine funktionierende Elternbeziehung existiert. Aber auch dann wird die Dreieckskonstellation für die Tochter als ödipaler Konflikt spürbar.

Nicht in der Realität, aber in der Vorstellung entwickelt das kleine Mädchen den Anspruch, das Glück mit dem Vater ohne jeden Aufschub in Form körperlichen Besitzes herstellen zu können. Normalerweise haßt das Mädchen den Vater, weil es ihn liebt und ihn nicht besitzen kann. Und es haßt die Mutter, weil diese als Rivalin stärker ist. Der Konflikt ist nicht zu lösen, das Kind muß die ungeheuerliche Kränkung ertragen. Besteht eine normale, stabile Elternbeziehung, so kommt es sehr bald in einer Ekstase von Liebe und Haß zum gelungenen Untergang des Ödipus-Komplexes beim jungen Mädchen. Der Impuls, die Eltern zu zerstückeln und sich einzuverleiben, bleibt jedoch im Unterbewußtsein bestehen.

Die so entstandene Struktur der Beziehung zwischen dem Vater und der Tochter macht es auch verständlich, daß das Inzest-Tabu nicht etwa mit der Kindheit endet. Eine gleichberechtigte Beziehung zwischen Tochter und Vater ist deswegen nur möglich unter Einhaltung der Inzestschranke. Kommt es zur Intimität zwischen Vater und Tochter, so muß die Mutter notwendigerweise zur bösen Hexe werden.

Der Inzest-Vater wird als sozial angepaßter, beruflich leistungsfähiger Durchschnittstyp bezeichnet. Er weist jedoch nicht selten paranoide Züge auf. Er leidet an der Unfähigkeit zu reifen Objektbeziehungen und verfügt nur über ein mangelndes männliches Identitätsgefühl.

Durch den Inzest werden beim Vater Gefühle des Verlassenseins und der Depression verhindert. Die Tochter hat meistens eine lange Geschichte des Mangels mütterlicher Zuwendung hinter sich. Die sexuellen Angriffe des Vaters werden in der Regel nicht als offene Gewalt, sondern im Gegenteil mit Geschenken und Vergünstigungen verbunden. Trotzdem erlebt das junge Mädchen den Vorgang als Ausbeutung und Verrat.[23]

Die elterliche Haltung, die zum realen Inzest führt, ist eine Form der Impotenz. Beide Elternteile sind nicht fähig, liebevolle und haßerfüllte Impulse der Tochter auszuhalten, da es in ihrer eigenen Entwicklung nicht zu dem entscheidenden Reifungsschritt gekommen ist. Die sexuell-aggressive Ambivalenzspannung kann nicht als lustvolle Existenzspannung erlebt und im Umgang mit Partner/Partnerin und Kind realisiert werden. Inzest ist also weniger eine sexuelle Störung, sondern mehr eine psychosoziale Insuffizienz der elterlichen Familie. Der ideale, reife Vater hat keine emotionalen Defizite und kann die liebevollen erotischen Bedürfnisse seiner Tochter zulassen, kann sie in ihrer seelisch ganzheitlichen Intimität zulassen. Die Tochter kann ihren ödipalen Haß erleben. Sie kann die spannungsvoll-harmonische Elternbeziehung internalisieren als Muster für die eigene Partnerschaft. Trotz der hohen Ambivalenzspannung ist in der gesunden Familie die Abstinenz des Vaters eine Selbstverständlichkeit.

Nicht erst seit Freud und Kinsey, Henry Miller und Vladimir Nabokov wissen wir, daß es eine quirlige kindliche Sexualität gibt. Allzugern jedoch wird das Problem von der Gesellschaft und vom Gesetzgeber in die scheinheilige Kutte von Gewalt und psychischem Mißbrauch gesteckt.

Daß das Kind nicht immer nur Sexualopfer ist, soll folgende Fallgeschichte verdeutlichen.

Fall 21

Diese kurze Episode zeigt, daß es im Bereich der kindlichen Sexualität keineswegs immer so zugeht, daß hier der böse Täter und dort das unschuldige Opfer ist. Das Problem ist vielschichtiger, als es im ersten Moment aussieht. So dringend der Schutz der Kinder auch gefordert werden muß, was tun, wenn beide «Parteien» Kinder sind? Wenn man von einer «Tat» nicht sprechen kann? Wenn es sich schlicht um eine Verführung unter Gleichaltrigen handelt?

Es ist eine Konzession an die Strafrechtswissenschaft, wenn man das Alter der Jungtäter mit vierzehn Jahren beginnen läßt. Natürlich differieren die Sexualhandlungen der kindlichen Probierschritte, der Doktorspiele, der nachgeahmten Koitusbewegungen kaum unter und über dem Alter von vierzehn Jahren.

Das Überleben der Menschheit hängt nun einmal neben dem Ernährungs- und Sicherheitsbedürfnis vom Geschlechtstrieb ab. Diese drei Urtriebe sind auch schon im Kind verankert und werden mehr oder weniger stark wirksam. Daran hat sich auch nichts geändert, als Religionen sexuelle Handlungen zur Sünde erklärten. Die Frage, ab welchem Alter ein Kind vor seinen sexuellen Bedürfnissen geschützt werden muß und wann nicht mehr, ist schwer zu beantworten.

Wir können dieses wichtige Kapitel nicht abschließen, ohne auf das Elend der Kinderprostitution hinzuweisen. Man schätzt[25], daß derzeit weltweit zehn Millionen Kinder von vier bis fünfzehn Jahren von ihren Eltern verkauft, zur Prostitution gepreßt und von westlichen Sextouristen geschändet werden. Besonders krasse Auswüchse nimmt diese Form der Gewalt an Kindern in Brasilien, Kenia, Thailand und auf den Philippinen an.

Da die Welt außerhalb dieser Länder immer reicher und reisefreudiger wird, gibt es immer mehr Eltern, die ihre Töchter und Söhne aus Elend oder Konsumgier in die Prostitution treiben.

Der Profit durch Kindersex wird auf fünf Milliarden Dollar pro Jahr geschätzt. Das Geschäft wird von straff organisierten, zum Teil internationalen Syndikaten gesteuert. Obwohl das Sexgeschäft mit Kindern in fast allen Kulturkreisen als verwerflich gilt und viele Staaten es unter Strafe gestellt haben, floriert der ausbeutende, menschenverachtende Wirtschaftszweig.

Die westlichen Zivilisationsneurosen[26], die Verunsicherung der Männer über die fortschreitende Emanzipation der Frauen bei uns treibt immer mehr einsame, innerlich beziehungslose Menschen ohne wirkliche Partnerbindungen in die Arme von anspruchslosen, sanften, willigen Prostitutierten der Dritten Welt. Allein in Manila gibt es der philippinischen Wohlfahrtsbehörde zufolge 10000 Kinderprostituierte. Es gibt ganze Dörfer, die ihre Mädchen oder Knaben an wohlhabende Touristen vermieten. Auch wenn sich nun in den betroffenen Ländern Bürgerinitiativen gegen diese neuzeitliche Form der kolonialen Ausbeutung formieren, ist noch keine Abhilfe in Sicht.

Gegenüber dieser ungeheuren Versklavung von Menschen nimmt sich die Kinderprostitution in unseren Großstädten vergleichsweise bescheiden aus. Allgemein kann man sagen, daß in «liberalen Städten», wo das Jugendschutzgesetz großzügiger ausgelegt wird, wie zum Beispiel in Hamburg, die Probleme erheblich größer sind als in Städten, die hart durchgreifen, wie in München.

Die Sozialforschung hat festgestellt, daß vor der Prostitution eines jungen Menschen oft ein sexuelles Schockerlebnis steht. Der sexuelle Akt, häufig durch einen nahen Verwandten erzwungen, bewirkt ein abgrundtiefes Mißtrauen. Um irgendwie mit diesem Trauma fertig zu werden, wird es wiederholt, allerdings zu geänderten Bedingungen. Das gestörte Selbstwertgefühl soll durch die Macht über den Freier und die Bezahlung repariert werden.

Unsere sexuelle Revolution, auf die wir so stolz waren, war gar keine. Der sexuelle Mißbrauch von Kindern ist ein Indiz dafür, wie unbewältigt Sexualität geblieben ist.

Literatur

1 Anhörung im Mainzer Landtag zum Thema «Gewalt gegen Frauen und Mädchen», in: Die Rheinpfalz 16. 11. 1989.

2 Nau, E.: Zeugenaussagen von Kindern und Jugendlichen, in: Hdwbh. Kriminol., Hamburg 1936.

3 Frank, R.: Vortrag auf der Fachtagung «Gewalt gegen Kinder», 13. 12. 1989 in München.

4 Sexueller Mißbrauch von Kindern, in: Gesundheitsmagazin Praxis. ZDF, Mainz, 6. 7. 1989.

5 Gewalt in der Familie, in: Doppelpunkt, ZDF, Mainz, 26. 10. 1988.

6 Das kannst du nicht einfach so abwischen. Sexueller Mißbrauch von Kindern, in: Kinder-Kinder. ZDF, Mainz, 8. 9. 1988.

7 Wallis, H.: Die Behandlung der kindlichen und jugendlichen Opfer von Sittlichkeitsverbrechen, in: Das sexuell gefährdete Kind. Beitrag zur Sexualforschung, Stuttgart 1965.

8 Trube-Becker, E.: Gewalt gegen das Kind, Heidelberg 1982.

9 Steinhage, R.: Sexueller Mißbrauch an Mädchen, Reinbek 1989.

10 Retzloff, I. (Hg.): Gewalt gegen Kinder, Mißhandlung und sexueller Mißbrauch Minderjähriger, Neckarsulm 1989.

11 Adams, C./J. Ray: Ohne falsche Scham – Wie Sie Ihr Kind vor sexuellem Mißbrauch schützen können, Reinbek 1989.

12 Wirtz, U.: Seelenmord – Inzest und Therapie, Stuttgart 1989.

13 Lison, K./C. Poston: Weiterleben nach dem Inzest – Traumabewältigung und Selbstheilung, Hamburg 1989.

14 Rijnaarts, J.: Lots Töchter. Über den Vater-Tochter-Inzest, Düsseldorf 1988.
15 Enders, U.: Zart wie ich, bitter war's. Sexueller Mißbrauch von Jungen und Mädchen, Köln 1990.
16 Zwischenbericht über eine als Modellprojekt geförderte Beratungsstelle in Berlin. Bundesfamilienministerium Bonn, 13. 10. 1989.
17 Körner, H.: Sexualkriminalität im Alter, in: Beitr. Sexualforsch. 56, 81–253, 1977.
18 Miller, A.: Die Töchter schweigen nicht mehr, München 1982.
19 Gradiner-Sirtl, A. (Hg.): Als Kind mißbraucht / Frauen brechen das Schweigen, München 1983.
20 Wille, R.: Tätertypen bei «Unzucht bei Kindern». Dtsch. Z. Gesamte Gerichtl. med., 59 (2) 134–141, 1967.
21 Rush, F.: Das bestgehütete Geheimnis: Sexueller Kindesmißbrauch, Berlin 1982.
22 Schönfelder, Th.: Sexuelle Traumata in der Kindheit und ihre Folgen, in: Praxis der Psychotherapie, 1970, Jan, Vol. 15 (1), 12–20.
23 Hirsch, M.: Zur Psychodynamik und Familiendynamik des realen Inzests, in: Forum Psychoanal 1: 223–238, 1985.
24 Pfannschmidt, H.: Das Erleben von Patient und Analytiker, in: Forum Psychoanal 3: 205–214, 1988.
25 Kinderprostitution in der Dritten Welt, in: Der Spiegel 42, 43, 44/1989.
26 Latza, B.: Sextourismus in Südostasien, Frankfurt 1989.

12. Kapitel

Gewalt in der Ehe

Das Kreuz der Frauen, sagt Margarete Mitscherlich[1], beruht darin, daß sie trotz sexueller Freiheit an die Wertvorstellungen der Männer gebunden bleiben und sich selbst weitgehend nach deren Kategorien von pflichtbewußter und attraktiver Weiblichkeit beurteilen. Die unkritische These von der männlichen Überlegenheit, die trotz aller Emanzipation immer noch in den Gehirnen vieler Frauen spukt, muß erst einmal über Bord geworfen werden.

Sexualität meint nie eine Person, sondern immer zwei Menschen. Es ist nicht leicht, den Grund zu ermitteln, warum aus einer harmonischen Beziehung eine gestörte Beziehung wurde.

Die Männer-Menschheit, die sich dreihundert Jahre fast ausschließlich auf die logischen, rationalen, analytischen Fähigkeiten ihrer linken Hirnhälfte verlassen hat, steckt zur Zeit mit ihrem naturwissenschaftlichen Denken in einer ernsthaften Krise. Eine Erhöhung der mentalen Kapazitäten wird nur durch eine stärkere Beachtung unserer intuitiven, assoziativen, imaginären, emotionalen Fähigkeiten möglich sein. Unter Einbeziehung des Fließenden, Lebendigen, des «typisch Weiblichen» werden wir zu einer Erweiterung unseres Sehens, zu einem Denken in Zusammenhängen kommen.

Nach dieser Neuorientierung der Werte wird gleichberechtigte Partnerschaft dann möglich sein, wenn die Frauen gelernt haben, ihre Selbstwahrnehmungen von der männlichen Wahrnehmung ihrer selbst unabhängig zu machen. Und wenn sich die Männer nach dem Sturz vom Sockel auf dem Boden wieder zusammengeflickt haben.

Eine Weiterentwicklung des menschlichen Geistes, unserer Kultur im wahrsten Sinne wird auch nach der Meinung von Robert Jungk[2] und anderen Zukunftsforschern nur dadurch möglich sein, daß wir die vernachlässigten Fähigkeiten unserer rechten Gehirnhälfte nutzen lernen und das Weibliche in uns und anderen zulassen.

In der Vor- und Frühgeschichte lebte der Mensch in einer mütterlichen Naturwelt. Erst die geistige Entwicklung der Neuzeit führte zu einer Hinwendung zum verstandesmäßigen Denken und zu einer Verdrängung der mythischen, matriarchalen Welt. Das männliche Prinzip verherrlicht das Bewußtsein und entwertet das Unbewußte, macht die Frau zur Verführerin und die Sexualität zum Inbegriff der Sünde. In der herrschenden patriarchalen Bewußtseinswelt gilt das Denken mehr als das Gefühl und das abstrakte Modell der Wirklichkeit mehr als deren sinnliche Erfahrung. Auch wenn der sich ständig wandelnde Zeitgeist, der auf archetypischen Grundlagen basiert, zur Zeit das weibliche Prinzip immer stärker werden läßt, verblüfft beim «kollektiven Unbewußten»[3] die Gleichförmigkeit der Motive über weite Zeitstrecken.

Die Lösung für die Zukunft kann nicht in einer Konfrontation von Patriarchat und Matriarchat gesehen werden, wie dies von manchen Feministinnen gefordert wird, sondern in der Einbindung weiblicher, den Erdarchetypus repräsentierender Elemente in die vom Geist dominierte Männerwelt.

Diese Männerwelt muß schleunigst auch das sexuelle Selbstbestimmungsrecht der Frau akzeptieren und darf unter anderem auch die Vergewaltigung in der Ehe nicht länger tolerieren. Noch läßt eine gesetzliche Grundlage für die Bestrafung dieser Tat auf sich warten. Derzeit kann eine Erzwingung des Geschlechtsverkehrs durch den Ehemann nur als Nötigung oder Körperverletzung verfolgt werden.

Viereinhalb Millionen Männer prügeln angeblich in der Bundesrepublik ihre Frauen. Das Allensbacher Demoskopische Institut geht davon aus, daß in zweieinhalb Millionen westdeutschen Ehen vergewaltigt wird. Dies bedeutet, daß jede fünfte Frau schon einmal zum Geschlechtsverkehr gezwungen wurde. Die jährliche Zahl der ehelichen Vergewaltigungen wird auf 25 000 geschätzt.[4] Sexualforscher wie Eberhard Schorsch[5] sind der Meinung, daß der erzwungene Beischlaf beim Mann weniger der sexuellen Befriedigung diene als vielmehr eine Demonstration der Macht über die schwache ohnmächtige Frau darstelle. Der Penis werde als Waffe gegen die Frau benutzt.

Viele Frauen akzeptieren aus Angst oder Unwissenheit die sexuellen Ansprüche des Mannes. Eine betroffene Frau formuliert das in dem Buch von Susan Brownmiller so: «Ehe ich mir ein blaues Auge hole, mache ich lieber die Beine breit und halte die Schnauze.»[6]

Obwohl alle Parteien im Deutschen Bundestag über eine Gesetzesänderung diskutieren, gilt derzeit gemäß einem Urteil des Bundesgerichtshofs noch die Pflicht zur Geschlechtsgemeinschaft: «Die Frau genügt ihren ehelichen Pflichten nicht schon damit, daß sie die Beiwohnung teilnahmslos geschehen läßt. Wenn es ihr infolge ihrer Veranlagung oder aus anderen Gründen, zu denen die Unwissenheit der Eheleute gehören kann, versagt bleibt, im ehelichen Verkehr Befriedigung zu finden, so fordert die Ehe von ihr doch eine Gewährung in ehelicher Zuneigung und Opferbereitschaft und verbietet es, Gleichgültigkeit oder Widerwillen zur Schau zu tragen.»

Konservative politische Kräfte wünschen keine Änderung des derzeitigen Gesetzes, fürchten, daß der Staat dann allzusehr ins Privatleben eingreifen würde. Man will verhindern, daß schmutzige Wäsche in der Öffentlichkeit gewaschen wird. Außerdem werde durch eine strengere gesetzliche Regelung den betroffenen Frauen nicht geholfen. Das Intimleben von Eheleuten sei für den Staat tabu, am Ehebett gebe es für den Staatsanwalt nichts zu ermitteln.

Auch viele Juristen sind der Meinung, daß im Falle einer Gesetzesänderung kaum eine Frau ihren Mann hinter Gitter bringen werde. Die schwachen Frauen würden die Gewalttaten weiter erdulden, und die starken würden sich sowieso von ihrem Partner trennen. Die Angst, ohne Partner leben zu müssen, und die Angst vor dem sozialen Abstieg lasse die Frauen ausharren. Zudem habe man erhebliche Bedenken wegen der Kinder. Auch sei es sehr schwierig, dem Ehemann die Tat nachzuweisen, und die Glaubwürdigkeit einer vergewaltigten Ehefrau, der einzigen Zeugin, werde vermutlich oft zweifelhaft erscheinen. Wie solle die Frau beweisen, daß sie den Geschlechtsverkehr nicht gewollt habe? Außerdem bestehe die Gefahr, daß Frauen gezielt den Tatvorwurf als ein Mittel der Erpressung gegen den Ehemann einsetzen.

Die Befürworter einer Gesetzesänderung sehen keinen Unterschied zwischen Gewalt innerhalb und außerhalb der Ehe. Derzeit werden zwei Grundüberlegungen angestellt. Im ersten Modell wird für eheliche und außereheliche Vergewaltigungen das gleiche Strafmaß gefordert. Das zweite Modell sieht einen «Sondertatbestand» für Eheleute vor und reduziert die Bestrafung.

Man möchte außerdem, daß nur auf Antrag verfolgt wird. Das hätte dann aber zur Folge, daß die Vergewaltigung in der Ehe auf ein Vergehen zurückgestuft würde und das Strafmaß ein Jahr nicht übersteigen dürfte. Wird jedoch aus dem Antragsdelikt ein Offizialdelikt, so kann von Amts wegen ermittelt werden. Man befürchtet, daß dann die Polizei Anzeigen von allen möglichen Familienangehörigen und Nachbarn nachgehen und prüfen müsse. Zudem müßte bei erwiesenem Tatbestand nach derzeitigem Recht die obligate Mindeststrafe von zwei Jahren Haft verhängt werden. Es würden Ehen zerstört, die derzeit trotz der Misere für viele Frauen das kleinere Übel darstellten.

Trotz all dieser Probleme gilt es als sicher, daß in nächster Zeit eine Gesetzesänderung erfolgt, wobei auch der verheirateten Frau das sexuelle Selbstbestimmungsrecht zugestanden wird. Insbesondere die jüngere Generation hält es für unzumutbar, daß die Frau jederzeit für den Sexualverkehr zur Verfügung zu stehen hat.

Reformkräfte hoffen darauf, daß sich in der nachwachsenden Generation ein sichereres Bewußtsein für diesen Unrechtstatbestand entfaltet. Die Zahl der Männer, die der Meinung sind, daß «eine Frau ab und zu eine Tracht Prügel verdient und anständig durchgebumst»[4] werden sollte, ist doch eindeutig rückläufig. Gleichzeitig schwindet langsam aus dem Bewußtsein der Frauen, daß sie ihrem Ehemann sexuell zur Verfügung zu stehen haben.

An dieser Stelle möchte ich eine Fallgeschichte wiedergeben, die ein Gynäkologe in einer medizinischen Zeitschrift veröffentlichte.

Fall 22

Frau D. kommt seit über fünfzehn Jahren zur Krebsvorsorge und wegen der Kontrazeption zu mir. Sie sieht solide aus, ist freundlich, offensichtlich ohne Beschwerden. Vor etwa zehn Jahren begann sie, öfter zu kommen, und jedesmal ließ sie sich Verletzungen attestieren. Einmal waren es Hämatome, einmal Prellungen, es fanden sich Würgemale und Bißwunden. Sie gab dabei an, von ihrem Mann regelmäßig geschlagen und vergewaltigt zu werden. Auch während ihrer Schwangerschaften war er besonders brutal gewesen und hatte sie auf den Bauch geschlagen und getreten. Im Laufe der Jahre kommt noch einiges hinzu: Er läßt Prostituierte kommen, mit denen «sie es treiben soll», denn «das geilt ihn besonders auf». Vor einiger Zeit hat er gar ein Kreuz gebastelt, an das er sie mit Ketten aufhängt und peitscht.

Auch der eine oder andere Geschäftsfreund wird eingeladen, sich das «Spektakel» anzusehen, und manchmal muß sie auch mit ihnen schlafen. Die Atteste von mir will sie sammeln und bei ihrem Anwalt hinterlegen. Sobald die Kinder aus dem Gröbsten heraus sind, will sie sich eine Arbeit suchen. Vor kurzem wurde nun die Scheidung ausgesprochen. Sie bat mich, vor Gericht als Zeuge auszusagen. Seitdem fühlt sie sich wie ein neuer Mensch, und auch die Kinder sind nun bei ihr zur Ruhe gekommen.

Auch hinter den sexuellen Gewalttaten in der Ehe steht – wie bei anderen Arten der Vergewaltigung – nicht die Gier, sondern die Schwäche. Konflikte im beruflichen und privaten Bereich werden nicht ausgehalten. Durch Ohnmachtsgefühle entsteht Haß. Die Männer sind unreif und empfinden der Frau gegenüber eine Art Haßliebe. Sie wollen durch die Gewaltanwendung die Frau erniedrigen und ihre Macht auskosten, suchen durch das Eindringen aber auch Geborgenheit. Geholfen werden kann nur durch eine Psychotherapie, die das Selbstbewußtsein des Mannes stärkt und die Fähigkeit, Konflikte ohne Gewalt zu lösen, trainiert.

Seit Frauen das Problem aussprechen, wissen wir, daß erzwungener Geschlechtsverkehr und körperliche Mißhandlung in Partnerschaft und Ehe an der Tagesordnung sind. Nicht zu zählen sind die vielen subtilen Formen von Gewalt gegen den Partner; seine Gefühle werden mißachtet, er wird seelisch erstickt.[8]

Selbstverständlich ist die Machtausübung keine Einbahnstraße. Natürlich können auch Frauen mit Worten demütigen, mißhandeln, verletzen. Gerade auch Frauen beherrschen die Klaviatur der Schikane.

Gewalt entsteht nicht plötzlich. Es ist in der Regel ein langsamer Prozeß, der aus der einst harmonischen «Liebe» ins Chaos führt. Häufig deuten sexuelle Beschwerden auf Ehe- oder Partnerprobleme hin. Dyspareunie, Anorgasmie, Libidoverlust, Impotenz sind oft erste Hinweise, daß da etwas zerbröckelt. Auch andere psychosomatische Beschwerden, Schlafstörungen, Unlust, Depressionen, Angst deuten in diese Richtung.

Schwer ist der Ausweg für das Opfer. Viele Frauen berichten, daß sie als Kinder zu Hause auch schon malträtiert wurden. So ist denn auch ein Haus für geschlagene Frauen und die Trennung vom Partner kein Allheilmittel. Das Problem für die Frau liegt darin, daß sie in eigener Verantwortung aus der Opferrolle heraus muß.

Wir helfen diesen Frauen nicht, indem wir ihrem Leiden immer wieder Bedauern und Mitgefühl entgegenbringen. Dadurch bestärken wir sie nur in der traditionellen Frauenrolle. Wer nicht mehr Opfer sein will, muß sein Schicksal selbst in die Hand nehmen. Durch Trösten ändert sich gar nichts. Die Frau muß selbst Lösungen suchen und diese auch durchsetzen. Man kann als Außenstehender höchstens Hilfestellung geben, aber die letzte Konsequenz, bei dem Partner zu bleiben oder es allein zu versuchen, muß jede Frau selbst für sich entscheiden.

So sehr Frauenhäuser und spezielle Notrufnummern den betroffenen Frauen in extremen Situationen helfen können, wird doch immer wieder davor gewarnt, die geschundenen Frauen mit feministischem Gedankengut aufzuhetzen. Am verläßlichsten dürfte Hilfe von einem/einer geschulten Ehe- oder Familientherapeuten/-therapeutin kommen.

Sexualtherapie ist im Idealfall immer Paartherapie. Der Erfolg jeder Behandlung wird fraglich, wenn der Partner nicht mitmacht. Zumindest eine Chance sollte man fairerweise dem Aggressor geben, auch wenn es oft schwerfällt, besonders brutales Vorgehen zu verstehen.

Inwieweit die klassischen menschlichen Geschlechterrollen willkürlich kulturell festgesetzt oder unabänderlich biologisch vorgegeben sind, ist Gegenstand öffentlicher Interessen und Meinungsbildungen.

So konträr die Meinungen bei dem Schwerpunktthema «Gewalt in der Geschlechterbeziehung» auf der 10. Wissenschaftlichen Sitzung der Gesellschaft für praktische Sexualmedizin (GPS) im Juni 1990 in Heidelberg[9] auch aufeinanderprallten, Einigkeit herrschte unter den Wissenschaftlern, daß die strukturelle Gewalt des Patriarchats trotz aller Gleichberechtigung weiterhin wirksam ist. Unser Denken, Fühlen, Handeln – das aller Männer und Frauen – ist trotz Quotenfrauen und Gesetzesänderungen weiterhin männlich bestimmt.

Natürlich verabscheut jeder zivilisierte Mensch die Erzwingung des Sexualaktes (außerhalb und innerhalb der Ehe) durch physische Gewalt. Das Problem sitzt tiefer. Die dringend notwendige Gesetzesänderung zum Beispiel bezüglich der Strafbarkeit der Vergewaltigung in der Ehe hat nach Meinung vieler nur eine Alibifunktion. Subtilere

Formen der Unterdrückung, der Demütigung, des Kontrollierens, des Isolierens und der Einschüchterung, des Übergehens bei wichtigen Entscheidungen usw. sind oft schwer durchschaubar und werden eher toleriert. Heraus aus diesem Dilemma führt natürlich nicht der militante Kampfruf «Alle Männer sind Vergewaltiger», sondern die Einsicht, daß Gewalt der Feind von Sexualität und Zärtlichkeit ist.

Unsere arg unterbewertete Innenwelt, unsere lädierte Emotionalität könnte aktiviert werden, wenn sich Väter wie Mütter von Anfang an mehr als bisher in die Erziehung der Kinder einschalten.

Unsere Gesellschaft hat sich geändert. Wir brauchen den starken, mächtigen Mann nicht mehr, wir brauchen das gehorsame, verfügungsbereite Hausmütterchen nicht mehr.

Literatur

1 Mitscherlich-Nielsen, M.: Psychoanalyse der weiblichen Sexualität, in: Psyche 29 (1975) 769–788.
2 Jungk, R.: Die Zukunft hat schon begonnen, Reinbek 1952.
3 Jung, C. G.: Das persönliche und kollektive Unbewußte, Zürich 1934, GW 7, Grundwerk 3.
4 Vergewaltigung in der Ehe, in: Der Spiegel Nr. 27 / 29. Juni 1987.
5 Schorsch, E.: Sexualstraftäter, Stuttgart 1971.
6 Brownmiller, S.: Gegen unseren Willen. Vergewaltigung und Männerherrschaft, Frankfurt/Main 1978.
7 Sexualmedizin 10/1988, 582.
8 Haffner, S.: Gewalt in der Ehe, Berlin 1981.
9 Wille, R. / A. Löffler: Gewalt in der Geschlechterbegegnung – Eine Konfrontation männlicher und weiblicher Aspekte. Vorträge auf der 10. Wissenschaftlichen Sitzung der Gesellschaft für praktische Sexualmedizin. Heidelberg, 13. Juni 1990.

13. Kapitel

Sexuelle Belästigung und Unterdrückung unter Ausnutzung einer Machtposition

Wie in den vorausgehenden Kapiteln mehrfach erwähnt, ist die Sensibilität nicht nur gegenüber erfolgter Vergewaltigung, sondern auch gegenüber allen Formen des Machtmißbrauchs des Mannes über die Frau gestiegen. Viele Frauen fühlen sich ständig bedroht und in ihrer Freiheit eingeschränkt. Radikal formuliert, so die feministische These [1], halten alle Männer alle Frauen durch eine systematische Einschüchterung in permanenter Angst.

Während die Anzahl der jährlich angezeigten Vergewaltigungen seit zehn Jahren ziemlich konstant geblieben ist, ist im gleichen Zeitraum die sexuelle Nötigung um fast 50 Prozent auf etwa 3500 Fälle pro Jahr gestiegen. Unter sexueller Nötigung versteht man sexuelle Aggression ohne Koitusabsicht. Diese mit Gewalt oder Drohung vorgenommenen Sexualhandlungen werden nach § 178 StGB verfolgt.

Viele Frauen beklagen sich über sexuelle Belästigungen am Arbeitsplatz. Prinzipiell ist dies in fast allen Büros und Betrieben möglich. Gemäß einer Untersuchung des Infas-Instituts im Auftrag der Grünen wird «jede vierte Frau am Arbeitsplatz belästigt»[2]. Nach einer Studie des DGB aus dem Jahr 1988 hätten sogar 200000 Frauen wegen Sex-Attacken von Vorgesetzten und Kollegen ihre Stelle verloren. 140000 hätten von sich aus gekündigt, 60000 wurden entlassen, was als Racheakt des Chefs gesehen wird.

Da auch diese Angriffe meist ohne Zeugen stattfinden, haben es die Frauen schwer, ihre Vorwürfe zu beweisen. Während Richter den Klaps auf den Po und den Griff an die Brust früher gern als «Liebe im Büro» süffisant verharmlosten, höchstens als weniger schwer zu bestrafende «tätliche Beleidigung» abtaten, drohen den Busen-Grapschern jetzt drakonische Strafen.

Fall 23

Zwei Jahre lang war K. E., zweiundzwanzig, arbeitslos, dann endlich hatte sie wieder einen Job als kaufmännische Angestellte gefunden. Doch drei Tage nach Arbeitsbeginn im Juni 1987 liefen ihr das erste Mal «kalte Schauer» über den Rücken.

Ihr Chef, der sich meist allein mit ihr in dem kleinen Büro einer hannoverschen Rettungsgesellschaft aufhielt, griff ihr an die Hüfte und versuchte sie zu küssen. In den folgenden Tagen wurden die Attacken noch heftiger: Der Prokurist, fünfundvierzig, der jungen Frau körperlich weit überlegen, schob sie auf ihrem Bürostuhl gegen den Schreibtisch, so daß sie eingeklemmt war, massierte zunächst ihren Nacken, um dann, über der Kleidung, die Brüste zu fassen.

Obwohl K. E. protestierte und ihrem Vorgesetzten auch schon mal auf die Finger schlug, befummelte der Mann sie mehrfach am Tag, drei Wochen lang. Morgens fuhr sie, aus Angst, «mit unbeschreiblichen Gefühlen in die Firma» und war bald «nervlich am Ende».

Freunde, denen sie sich anvertraut hatte, überlegten schon juristische Schritte – da hörte die Grapscherei plötzlich auf. Doch vier Monate später ging es wieder los, diesmal nicht so häufig, aber heftiger. Als die Frau eines Abends ihrem Vater berichtete, der Mann sei ihr mit der Hand unter Bluse und Büstenhalter gefahren, entschied der für seine Tochter: «Da gehste nicht mehr hin.»

Im November 1987 nahm die Polizei die Anzeige der Angestellten auf; vergangene Woche verurteilte ein Richter am Landgericht Hannover den Täter in zweiter Instanz zu fünfzehn Monaten Gefängnis ohne Bewährung «wegen sexueller Nötigung in zwei Fällen». Ein Schöffengericht hatte zuvor in erster Instanz sogar zwanzig Monate Haft verhängt.

Ein europaweites Gesetz gegen sexuelle Belästigung von Frauen am Arbeitsplatz haben 1989 deutsche und britische Kriminologinnen auf einer Fachtagung in Saarbrücken[3] gefordert. Auch dort wurde von mehreren Referentinnen beklagt, daß der Begriff «sexuelle Belästigung» in keinem Land der EG klar in Gesetzen verankert sei. Anmache und Belästigung durch Chefs und Kollegen dürften nicht länger als Kavaliersdelikte abgetan werden. Es müsse endgültig mit dem alltäglichen Sexismus am Arbeitsplatz in unserer Macho-Gesellschaft vorbei sein.

Ein besonderes Abhängigkeitsverhältnis besteht zu Kranken, Schwachsinnigen, Hilfsbedürftigen, bei Gefängnisinsassen oder bei Schülern und Lehrlingen.

Sexuelle Handlungen mit Personen unter sechzehn Jahren, die dem Täter zur Erziehung, Ausbildung oder Betreuung in der Lebensführung anvertraut sind, sogenannte Schutzbefohlene, werden nach § 174 StGB bestraft. Bei einem Dienst- und Arbeitsplatzverhältnis liegt die Altersgrenze bei achtzehn Jahren. Sexuelle Beziehungen in diesen Schutz- und Arbeitsverhältnissen stehen grundsätzlich unter Strafe, auch wenn die «Autoritätsperson» keinen Druck ausgeübt hat.

Da das deutsche Jugendschutzgesetz sehr weit gefaßt ist, reicht bei Kindern bereits das Vorzeigen pornographischer Bilder für eine Strafbarkeit aus, wenn der Täter dadurch sich, das Kind oder eine andere Person sexuell erregen will.

Sexueller Mißbrauch von Kindern ist das Gegenteil von dem, was das Wort «Pädophilie» ursprünglich bedeutete, und hat mit Kinderliebe nichts zu tun.[4] Wünsche nach Zuneigung und Zärtlichkeit bedürfen keiner sexuellen Handlungen. Sexualhandlungen von Erwachsenen an einem Kind nutzen das Machtverhältnis aus und müssen deshalb als eine sexuelle Mißhandlung gesehen werden, selbst wenn das Kind scheinbar «Sex» will, da es aufgrund seiner körperlichen und seelischen Entwicklung nicht in der Lage ist, sich frei zu entscheiden.

Unter Strafe stehen auch Sexualhandlungen an Kranken in Anstalten, seelisch und körperlich Widerstandsunfähigen, behördlich Verwahrten, Gefangenen sowie sexuelle Handlungen unter Mißbrauch einer Amtsstellung.

In der Regel kommt es zwar «nur» zu unzüchtigen Handlungen, oft wird aber auch einem regelrechten Geschlechtsverkehr widerwillig zugestimmt, weil die Abhängige Angst vor Strafe, Entlassung hat oder andere Benachteiligungen befürchtet.

Auch bei diesem Tatbestand dürfte die Dunkelziffer extrem hoch sein. Auf der anderen Seite sind gerade bei sexueller Belästigung Falschanschuldigungen keine Seltenheit. Grenzfälle zur Notzucht machen eine juristische Klärung oft sehr schwierig.

Auch die Ausnutzung einer vorübergehenden Handlungsunfähigkeit zum Beispiel in Narkose, Hypnose, Suggestion fällt unter diesen Paragraphen. Man ist heute der Ansicht, daß kein gesunder Mensch gegen seinen Willen und ohne seine Zustimmung in Hypnose zu versetzen ist. Befindet sich eine Frau jedoch freiwillig in einer tiefen Hypnose, so können die Sinnesorgane im Gegensatz zum natürlichen Schlaf so tiefgreifend ausgeschaltet sein, daß sie eventuell nichts von den geschlechtlichen Handlungen merkt. Ein Schlafzustand kann aber auch relativ einfach durch Medikamente oder auch Alkohol erzielt werden. Der Alkoholrausch kann so tief sein, daß die Frau tatsächlich nichts von einem sexuellen Angriff mitbekommt. In früheren Zeiten gab es sicher häufiger Fälle, wobei sich Frauen bewußt betranken, einmal um sich sexuell anzuregen und zum anderen, um in der fortschreitenden Alkoholisierung keine Entscheidung treffen zu müssen. Diese Frauen wollten angeblich sexuell etwas erleben, wollten aber schuldlos dazu gelangen.[5]

Eine Vergewaltigung im natürlichen Schlaf ist nicht möglich, da durch Erregung der motorischen Nerven bei der Kohabitation die Frau aufwacht. Es sind jedoch Fälle bekannt, wo Frauen im Halbschlaf – oft in gleichzeitig alkoholisiertem Zustand – sexuell mißbraucht wurden, weil sie den Täter für ihren Partner hielten (Erschleichung des Beischlafs).

Als Täter bei der Ausnutzung einer Machtposition kommen alle möglichen Berufsgruppen in Frage. Auffallend ist allerdings eine gewisse Häufung von Ärzten und Polizisten. Auch wenn die Gesamtzahl von Sexualdelikten durch Ärzte und Polizisten gering ist, so kommt diesem Sachverhalt doch eine große Bedeutung zu, da die Tat von Autoritätspersonen begangen wird, deren Aufgabe gerade im Schutz der Bevölkerung steht.

Das Strafgesetz kennt keine Sondergesetze für Ärzte oder verwandte Berufe, lediglich einige Auslegungsbesonderheiten zur Einordnung spezifischer Situationen, die zu intimen Übergriffen führen können, wie Narkose, gynäkologische Untersuchungen, Psychotherapie, Sexualtherapie usw. Bereits bei Demonstrationen im Genitalbereich kann die Grenze zwischen therapeutischen Eingriffen und sexuellen Handlungen überschritten werden. Unstrittig liegt jedoch kein Betreuungsverhältnis zwischen niedergelassenem Arzt und volljähriger Patientin vor, die ambulant behandelt wird.

Skrupellose, gewissenlose Ärzte können so geschickt autoritär auftreten, daß abhängige und schwache, zum Geschlechtsverkehr genötigte Frauen selbst glauben, es habe sich lediglich um eine Verführung gehandelt. Geht der ärztliche Täter planmäßig vor, so wird er auch Schlaf- und Narkosemittel einsetzen. Zur Ehrenrettung des Berufsstandes muß aber auch betont werden, daß es gerade hier viele Falschbeschuldigungen gibt, wissentliche (Rachegefühle) und unwissentliche (erotische Träume in der Narkose). Besonders wenn die Narkose nicht sehr tief ist, können gynäkologische Manipulationen der Vagina als regelrechter Geschlechtsverkehr mißdeutet werden.

Fall 24

Ein Skandal in dem renommierten Krankenhaus «Bronovo» in Den Haag, zu dessen Patientenkreis auch die königliche Familie zählt, hat die holländische Öffentlichkeit bewegt. Der Gynäkologe N. B. wurde aus seiner Praxis heraus verhaftet. Eine zwanzigjährige Patientin hatte sich wegen Notzucht im Behandlungsraum beschwert. Es sei bereits das zweite Mal gewesen.

Der Arzt, der seit fünfzehn Jahren in der Klinik arbeitet und Sekretär der Haager Gynäkologenvereinigung ist, hat bereits gestanden, zweimal mit der betreffenden Patientin geschlechtlich verkehrt zu haben.

Staatsanwalt de Wit vom Haager Gericht erklärte, weitere zehn Patientinnen hätten Klage gegen B. erhoben – es handele sich um gleiche beziehungsweise ähnliche Fälle.

Fall 25

Die ledige Angestellte E. D. erstattete Strafanzeige gegen den verheirateten Zahnarzt Dr. S. Sie gab an, daß sie bei S. seit einigen Jahren in Behandlung stehe. Kürzlich sei sie wieder zur Behandlung bekommen und gegen 18.30 Uhr als letzte Patientin in das Sprechzimmer eingelassen worden. Sie habe sich mit Dr. S. allein in den Praxisräumen befunden. Da es sich um eine Entfernung eines Zahnnerves gehandelt habe, habe sie um eine Narkose gebeten. Auf Aufforderung des Arztes habe sie Kragen, Büstenhalter und Rockbund öffnen müssen, damit sie nicht im Atmen behindert sei. Die Arme seien ihr an den Seiten des Behandlungsstuhles festgeschnallt worden, und der Arzt habe mit der Narkose begonnen. Wie lange sie bewußtlos war, wisse sie nicht. Sie sei dann ganz plötzlich ohne Übergang wieder bei vollem Bewußtsein gewesen und habe einen Schmerz in der Scheide verspürt. Als sie die Augen öffnete, habe sie gesehen, daß ihr Rock hochgeschoben war. Dr. S. sei sehr verlegen gewesen und habe den Rock wieder hinuntergeschoben. Bei der Fortsetzung der Arbeit am Zahn habe sie erneut so heftige Schmerzen gehabt, daß die Narkose fortgesetzt werden mußte. Als sie von der Narkose wieder erwachte, sei Dr. S. zwischen ihren Beinen gestanden und habe bei ihr den Geschlechtsverkehr ausgeübt. Sie habe mit absoluter Sicherheit sein Glied in ihrer Scheide gespürt und gefühlt, daß er den Beischlaf an ihr vollzog.

Demgegenüber machte der Beschuldigte folgende Angaben: Mit Frl. D. sei er seit etwa drei Jahren bekannt. Es habe zwischen ihr und ihm ein Freundschaftsverhältnis bestanden, wobei auch gegenseitige Zärtlichkeiten ausgetauscht wurden. Die D. habe ihm alle Liebkosungen erlaubt, die unter Liebenden üblich sind, nur den Geschlechtsverkehr habe sie ihm als verheiratetem Mann nie gestattet. So habe sie ihm zum Beispiel die Einführung eines Fingers in die Scheide erlaubt, sie habe auch an seinem Glied Reibungen vorgenommen und an diesem mit dem Mund gesaugt. Die Zärtlichkeiten usw. hätten stets innerhalb der Praxisräume stattgefunden. Die Narkose habe etwa drei Minuten gedauert. Da es während dieser verhältnismäßig kurzen Zeit nicht möglich gewesen sei, beide Nerven des Zahnes zu entfernen, habe er eine zweite Narkose wiederum von etwa drei Minuten angeschlossen. Während dieser zweiten Narkose habe er den Eingriff sehr rasch beendet und hätte nun das Erwachen der Patientin abzuwarten gehabt. In dieser Zeit habe er ihr seinen Finger in ihre Scheide eingeführt. Bei ihrem Erwachen sei sie mit dem Gesäß etwas zurückgerutscht und habe ihm den Vorwurf gemacht: «Das hätten Sie nicht tun dürfen.» Anschließend sei das Mädchen zu der im Sprechzimmer befindlichen Ottomane gegangen und habe sich auf diese hingelegt. Hier habe sie ihm den bereits benannten heftigen Vorwurf gemacht und sich so auf ihre Behauptungen versteift, daß es unmöglich gewesen sei, sie vom Gegenteil zu überzeugen.

Immer wieder erregen Vergewaltigungen durch Polizeibeamte Medien und Öffentlichkeit. Machtmißbrauch unter dem Deckmantel der Pflichterfüllung, Einsatz von Dienstmarke und vom Staat zur Verfügung gestellter Pistole zur Erzwingung des Geschlechtsverkehrs ist eine von der öffentlichen Meinung und von den Gerichten besonders hart verurteilte Straftat.

Susan Brownmiller[7] klagt in ihrem Buch sogar an, daß die Aufklärung solcher Fälle durch die eigenen Dienststellen nicht selten verzögert wird. Wer mit legaler Gewalt ausgestattet ist, muß sich zu Recht auch an strengeren moralischen Maßstäben messen lassen. Nicht nur das Wertegefühl von Frauen wird empfindlich erschüttert, wenn der Gesetzeshüter selbst Verbrechen an Menschen begeht, die er von Berufs wegen schützen soll.

Fall 26

Das Landgericht Itzehoe hat 1981 zwei Polizeibeamte wegen Vergewaltigung und sexuellen Mißbrauchs einer zweiundzwanzigjährigen Zahnarzthelferin zu sechs bzw. sechseinhalb Jahren Freiheitsstrafe verurteilt. Das Gericht hielt es für erwiesen, daß die beiden Beamten in der Nacht zum 20. Februar dieses Jahres die junge Frau gemeinschaftlich in einer Zelle der Pinneberger Polizeiwache vergewaltigt haben, in die die Frau in betrunkenem Zustand eingeliefert worden war. Zuvor hatte nach Überzeugung des Gerichts einer der Angeklagten die Frau bereits allein sexuell mißbraucht.

Fall 27

Im November 1973 wurden in Detroit drei Polizisten vom Dienst suspendiert und nach einer internen Untersuchung wegen Vergewaltigung und Unzucht unter Anklage gestellt. Einer der Täter hatte allein «gearbeitet», die beiden anderen, ein Schwarzer und ein Weißer, hatten sich als Duo betätigt. Während einer Routinestreife hatten sie eines Abends vor einer Bar eine junge Frau wegen Trunkenheit und Ruhestörung aufgegriffen und zur Feststellung ihrer Personalien mit auf die Wache genommen. Ihr Vorgesetzter war jedoch der Meinung, die neunzehnjährige Frau sei nicht betrunken, und forderte die beiden Beamten auf, sie nach Hause zu fahren. Laut Anklage fuhren die Beamten den Streifenwagen jedoch in eine einsame Seitenstraße und vergewaltigten das Mädchen.

Einen besonderen körperlichen Vorsprung haben Täter gegenüber Behinderten. Körperbehinderte können sich nicht ausreichend zur Wehr setzen. Geisteskranke und Schwachsinnige sind in ihrer Willensbildung oft so weit reduziert, daß sie die Bedeutung und die Folgen eines Beischlafes nicht erkennen.

Fall 28
Eine zweiundzwanzigjährige Rollstuhlfahrerin ist im Landkreis Mühldorf am Inn von zwei Männern vergewaltigt worden. Die ledige Buchhalterin war in der Nacht zum Freitag nach einem Besuch in einer Gaststätte auf dem Nachhauseweg, als sie von zwei Männern aus dem Rollstuhl gerissen und in ein Waldstück gezerrt wurde. Beide Täter vergingen sich an der Frau. Die junge Körperbehinderte konnte sich noch verletzt in ihren Rollstuhl schleppen und nach Hause fahren.

Fall 29
Die Polizei in Kempten hat elf Türken und einen Italiener festgenommen. Ihnen wird in einem Haftbefehl vorgeworfen, eine geistig behinderte Frau unter Gewaltanwendung sexuell mißbraucht zu haben. Wie die Polizei gestern angab, wurde die fünfundzwanzigjährige mehr als zwei Tage lang immer wieder vergewaltigt. Zwei Türken sollen sie an Landsleute regelrecht verkauft haben.

Überall, wo es hierarchische, autoritäre Strukturen gibt, besteht die Gefahr des Machtmißbrauchs. Ein besonderes emotionales Klima beeinträchtigt oft die Urteilsfähigkeit der Frau und schwächt ihren Willen und ihren Widerstand.

Werden Machtpositionen von populären Filmstars, Sängern, bekannten Sportlern, prominenten Politikern ausgenutzt, so wird es das Opfer schwer haben, eine eventuelle sexuelle Nötigung vor Gericht als Gewaltakt anerkannt zu bekommen. Doch Leichtgläubigkeit und Einfältigkeit eines unerfahrenen Mädchens oder einer labilen Frau darf ein «berühmter» Täter nicht als Schutzschild vor sich her tragen.[6]

Vergewaltigungen durch Männer in höheren Positionen kommen selten vor Gericht, weil sie allgemein als bloße Verführung zurückgestuft werden. Ein Psychotherapeut kann zum Beispiel seiner Patientin einreden, ihre Frigidität könne sehr einfach durch einen sexuellen Kontakt mit ihm geheilt werden. Einem Regisseur gelingt es ohne weiteres, ein ehrgeiziges Model, das zum Film will, gefügig zu machen. Der Professor, der Lehrer, praktisch jedes Vorbild, jeder Vorgesetzte kann seine Machtposition zur Verwirklichung seines Vorhabens einsetzen.

Der Gesetzgeber unterscheidet vom sexuellen Mißbrauch von Schutzbefohlenen unter sechzehn Jahren den sexuellen Kontakt zu Kindern unter vierzehn Jahre, was nach § 176 StGB geahndet wird. Obwohl ein Teil der Mädchen vor Vollendung des vierzehnten Lebensjahres bereits sexuelle Erfahrungen gemacht hat, kommt das Delikt der Verführung relativ selten zur Anzeige. Das Delikt der Verführung, welches nach Paragraph 182 geahndet wird, der zum Schutz der vierzehn und fünfzehnjährigen Mädchen besteht, erfaßt im Geltungsbereich unseres Strafrechts jährlich nur etwa zehn Fälle.

Auch wenn die Strafandrohung besteht, so wird ein Achtzehnjähriger, der ein echtes Liebesverhältnis zu einer Dreizehnjährigen unterhält, in der Regel nicht bestraft. Ebenso wird wohl kaum ein vierzehnjähriger belangt, der eine dreizehnjährige zu sexuellen Handlungen bewegt.

Nicht besonders betont werden muß die Tatsache, daß in und nach Kriegen besonders häufig sexuelle Macht ausgeübt wird.

Allgemein bekannt ist auch, daß Vergewaltigungen in Strafanstalten eines der Hauptprobleme darstellen. Der homosexuelle Machtmißbrach wird in einem späteren Kapitel ausführlich behandelt.

Zur sexuellen Belästigung gehört sicher auch die strukturelle Gewalt, wie sie sich zum Beispiel in der Sprache, in sexistischen Witzen äußert. Auch eine bestimmte Form der Werbung, die Frauen zum Objekt sexueller Begierde macht, schürt Ausnutzung, Unterdrückung, demonstriert mißbrauchte Macht.[8]

Fast alle Frauen fühlen sich in bestimmten Situationen ohne männlichen Begleiter unsicher. Viele empfinden eine permanente Bedrohung durch die Männerwelt.

Die sexuelle Vereinnahmung beginnt immer schon beim Herrenwitz am Stammtisch, aber auch bei den Frauen, die sich von der Mode vorschreiben lassen, möglichst attraktiv, möglichst verführerisch den Männern gegenüberzutreten.

Männer und Frauen müssen gemeinsam dazu beitragen, daß unsere Töchter mehr Selbstachtung gewinnen, die Opferhaltung aufgeben, nicht nur Rechte, sondern auch Pflichten übernehmen, und damit endlich auch zu einer vernünftigen sexuellen Selbstbestimmung finden.

Literatur

1 Kröhn, W.: Mythos und Realität sexueller Unterdrückung, in: Sexualmedizin 3/1984, 129–136.

2 N.N.: In ständiger Angst, in: Der Spiegel Nr. 3/1989, S. 178, v. 16. Januar 1989.

3 Fachtagung Frauenhochschule in Saarbrücken, in: Die Rheinpfalz, 21. Juni 1989.

4 Trube-Becker, E.: Pädophilie? Das ist sexueller Mißbrauch!, in: Sexualmedizin 19, 22–24, 1990.

5 Dost, P.: Die Psychologie der Notzucht, Hamburg 1963.

6 Berg, S.: Das Sexualverhalten, Hamburg 1963.

7 Brownmiller, S.: Gegen unseren Willen. Vergewaltigung und Männerherrschaft, Frankfurt/Main 1978.

8 Trömel-Plötz, S. (Hg.): Gewalt durch Sprache. Die Vergewaltigung von Frauen in Gesprächen, Frankfurt 1990.

14. Kapitel

Massenvergewaltigung

Unter Massennotzucht versteht man die Vergewaltigung eines oder mehrerer Opfer durch eine Gruppe von Männern. Dies geschieht am häufigsten in Kriegen, aber auch in Friedenszeiten durch jugendliche Banden, seltener spontan bei flüchtigen Bekanntschaften Erwachsener.

Kriegsvergewaltigungen sind besonders bekanntgeworden aus dem Dreißigjährigen Krieg, aus den französischen Raubkriegen, dem Burenkrieg in Afrika, aber auch aus dem russisch-japanischen Krieg, dem Ersten und Zweiten Weltkrieg und von den Kriegsschauplätzen in Vietnam und Bangladesh. Im Ersten Weltkrieg wurden besonders in Ostpreußen viele Hunderte deutscher Frauen durch russische Truppen vergewaltigt. Es wurden dabei auch Frauen und Mädchen nach Sibirien verschleppt. Besonders grausame Notzuchthandlungen wurden durch die Türken an den christlichen Armeniern im Ersten Weltkrieg vorgenommen.

Zahlreiche Publikationen beschäftigten sich mit der Massennotzucht im Zweiten Weltkrieg. Danach haben Russen und Polen auf deutschem Boden Kinder und Greisinnen vergewaltigt, oft in Gegenwart ihrer Männer und in aller Öffentlichkeit. Es sind Fälle bekanntgeworden, bei welchen eine Frau bis zu dreißig- und vierzigmal in einer Nacht vergewaltigt wurde. Der durch die vorangegangenen Kriegshandlungen aufgestaute Haß und die Alkoholeinwirkung führten oft zu grausamen Verletzungen und zur Tötung der Opfer. Nicht selten gaben Truppenkommandeure ganze Städte und Orte zur Plünderung und Notzucht frei. Die Frauen wurden zur rechtlosen Beute.

Fall 30
Ein k. u. k. Oberleutnant berichtet aus dem Ersten Weltkrieg: «Auf einem Streifzug in Südserbien befehligte ich eine Abteilung von 400 Mann. Aus einem Hause fiel gegen uns ein Schuß. Es erschienen nach und nach sieben ältere und jüngere Männer und eine siebenundzwanzigjährige hübsche Frau mit einem einjährigen Kind auf dem Arm. Meine Leute sagten, sie wollten die arme Frau in ihrer Not nicht allein zurücklassen. Sie spannten zwei Rosse vor einen Leiterwagen, legten Stroh auf und betteten die Frau mit dem Kinde ins Stroh. Am dritten Tag meldete mir ein Feldwebel, unsere ganze Mannschaft habe mit der Frau verkehrt, und sie läge davon erschöpft in erbarmungswürdigem Zustand im Wagen. Ich möge ihm doch erlauben, dem Leiden der Unglückseligen durch einen Kopfschuß ein Ende zu bereiten. Der Augenschein belehrte mich über die Hoffnungslosigkeit des Falles, und ich mußte notgedrungen die erbetene Erlaubnis geben.»

Im Krieg kommt zu dem aktivierten atavistischen Drang zur Vernichtung, zum Alkoholeinfluß und zu der Suggestion durch Zusehen noch die negative Feindpropaganda. Ilja Ehrenburg soll zum Beispiel im Zweiten Weltkrieg in Rußland die Parole verfaßt haben: «Brecht mit Gewalt den Rassenhochmut der germanischen Frauen! Nehmt sie als rechtmäßige Beute!»[4]

Vergewaltigt wird in Kriegszeiten immer, unabhängig von der Nationalität und der geographischen Lage. Obwohl die Vergewaltigung nach internationalem Kriegsrecht als kriminielle Handlung geahndet wird, gehört sie zu den alltäglichen Kriegshandlungen. Mit der Waffe in der Hand und dem Segen des Vaterlandes, sogar töten zu dürfen / zu müssen, wird die Machtausübung und Gewaltanwendung für den Soldaten zu etwas Selbstverständlichem.[5]

Die siegreichen Soldaten sahen und sehen in der Verfügungsgewalt über Frauenkörper einen Teil ihres Lohnes, den sie sich unter Lebensgefahr verdient haben. Aber sie demonstrieren damit dem unterlegenen Feind auch seine Niederlage, seine Schwäche, seine Impotenz. Das ist auch der Grund, warum Ehemänner und Väter oft gezwungen werden, der Tat zuzuschauen.

Viele Historiker klammern gerne dieses «unaussprechliche», peinliche Kapitel der Kriegsführung aus, weil dieses Thema ihre Geschmacks- und Ehrenmaßstäbe verletzt. Auf der anderen Seite wird die detailgetreue Schilderung der grausamsten Verbrechen als Propaganda eingesetzt, um den Gegner zu denunzieren. Im Ersten Weltkrieg wurde zum Beispiel der Weltöffentlichkeit durch geschickte Manipulationen der Gegenseite Vergewaltigung als typisch deutsches Verbrechen dargestellt – nachdem es allerdings durch deutsche Soldaten in Belgien und Frankreich gehäuft zu demütigenden Massenvergewaltigungen gekommen war.

Besonders viele Dokumente belegen die Vergewaltigungen im Zweiten Weltkrieg. Obwohl es gemäß den Nürnberger Rassengesetzen von 1935 den Deutschen verboten war, Jüdinnen zu vergewaltigen, geschah dies immer wieder. In den Nürnberger Prozessen 1945 [8] legten die sowjetischen Ankläger die «Molotow-Note» vor:

Fall 31

In dem ukrainischen Dorf Borodajewka in der Gegend von Dnjepropetrowsk vergewaltigten die Faschisten alle Frauen und Mädchen. In Beresowka in der Gegend von Smolensk schleppten betrunkene deutsche Soldaten alle Frauen und Mädchen im Alter von sechzehn bis dreißig fort und schändeten sie. In Smolensk eröffnete die deutsche Heeresleitung in einem Hotel ein Bordell für Offiziere. Hunderte von Frauen und Mädchen wurden erbarmungslos an Armen und Haaren von der Straße gezerrt und in das Bordell getrieben. In der Nähe von Borissow in Weißrußland versuchten fünfundsiebzig Frauen und Mädchen bei der Annäherung deutscher Truppen zu fliehen, fielen ihnen aber in die Hände. Sechsunddreißig Frauen wurden vergewaltigt und grausam ermordet. Auf Befehl eines deutschen Offiziers namens Hummer schleppten Soldaten die sechzehnjährige L. I. Melschukowa in den Wald und schändeten sie. Kurz darauf sahen andere Frauen, die auch in den Wald geschleppt worden waren, das sterbende Mädchen, das die Deutschen auf Bretter genagelt hatten. Die Frauen, unter ihnen V. I. Alperenko und V. H. Beresnikowa, mußten zusehen, wie sie dem Mädchen die Brüste abschnitten. Beim Verlassen des Dorfes Borowka im Bezirk Zwenigord in der Nähe von Moskau verschleppten Faschisten mehrere Frauen mit Gewalt und rissen sie trotz ihrer Bitten und ihrer Gebete von ihren kleinen Kindern fort. In Tichwin in der Gegend von Leningrad wurde ein fünfzehnjähriges Mädchen namens Koledetskaja mit einem Geschoßsplitter in ein

Krankenhaus (ein früheres Kloster) eingeliefert, in dem auch verwundete deutsche Soldaten lagen. Trotz ihrer Verletzungen wurde das Mädchen von einer Gruppe deutscher Soldaten vergewaltigt und erlag seinen Verletzungen.

Die Prozesse von Tokio 1946 brachten die vieltausendfachen grauenvollen Massenvergewaltigungen der Japaner an Chinesen an die Weltöffentlichkeit.[9] Allein in der Stadt Nanking sind zwanzigtausend Fälle von Vergewaltigung vorgekommen. Das Gericht dokumentiert die Vorgänge im Abschlußbericht so:

Fall 32

Der geringste Widerstand des Opfers oder eines Angehörigen, der die angegriffene Frau beschützen wollte, wurde häufig mit dem Tode bestraft. Überall in der Stadt wurden massenweise auch ganz junge Mädchen und alte Frauen vergewaltigt; viele Fälle von Vergewaltigungen waren von abnormen und sadistischen Handlungen begleitet. Viele Frauen wurden nach der Tat getötet und verstümmelt. Das barbarische Verhalten der japanischen Streitkräfte kann nicht damit entschuldigt werden, es habe sich dabei um Ausschreitungen gehandelt, wie sie gelegentlich vorkommen, wenn eine hartnäckig verteidigte Stellung schließlich kapituliert. Denn es wurde bis mindestens sechs Wochen nach Einnahme der Stadt in großem Ausmaße vergewaltigt, gebrandschatzt und gemordet.

Diese Dokumente sind natürlich nur vorhanden, weil Deutsche und Japaner den Krieg verloren haben. Es wäre wohl absurd zu glauben, Soldaten anderer Länder hätten nicht ähnlich gehandelt. Zwangsbordelle sind in Kriegen keine Seltenheit.

Kennzeichnend war zum Beispiel auch die Grausamkeit – wie zu Beginn des Kapitels schon erwähnt –, mit der russische Soldaten 1945 deutsche Frauen vergewaltigten. Auch hier wurden die Frauen der Besiegten zum Sündenbock. Immer vergewaltigt die andere Seite, immer ist Vergewaltigung ein Beweis für die Bestialität des Feindes.

Das Bundesministerium für Vertriebene kam 1951 in einer Dokumentation[5] zu folgendem Schluß:

«Es kann auch bei kritischer Prüfung dieser Berichte kein Zweifel sein, daß es sich bei den Vergewaltigungen deutscher Frauen und

Mädchen durch sowjetische Soldaten und Offiziere um ein Massenvergehen im wahren Sinne des Wortes handelt, keineswegs um bloße Einzelfälle. Es läßt sich erkennen, daß hinter den Vergewaltigungen eine Verhaltensweise und Mentalität stand, die für europäische Begriffe fremd und abstoßend wirkte, und man wird sie teilweise auf jene, besonders in den asiatischen Gebieten Rußlands noch nachwirkenden Traditionen und Vorstellungen zurückführen müssen, nach denen die Frauen im gleichen Maße eine dem Sieger zustehende Beute sind, wie Schmuckstücke, Wertgegenstände und die Sachgüter in Wohnungen und Magazinen. Ohne eine solche unter den sowjetischen Truppen verbreitete Grundhaltung wären die Formen und massenhaften Fälle von Vergewaltigungen nicht denkbar. Die Tatsache, daß sowjetische Soldaten asiatischer Herkunft sich dabei durch besondere Maßlosigkeit und Wildheit hervortaten, bestätigt, daß gewisse Züge asiatischer Mentalität wesentlich zu jenen Ausschreitungen beigetragen haben.» Es darf natürlich nicht verschwiegen werden, daß in Kriegszeiten die Grenzen zwischen Vergewaltigung und Prostitution oft verschwimmen. Nicht selten bieten sich Frauen freiwillig dem erobernden Helden und Befreier an, sei es aus realer wirtschaftlicher Not, um irgendwelche anderen Vorteile zu erlangen, oder auch aus reiner Abenteuerlust.[4]

Aber auch außerhalb des Krieges gibt es die Massennotzucht. Besonders in Großstädten schließen sich jugendliche Banden, «Gangs» zusammen, um Mädchen gewaltsam zum Geschlechtsverkehr zu zwingen. Häufig handelt es sich um einen Anstifter, der ansonsten harmlose, eher schüchterne Jugendliche dazu bringt, unter dem Einfluß von Alkohol brutalste Aggressionen an Frauen abzureagieren.

Nach oder bei Partys, nach Tanzveranstaltungen kommt es manchmal spontan zu einer Massenvergewaltigung. Häufig spielt das Auto eine wichtige Rolle. Nicht selten läßt sich ein Mädchen von vier oder fünf Jugendlichen mitnehmen und wird dann im Auto oder in einem Waldweg vergewaltigt. Die Frau ist bei einer Massennotzucht natürlich völlig hilflos. Sie wird von mehreren Männern an Händen und Beinen gehalten und kann sich nicht zur Wehr setzen.

Fall 33

Die sechzehn- bzw. siebzehnjährigen Brüder Ullmann und Norbert M. waren während einer Urlaubsreise ihrer Eltern in ein Lehrlingsheim gegeben worden, wo sie auf die ihnen bereits bekannten sechzehn und achtzehn Jahre alten Brüder Volker und Hartmut O. trafen. Sie beschlossen, in der leerstehenden Wohnung der Eltern M. eine Party zu veranstalten. Zu diesem geselligen Zusammentreffen am ersten Mai wurden noch etwa 10 weitere junge Burschen und acht Mädchen eingeladen; man tanzte in dekorierten Kellerräumen, es wurden Bier, Wein, Sekt und Schnaps getrunken. Nach Aufbruch der Gäste gegen Mitternacht blieben außer den Brüdern M. und O. noch der siebzehnjährige Hans F., die sechzehnjährigen Peter Sch. und Michael N. sowie die von dem letzteren mitgebrachte sechzehnjährige Dolmetscherschülerin Monika H. zurück. Unter den angetrunkenen Burschen entstand nun der Plan, dieses als letztes zurückgebliebene Mädchen geschlechtlich zu mißbrauchen. Als Monika H. in den ersten Stock ging, um ihre Garderobe zu holen, liefen die sieben Burschen mit, schlossen die Wohnung ab und stürzten sich auf das völlig überraschte Mädchen. Während einige sie umdrängten und unzüchtig angriffen, begannen andere ihr die Kleider vom Leibe zu ziehen. Der alsbald zu Boden Gestürzten, laut Schreienden und um sich Schlagenden drückte einer der Täter ein Kissen aufs Gesicht, zwei andere hielten sie an den Armen fest, die übrigen zogen ihr Schlüpfer, Strümpfe und Schuhe aus. Zwei Burschen spreizten die Beine des Mädchens, drei weitere griffen gleichzeitig mit dem Finger in das Geschlechtsteil; schließlich legte sich Hans F. auf die sechzehnjährige und führte den Geschlechtsverkehr aus. Durch gegenseitigen Zuruf war vereinbart worden, in welcher Reihenfolge die Burschen zum weiteren Verkehr antreten sollten. Während der als Zweiter vorgesehene Norbert M. bereits sein Glied entblößt hatte und daran rieb, umstanden die übrigen die Szene, lästerten und rissen Witze. Nach Abschluß des ersten Aktes jammerte das Mädchen, es müsse zur Toilette, was ihm nach längerem Hin und Her auch unter Begleitung gestattet wurde. Bei dieser Gelegenheit konnte sie sich aber losreißen, flüchtete, von ihren Peinigern bedrängt, zum Toilettenfenster, sprang hinaus und stürzte sechs Meter tief in den Hof, wobei sie eine Gehirnerschütterung und einen Oberschenkelbruch erlitt.

Ist die Tatausführung einmal angelaufen, dann gibt es für den einzelnen in der Gruppe oft kein Zurück mehr. Das Auftreten von Scham und Mitleid wird durch die Gruppendynamik zurückgedrängt. Unter dem Drang des starken juvenilen Geschlechtstriebes läuft eine Kettenreaktion brutaler Aggressivität ab.

Mitgliedern solcher Banden und Gruppen fehlt häufig jede familiäre Geborgenheit; geistige Interessen sind kaum vorhanden. Geltungsbedürfnis und Unsicherheit, ungereifte sittliche Widerstandskraft lassen den Plan reifen, die aufsteigenden Gelüste in einer orgiastischen Betätigung zu stillen. Viele rohe, im Grunde unsichere Menschen finden in der Gruppe Halt und Bestätigung. Indem die Eigenverantwortlichkeit zurückgedrängt wird, kann die archaisch infantile Angst unterdrückt werden.

Manchmal gelangen auch neurotische Mädchen in diese Banden narzißtischer Halbstarker und sadistischer Psychopathen, um ihre Opposition gegen die Welt der Erwachsenen zu unterstreichen.

Oft werden anthropologische Untersuchungen primitiver Gesellschaften dazu verwendet, um aufzuzeigen, daß die Vergewaltigung im Grunde etwas Natürliches, Ursprüngliches ist. Margaret Mead[10] berichtet von Stämmen Neuguineas, bei denen widerspenstige Frauen in aller Öffentlichkeit von den Männern vergewaltigt werden. Von den Prärie-Indianern Amerikas teilt Margaret Mead mit, daß Frauen aus Disziplinargründen von einer Gruppe Männer verschleppt und auf brutale Weise ausgiebig vergewaltigt würden.[11]

Auch andere Anthropologen berichten von Gruppenvergewaltigungen in sogenannten primitiven Kulturen, die dort als ein Mittel der sozialen Kontrolle eingesetzt werden. Robert F. Murphy[12] weiß, daß von den Mundurucú-Indianern Brasiliens eine Frau, die sich der männlich orientierten Kultur nicht unterwirft, von allen Männern des Stammes vergewaltigt wird.

Von den Yanomamö Venezuelas ist bekannt, daß eine «gefangengenommene Frau eines anderen Stammes von allen an dem Kriegszug beteiligten Männern vergewaltigt wird und später noch von jedem Mann im Dorf, der dazu Lust verspürt; einer der Männer erhält sie schließlich zur Frau»[13].

Zwei aufsehenerregende Massenvergewaltigungen sind von den Gusii-Stämmen aus Kenia überliefert. In den Jahren 1937 und 1950 war der Brautpreis so hoch, daß ihn viele junge Männer nicht bezahlen konnten. Sie schlossen sich zusammen, schleppten die Mädchen vom Dorfplatz weg und vergewaltigten sie.[14] Kennzeichnend vielleicht auch, daß es viele Stämme gibt, die kein spezielles Wort für Vergewaltigung kennen.

Die Vorstellung vom Besitzcharakter der Frau und daß man Frauen, die die vorgegebene Geschlechterrolle überschreiten, durch Vergewaltigung zur Raison bringen müsse, spukt natürlich nicht nur in den Gehirnen sogenannter Primitiver herum. Auch in unserem Kulturkreis sind Männer, wenn die Rede auf eine eigenständige, emanzipierte Frau kommt, schnell dabei zu empfehlen, «dieses Weib aufs Kreuz zu legen und anständig durchzubumsen»[15]. Auch das Christentum, das uns nahelegt, daß die Frau als eine Sache zu behandeln ist (vgl. 10. Gebot), stellt keine rühmenswerte Ausnahme dar.

Literatur

1 Dost, P.: Die Psychologie der Notzucht, Hamburg 1963.
2 Berg, S.: Das Sexualverbrechen, Hamburg 1963.
3 Hirschfeld, M.: Sittengeschichte des Weltkrieges, Leipzig 1939.
4 Brownmiller, S.: Gegen unseren Willen. Vergewaltigung und Männerherrschaft, Frankfurt 1975.
5 Schieder, T.: Dokumentation der Vertreibung der Deutschen aus Ost-Mitteleuropa, Bonn 1953.
6 App, A. J.: Die Entstehung der Frauen im eroberten Europa, Philadelphia 1949.
7 Domnich, K.: Die ostdeutsche Tragödie, Lippstadt 1949.
8 Nürnberger Kriegsverbrecherprozeß. Trial of the Major War Criminals before the International Military Tribunal, Nürnberg 1947.
9 Judgement of the International Military Tribunal for the Far East, Tokio 1948.
10 Mead, M.: Mann und Weib, Zürich 1955.
11 Mead, M.: The Changing Culture of an Indian Tribe, New York 1966.
12 Murphy, R. F.: Social Structure and Sex Antagonism, in: Southwestern Journal of Anthropology, Bd. 15 (1959), 89–98.
13 Chagnon, A.: Yanomamö. The Fierce People, New York 1968.
14 LeVine, R. A.: Gusii Sex Offenses. A Study in Social Control, in: American Anthropologist, Bd. 61, Nr. 6, 1959.
15 West, N.: Miss Lonelyheard, New York 1933.

15. Kapitel

Sexuelle Tötung

Die Bereitschaft, unter gegebenen Umständen sadistisch zu reagieren, ist in einer großen Gruppe von Menschen vorhanden. Dies zeigt sich u. a. in der großen Verbreitung sadistischer Thematik in der Pornographie, der Unterhaltung, in Film und Literatur. Das latente Potential sadistischer Destruktivität bricht im Krieg, im Faschismus viel häufiger durch als in einer sexuellen Deviation.

In unserer Rechtsprechung ist der Leitgedanke der Individualschuld verankert, d. h., der Grundsatz unseres Strafrechts ist es, den subjektiven Hintergrund einer Tat aufzudecken. Aus diesem Grunde ist die forensische Psychiatrie zu einem wichtigen Instrument unserer Gerichtsbarkeit geworden.

Der «Triebtäter» und erst recht der «Lustmörder» zählt in unserer Gesellschaft zu den verabscheuungswürdigsten Menschen. Kommt der Sexualmord schon nicht allzuoft vor, so ist der eigentliche «Lustmord» fast eine Rarität, wird jedoch immer in der Öffentlichkeit als eine Sensation dargestellt. Die Menschen reagieren sehr emotional, fordern haßerfüllt Rache und Vergeltung. Der Ruf nach der Todesstrafe wird anläßlich solcher Taten immer wieder laut.

In ihrem Buch «Angst, Lust, Zerstörung» versuchen die Wissenschaftler Eberhard Schorsch und Nikolaus Becker[1] Rationalität walten zu lassen und diese Tätergruppe zu verstehen. Die Autoren gehen davon aus, daß der «Sexualmörder» für unsere Gesellschaft regelrecht eine Sündenbockfunktion einnimmt und bei uns sadistische Phantasien, die wir uns natürlich nicht eingestehen, auslöst. Dies könnte die eigenartige Faszination von Sexualmorden erklären. Der Versuch, den Delinquenten zu verstehen, bedeutet natürlich nicht Nachsicht, Verharmlosung und Entschuldigung, sondern verstandesmäßiges Erfassen und Begreifen der Tat und der Täterpersönlichkeit.

Das Buch versucht zu erklären, wieso es in einem Menschen zu einer solchen Entwicklung kommen kann und warum solche Taten geschehen können. Da jedoch der kollektive Widerstand und die Abwehr der Gesellschaft gegenüber dieser Tätergruppe so groß ist, hat sich bisher die Psychoanalyse kaum mit diesem Problem beschäftigt oder Erklärungsmodelle vorgelegt.

Immer wieder kommt es wegen der komplizierten psychopathischen Persönlichkeitsstrukturen der Täter zu Konflikten zwischen Öffentlichkeit, sachverständigen Gutachtern und Gericht. Die Öffentlichkeit fordert Rache und nicht die Behandlung eines schwerkranken Menschen. Nach Schorsch und Becker geht es bei Tötungsdelikten im Zusammenhang mit Sexualität beim Täter jedoch nicht um einen Lustgewinn, sondern um einen Zusammenbruch der psychischen Abwehrmechanismen. Nicht selten wird dem psychoanalytischen Gutachter die Tendenz zur Entschuldigung des Täters unterstellt, weil er diesem angeborene Charakterdefekte, also eine Psychopathie bestätigt. Das Gericht sieht jedoch Haltlosigkeit, Gefühlsarmut, Willensschwäche, Egozentrik in der Regel nicht als strafmindernd an. Oft muß sich die Psychiatrie vorwerfen lassen, sie unterminiere die rechtsstaatliche Ordnung und das gesunde, allgemeingültige Volksempfinden. Die Paragraphen 20 und 21, die den alten Paragraphen 51 abgelöst haben, nennen für verminderte oder aufgehobene strafrechtliche Verantwortlichkeit jedoch ausdrücklich auch die «schwere andere seelische Abartigkeit». Und zweifellos können auch schwere neurotische Störungen die Verantwortlichkeit einschränken oder sogar aufheben.

Dem Sadisten geht es nicht in erster Linie um Aggressivität und Grausamkeit, sondern um die Bemächtigung des anderen, um die totale Verfügung über ihn, um seine Beherrschung. Gemäß statistischen Unterlagen[2] neigen ein Viertel aller Männer zu sadistischen Vorstellungen und ebenfalls ein Viertel aller Frauen zum Masochismus. In den verschiedensten Extremsituationen, in Konzentrationslagern, in Kriegen zeigt sich, daß ein gehöriges Maß an Aggressivität in vielen Menschen steckt und daß auch Folter – wie ich bereits ausführlich geschildert habe – sexuell gefärbt ist.

Die Psychoanalyse lehrt uns, daß der Sadismus eine sehr frühe Störung in der Persönlichkeitsentwicklung darstellt. Schorsch und Bekker unterscheiden zwei Gruppen von sexuell motivierten Tötungshandlungen. In der ersten Gruppe finden sich die sadistisch Devianten im engeren Sinne, die sich schon lange vor der Tat mit sadistischen sexuellen Phantasien beschäftigen. Bei einer zweiten Gruppe handelt es sich um Täter, die in einer impulsiven, eruptiven Aktion sexuelle innere Spannungen entladen.

Die erste Gruppe ist sozial gut integriert, fügt sich passiv in soziale Beziehungen ein, bereitet in der Regel keine Konflikte und hat keine Vorstrafen. Es handelt sich oft um unmännliche, weiche, aggressiv eher gehemmte, ängstliche, schüchterne Personen, die sich leicht ihrer Umgebung anpassen und als Kinder leicht erziehbar waren. Nur im geheimen stellen sie sich Folterungen, Quälen und Überwältigungen vor. Ihre ganze Sexualität ist in die Phantasie verlagert. Die erotische Komponente bleibt weitgehend ausgeklammert. Das Geschehen läuft zwanghaft in einem Zustand von narzißtisch-rauschhafter Ich-Fremdheit ab.

In der zweiten Gruppe befinden sich aggressive Persönlichkeiten mit Verwahrlosungssymptomen, kriminellen Tendenzen, und häufig fällt eine Rastlosigkeit und Unstetigkeit schon in der Kindheit auf. Vorstrafen sind nicht selten. Im Gegensatz zur ersten Gruppe sind sie aktiv, reagieren impulsiv, gehen regelrechte Kampfbeziehungen ein. In ihrer unreifen Sexualität suchen sie ständig nach Befriedigung. Sie haben häufig wechselnde Beziehungen zu Frauen, die jedoch alle sehr schnell wieder scheitern wegen der haßvollen Impulse.

Die Psychoanalyse geht davon aus, daß es sich in beiden Gruppen um präödipale Störungen, um Störungen in den frühen Prozessen der Trieb-, Ich- und Selbstentwicklung handelt. Die kritische Entwicklungsphase liegt in dem späten oralen bzw. dem frühen analen Stadium. Die Differenzierung von Selbst und Objekt, die Ablösung von der Mutter gelingt nicht. Dramatische Erfahrungen mit der Mutter sind oft ausschlaggebend für diese fatale Charakterentwicklung.

Die Tötung des Opfers kann vor, während und nach dem Koitus erfolgen. Die Tötung kann auch unbeabsichtigt stattfinden. Manchmal handelt es sich um eine planmäßige Tötung aus anderen Motiven bei der Gelegenheit von Sexualakten. Oft erfolgt die Tötung zur Ermöglichung des Sexualaktes selbst, nicht selten aber auch nachträglich zur Deckung eines Sexualdeliktes. Beim eigentlichen «Lustmord» erfolgt die Tötung als sadistischer Höhepunkt des Sexualaktes. In Extremfällen kommt es zu grausigen Verstümmelungen der

Opfer. Verletzt werden unter anderem oft die primären und sekundären Geschlechtsmerkmale.

Bei der nicht beabsichtigten Tötung kann es zu einem Reflextod beim Würgegriff oder zu einem Herztod kommen. Beim eigentlichen «Sexualmord» dagegen wird das Opfer allein sexualbetont, sexualtriebhaft getötet, nicht aus Versehen, nicht um die Tat zu verschleiern. Die häufigste Todesart ist das Erwürgen. Es muß immer wieder betont werden, daß dieser echte Lustmord extrem selten vorkommt. Es ist verständlich, daß es in vielen Fällen überhaupt nicht zum Koitus kommt, sondern die Tötung eine Ersatzhandlung für den Geschlechtsverkehr ist oder eine plötzliche Impotenz den Täter an der Ausführung seines Planes hindert.

Die Tötung vor dem Koitus kommt vor, wenn dies für den Täter die einzige Möglichkeit ist, an das sich wehrende Opfer heranzukommen. Ist der Mann absolut entschlossen, die Gewalttat zu begehen, so ist jede Abwehr durch das Opfer lebensgefährlich.

Die Tötung während des Koitus kommt vor, wenn der Täter im Geschlechtsrausch zur Steigerung der Lust sein Opfer würgt. In manchen Fällen ist es wohl so, daß der Täter nicht mehr über seinen Willen verfügt und es zu einer unbewußten rauschhaften Handlung kommt.

Auch bei der Tötung nach dem Geschlechtsverkehr kann es sich um eine Affekthandlung oder um ein Versehen zum Beispiel bei der Knebelung handeln. Das Mißlingen des Koitus kann zur Tötung führen. Normalerweise handelt es sich jedoch bei dem Sexualmord nach der Notzucht um eine verstandesmäßige Tötung. Der Täter tötet, um die Zeugin zu beseitigen. Hier herrscht keine bestimmte Tötungsart vor.

Es gibt Fälle, bei denen es zu einer planmäßigen Tötung aus anderen Motiven während des Sexualaktes kommt. So können beispielsweise betrogene Partner die Geliebte anläßlich eines Geschlechtsverkehrs umbringen. Manchmal kommt es auch anläßlich eines Raubüberfalls zu einer Vergewaltigungssituation. Prostituierte können in Gefahr geraten wegen Uneinigkeit über die finanzielle Vergütung. Es gibt Tötungsfälle wegen Scheidung und Alimentationsforderungen.

Psychodynamisch ist wohl all diesen Tätern gemeinsam ein «narzißtischer Rückzug bis hin zu einer Verleugnung der Welt der Objekte»[1]. Aggressive Impulse und destruktive Energien gefährden die Umwelt. Viele der Täter finden sich in einer ausweglosen Situation und sind auch nicht therapierbar. Die Psychoanalyse nimmt an, daß die unerträglichen inneren Spannungen aus tiefen oralen Haßgefühlen gegenüber der Mutter stammen. Die Sexualisierung soll eine Entlastung der aggressiven Triebwünsche darstellen. «Die Sexualisierung der Konflikte hat die Funktion einer Prothese oder Plombe, die die früheren Lücken der Selbstentwicklung ausfüllen», sagt Schorsch. Von ihm übernehme ich die folgende Falldarstellung.

Fall 34

Der sechsundzwanzig Jahre alte Manfred W. hat in den Jahren 1968/69 drei junge Mädchen getötet; bei einem Tötungsversuch im Jahre 1959 ist er unentdeckt geblieben. Manfred ist ein mittelgroßer, übermäßig dicker, schwerfälliger und unbeholfen wirkender Mann mit einem ausdruckslosen und alterslos wirkenden Gesicht. Beziehungsunfähigkeit ist das hervorstechende Merkmal in seinem Leben. In Gesprächen um sexuelle Themen errötet er und kann seine Schambarrieren nicht überwinden.

Manfred W. ist das vorletzte von sieben Geschwistern. Der Vater ist Molkereibesitzer, die Familie lebt sozial gut eingegliedert in einem kleinen Dorf in Oberfranken. Manfred war ein wortkarges, ängstliches, kontaktarmes Kind mit wenig Zutrauen in die eigene Leistung. Er macht eine Schreinerlehre und arbeitet bis zur Verhaftung in einer Asphaltfirma als Mischer. Manfred hat keinerlei persönliche Kontakte, ist nicht verheiratet, gilt als stiller, fleißiger Mitläufer. Niemand hat ihn je wütend gesehen.

Anläßlich der psychiatrischen Exploration erinnert sich Manfred, daß er als Kind oft dem Schlachten und Zerlegen von Schweinen zugesehen hat und davon sehr fasziniert war. In der Pubertät wandeln sich seine sadistischen Phantasien und richten sich während der Masturbation auf Mädchen als Opfer. In seinem realitätsorientieren Erleben ist er entsetzt über seine grausamen Phantasien. Er hat keinerlei reale sexuelle Erfahrung mit Mädchen, er hat noch nie eine Freundin gehabt und nie mit einem Mädchen ein persönliches Wort gewechselt.

Mit der Zeit nehmen seine sexuellen Phantasien mehr und mehr Gestalt an. In der sexuellen Erregung stellt er sich vor, wie er Mädchen schlägt, fesselt, knebelt und quält und schließlich, wie er ihnen die Brüste abschneidet und sie tötet.

Als er siebzehn Jahre alt ist und er sich wochenlang gegen seine immer eindringlicher werdenden Phantasien gewehrt hat, kommt es in den Weihnachtstagen 1959 zu einem ersten Durchbruch seiner bedrängenden Phantasien in die Realität. Abends im Kino entdeckt er ein neunzehnjähriges Mädchen, das er vom Anblick her kennt. Auf dem Heimweg denkt er daran, sie zu überfallen. Er holt sich zu Hause ein Messer, geht zurück und lauert dem Mädchen auf. Als sie vor ihm steht, bekommt er Angst und schlägt ihr mit einem Stock auf den Kopf. Er entkleidet sie gewaltsam und treibt sie mit vorgehaltenem Messer in einen Wald. Geschlechtsverkehr will er nicht. Er wirft das Mädchen auf den Boden und bringt ihm Schnitte am Hals bei. Als er das Blut sieht, läuft er weg. Das Mädchen überlebt, die Tat wird nicht aufgeklärt.

Die erste Tat wirkt auf Manfred wie eine Befreiung, und die Erleichterung hält mehrere Jahre an. Doch allmählich tauchen die alten Phantasien wieder auf. 1968 und 1969 kommt es im Abstand von wenigen Monaten zu drei Tötungshandlungen. Um die Weihnachtszeit 1968 sieht er plötzlich ein vierzehnjähriges Mädchen auf der Straße. «Das komische Gefühl» überkommt ihn wieder. Er will noch wegfahren, «aber es geht nicht mehr». Er hält mit seinem Auto an, umfaßt das Mädchen von hinten, hält ihm den Mund zu und fährt es wortlos in einen Wald. Er entkleidet es gewaltsam, bedient sich dabei seines Messers, bindet ihm die Hände zusammen, knebelt es und legt es auf den Rücksitz seines Wagens. Er fährt mit ihm eine Zeitlang ziellos durch die Gegend und hält schließlich am Ufer eines Flusses an. Er zerrt das völlig passive Mädchen aus dem Auto, quält es und schneidet ihm schließlich die Kehle durch; dabei hat er einen Orgasmus. Das tote Mädchen wirft er ins Wasser.

Nach der Tat fühlt sich M. wie befreit, als sei nun alles von ihm abgefallen. Er kann wieder ruhiger schlafen, niemand hat ihm etwas angemerkt. Im Sommer 1969, als er sich wieder sehr getrieben fühlt, nimmt er eines Abends ein sechzehnjähriges Mädchen in seinem Auto mit. Ohne ein Wort zu sprechen, fährt er eine Zeitlang herum, reagiert nicht auf ihre Bitten, sie freizulassen, und entkleidet sie, ohne daß er besondere Gewalt anwenden muß. Auch dieses Mädchen fesselt und knebelt er und fährt wiederum eine lange Zeit mit ihr umher, bis er an einem Bach anhält. Er bringt ihr schließlich am ganzen Körper eine Vielzahl von Messerstichen bei, ehe er ihr den Hals durchschneidet; hierbei hat er wieder einen Orgasmus.

Ein ähnlicher Vorgang wiederholt sich noch einmal im Herbst

1969. Wieder hat Manfred ein sechzehnjähriges Mädchen im Auto mitgenommen und fährt mit ihr nachmittags unter einem Vorwand zu seiner Arbeitsstelle. Dort auf dem Hof der Asphaltfirma befinden sich heiße Röhren, die ihn schon lange in seinen sadistischen Träumereien beschäftigt haben. Als er dort anhält, versucht das Mädchen fortzulaufen; er fängt sie wieder ein, entkleidet sie und knebelt sie und führt sie zu den Röhren, weil er die Idee hat, sie an die heißen Röhren zu drücken. Er fügt ihr so Verbrennungen an der Schulter zu, schlägt sie dann mit einem Riemen und bringt sie wieder in sein Auto. Wieder fährt er eine lange Zeit mit ihr durch die Gegend, hält schließlich an einer Quelle und tötet sie dort auf die gleiche Weise wie die anderen Mädchen. Diesmal wirft er seine blutbefleckten Kleider nicht fort, sondern läßt sie in seinem Wagen liegen, «damit endlich alles rauskommt».

Der begutachtende Eberhard Schorsch betont in seiner Interpretation dieses Falles die gefühlsmäßige Leere und vollständige Abwehr von zwischenmenschlichen Beziehungen. Mit ihm fragen wohl alle, wie kann eine solche Beziehungsleere, eine solche schwere sadistische Deviation einen Menschen befallen, gerade wenn man bedenkt, daß alle Geschwister im Leben gut zurechtkommen und offenbar keine schweren psychischen Störungen haben? Andere konstitutionell-biologische Faktoren wie ein frühkindlicher Hirnschaden konnten ausgeschlossen werden.

Die schwere Persönlichkeitsstörung kann vielleicht dadurch erklärt werden, daß der Täter Angst hat, durch eine Beziehung sein Selbst zu verlieren, und es ihm nur gelingt, in der sadistischen Phantasie und Aktion sich selbst zu erleben (Wiederbeleben eines archaischen Größenselbst, indem er über andere verfügt). Nur in der sadistischen Deviation hat er das Gefühl, vollständig zu sein[3], nur nach einer Tat kann sich sein Ich einigermaßen stabilisieren, kann er eine gewisse Zeit angstfrei leben. Damit die heftigsten archaischen Impulse nicht das Ich bedrohen, werden sie abgespalten, an die Sexualität gekoppelt und unterstehen nicht mehr den Kontrollen des Ich.

Es ist verständlich, daß Juristen und Öffentlichkeit solchen erklärenden Betrachtungsweisen nicht folgen können und wollen. Ein Urteil über die Verantwortlichkeit des Handelns ergibt sich jedoch keineswegs zwangsläufig durch einen solchen psychodynamischen Erklärungsversuch. Die forensische Beurteilung der Schuldfähigkeit sollte jedoch heute im Angesicht dieser Erkenntnisse differenzierter ausfallen.

Besonders bekannt und vielfach publiziert wurden die Taten des Münchner Sexualmörders Eichhorn und des Düsseldorfer Massenmörders Kürten. Eichhorn beging in den dreißiger Jahren in München ca. hundert Notzuchtverbrechen und fünf bestialische Lustmorde. Auf brutalste Weise sprang er zufällig des Weges kommende Frauen blitzartig und wortlos an die Kehle und zwang sie mit vorgehaltener Pistole zur Duldung des Geschlechtsverkehrs. Eichhorn brauchte immer mehr die Gewaltanwendung als Mittel zur Luststeigerung, bis schließlich Tötung und Verstümmelung des Opfers zum sadistischen Gipfelpunkt seiner sexuellen Raserei wurden. Der «klassische» Lustmörder Kürten hat angesichts seiner umfangreichen Verbrechensserie (neun Morde, vierundzwanzig gewürgte Opfer) ebenfalls das Interesse mehrerer Untersucher gefunden. Kürten lernte seine Opfer durch Ansprechen auf ruhige Art kennen, und erst im Zuge einer scheinbar normalen erotischen Annäherung würgte, erstach oder erschlug er die Frauen plötzlich anstelle des Geschlechtsverkehrs, um zu einem Orgasmus zu kommen.

Nicht selten werden Lustmorde auch von homosexuellen Tätern an Knaben verübt. Die im Rahmen sadistischer Luststeigerung getöteten Opfer zeigen charakteristische Verletzungen der Genitalregion oder umfangreiche Zerfleischungen, die über den Tötungszweck hinausgehen. Die Tötungen stellen hier ebenfalls den planmäßigen Höhepunkt oder ein sexuelles Äquivalent homoerotischer Sexualhandlungen dar.

Besondere Berühmtheit erreichte in der Fachliteratur der vierundzwanzigfache Knabenmörder Fritz Haarmann aus Hannover. Oder der Metzgergeselle Jürgen Bartsch, der in einem alten Luftschutzbunker vier Kinder zu Tode gefoltert hat. Visionäre und missionarische Tätertypen gehören in die Gruppe der psychotischen Menschen.

Serientriebtäter verfügen in der Regel über einen relativ hohen Intelligenzgrad, der es ihnen ermöglicht, lange ihren todbringenden Triebdruck nach außen zu verschleiern. Mit raffinierter Logistik planen sie ihre Anschläge.

Das Sexualdelikt ist aber nicht zwangsläufig an eine solche Persönlichkeitsentwicklung gekoppelt. Viele Menschen leiden unter von der Norm abweichenden Sexualwünschen, können diese jedoch durch Willenskraft bändigen und sich sozial unauffällig verhalten. Es gelingt ihnen, ihre pathologischen Phantasien zu verarbeiten, ohne sie in die Realität umzusetzen.

Ich bin in diesem Kapitel den Ausführungen von Eberhard Schorsch und Nikolaus Becker so eingehend gefolgt, weil in diesem gescheiten Buch das Wissen vieler Psychiatergenerationen aufgearbeitet und größtenteils revidiert wird. Ich kann es mir deshalb ersparen, auf die in unserem Sprachraum früher so wichtigen Publikationen von Freud[4], Hirschfeld[5], von Hentig[7], Giese und von Gebsattel[8,9], von Krafft-Ebing[6], Paul Dost[11] und Steffen Berg[10] näher einzugehen.

Zusammenfassend sei noch einmal darauf hingewiesen, daß im eigentlichen Lustmord der Täter seine sexuelle Befriedigung allein in der Tötung selbst findet; diese ersetzt ihm den Koitus. Es geht dem Täter nicht um Grausamkeit an sich, sondern um die totale Unterwerfung des Opfers.

Beim «Lustmord» handelt es sich um den Endpunkt einer sadistischen Täterpersönlichkeit. Nicht selten begannen die Täter ihre «Laufbahn» mit Tierquälereien, Mißhandlungen, Notzucht. Wie bei einer Sucht werden immer stärkere Reize notwendig, um den Orgasmus auszulösen. Die Tötung des Opfers im Rahmen einer Vergewaltigung bei Überwindung der Abwehr ist auch als letzter Exzeß im Zuge einer sadistischen Sexualorgie nicht als «Lustmord», sondern allgemeiner als «Sexualmord» einzustufen.

Literatur

1 Schorsch, E./N. Becker: Angst, Lust, Zerstörung. Sadismus als kriminelles Handeln. Zur Psychodynamik sexueller Tötung, Reinbek 1977.
2 Hunt, M.: Sexual Behaviour in the 1970s, New York 1970.
3 Morgenthaler, F.: Die Stellung der Perversionen in Metapsychologie und Technik, in: Psyche 12, 1077 (1974).
4 Freud, S.: Drei Abhandlungen zur Sexualtheorie. Ges. Werke, Bd. V, Frankfurt 1964.
5 Hirschfeld, M.: Sexualpathologie, Bonn 1921.
6 Krafft-Ebing, R. von: Psychopathia sexualis, Stuttgart 1924.

7 Hentig, H. von: Morde auf kannibalistischer Grundlage, in: Kriminalistik 10, 1957.
8 Giese, H.: Die Sexualität des Menschen. Handbuch der medizinischen Sexualforschung, Stuttgart 1955.
9 Gebsattel, Fr. von: Psychopathologie der Sexualität, in: Die Sexualität des Menschen, ebd.
10 Berg, S.: Das Sexualverbrechen, Hamburg 1963.
11 Dost, P.: Die Psychologie der Notzucht, Hamburg 1963.

16. Kapitel

Orgien, Satanssekten, schwarze Messen

Gewaltphantasien, sagen die Berliner Psychologinnen Constanze Lawrenz und Patricia Orzegowski [1] in ihrem Buch «Das kann ich keinem erzählen», sind Wünsche nach Kontrollverlust. Daß manche Frauen Lust durch Unterwerfung erfahren, daß sie von Gewalt und Demütigungen träumen, ist eine Tatsache. Auch wenn Feministinnen versuchen, ihnen ein schlechtes Gewissen zu machen, immer mehr Frauen bekennen sich zu lustmachenden Unterwerfungsphantasien. Trotzdem gehorcht der Ablauf von wilden Partys und Orgien den sexuellen Wünschen der Männer und ist für die meisten Frauen ein Alptraum, auch wenn sie sich dem Handlungsablauf unterwerfen.

In der kollektiven Erregung einer Orgie legen die Teilnehmer ihre Individualität ab und lassen sich von Emotionen leiten. Sie wollen nicht die Verantwortung für das übernehmen, was da in überreizter Zusammenballung abläuft.

Die Teilnehmer einer Orgie lassen sich fallen, regredieren, fühlen sich in der Trance einer transzendentalen Macht ausgeliefert. In der Ekstase empfinden sie die reine Lust ohne die ihnen lästigen Pflichten der Liebe. Man will sich und den anderen nur Lust machen. Deshalb werden diese Zusammenkünfte von Außenstehenden immer als unmoralisch empfunden.

Von Natur aus widerspricht diese Form der sexuellen Erregung zutiefst weiblichem Empfinden, weil sie die liebevolle Zuneigung ausklammert, weil sie die Gefühlsentwicklung einer Liebesbeziehung wegläßt.

Die Anwendung der Gewalt während einer Orgie will allerdings kein wirkliches Leiden provozieren [2], sie ist nicht haßerfüllt. Zerstört werden soll nicht die andere Person, sondern die wohlstrukturierte herkömmliche Liebesbeziehung. In der «Geschichte der O.» von Pauline Réage[3] zwingt der animalische Mann die unterwürfige Frau, die als Sexobjekt auf dem Boden zu kriechen und den Sexualakt mit zahlreichen Männern zu wünschen hat, zu allen kaum vorstellbaren Erniedrigungen. Trotz kultureller Sublimierung lebt der rebellische, sadistische Anteil der Erotik in uns weiter; in der «Geschichte der O.» werden unsere kühnsten Träume erfüllt. Was wir in der Realität nicht zu denken wagen, wird offen dargestellt: die Entfesselung der Lust. Wir dürfen zusehen, wie die angekettete Frau ausgepeitscht und gepeinigt wird, was aber nicht ihre Haut verletzt, sondern ihr offenbar ebenfalls tiefste Lust verschafft.[4]

In neueren Untersuchungen weisen Psychologen und insbesondere Psychologinnen[5,6,7] darauf hin, daß sich tatsächlich viele Frauen an masochistischen Unterwerfungsphantasien sexuell erregen, jedoch im realen Leben diese Unterwerfung nicht wünschen. Da die Wirklichkeit meist keine entfesselte Leidenschaft zuläßt, wird diese in die geheimsten Träume verlagert. Im Traum darf der Mann sie brutal nehmen, weil sie ja nicht wirklich ausgeliefert ist wie zum Beispiel bei einer Vergewaltigung.

Den Schritt aus den Phantasien in die Wirklichkeit, in die Ekstase einer wilden Orgie wünschen und wagen die wenigsten Frauen. Aber dort können sie sich fallenlassen, können sie Grenzen überschreiten, ohne Verantwortung für das Geschehen übernehmen zu müssen.

Diese Gedanken passen natürlich in keiner Weise in das Selbstbild einer unabhängigen Frau. Auch diejenigen, die ihre Träume in die Tat umsetzen, behalten ein äußerst gespaltenes Gefühl zu dem wilden Rausch der Unterwerfung. Ihren Wunsch nach Unabhängigkeit und Anerkennung fühlen sie bedroht. Nur ganz wenige können die Sexualhandlungen einschlägiger Zirkel genießen, viele leiden unter Scham- und Schuldgefühlen.

Die Psychologie versucht die lustvoll erlebte Unterwerfung damit zu erklären, daß die Frauen jahrhundertelang zur unterwürfigen Anschmiegsamkeit erzogen wurden. Dieser Gedankengang kann jedoch nicht befriedigen. Vermutlich steckt dahinter eine leidenschaftliche Begierde, ein tradiertes Verhaltensmuster, die Sehnsucht nach einer Sexualität, die die derzeitige Partnerschaft nicht befriedigen kann.

Die Bilder von Gewalt und Unterwerfung bedeuten nicht, daß

man real gedemütigt werden, sondern daß man die eigene Lust zulassen möchte, aber keine anderen Bilder als die des Beherrschtseinwollens zur Verfügung hat.

Die Sexualität ist bei Frauen, noch mehr als bei Männern, mit Verbotenem und Unanständigem behaftet. Diese tabuisierten, angstmachenden Lustgefühle kann man leichter ausleben und zulassen, wenn ein anderer, ein Stärkerer einen dazu zwingt. Dann hat man ja keine «Schuld». Für seine Phantasien kann man nichts, und während einer Orgie verliert man die Kontrolle über sich. Nur so kann man die Moral umgehen, kann Lust zulassen und Ängste kompensieren. Historische Ventile waren zum Beispiel die Heilige Hochzeit und die Tempelprostitution.

So wie dem Süchtigen normales Glück nicht Glück genug ist, so hat auch der Mensch, der Orgien braucht, im normalen Leben immer das Gefühl, daß noch irgend etwas fehlt, daß noch eine Steigerung möglich ist. Nur die Ekstase kann sein Bedürfnis zufriedenstellen, kann sein Bewußtsein erweitern, sein emotionales Erlebnis steigern. In der Ekstase findet er/sie die Möglichkeit, die kulturellen Dimensionen zu sprengen, auch wenn die Beteiligten spüren, daß dieses «gesteigerte» Leben auch Selbstzerstörung (wie bei der Sucht) ist.

Als Fallbeispiel dient uns der gemäß Aussage des Eichborn-Verlages authentische Bericht der Ricarda S.[8,9].

Fall 35

Die fünfzehnjährige Kölner Schülerin Ricarda S. lernt in den großen Ferien an der Achterbahn auf der Domkirmes den zehn Jahre älteren Krischan kennen. Sie ist sofort begeistert von dem Typen, der Bier auf «ex» trinkt, Rothändle raucht und «Hosen mit Schlag» trägt.

Krischan taucht bald im «Falken»-Heim an der Stettiner Straße, dem Treffpunkt der Clique, auf und kommt eines Tages auf das Thema «Übernatürliches» zu sprechen. Er erzählt von paranormalen Kräften, von Dämonen und Geistern, von Schicksalsbeeinflussung und spiritistischen Sitzungen und schlägt der Clique vor, im nahen Birkenwäldchen seine Kräfte zu demonstrieren. Dort malt er geheimnisvolle Zeichen auf den Waldboden, murmelt Unverständliches und hat plötzlich Blut an der Hand. Dann versetzt er Ricarda in Trance und erklärt ihr anschließend, das sei keine einfache Geisterbeschwörung gewesen, sondern eine Anrufung Satans, dessen Dienerin sie nun sei. Sie hat große Angst, ist aber gleichzeitig stolz, auserwählt zu sein.

Krischan nimmt Ricarda mit nach Hause in ein Zimmer mit Totenschädel, Peitsche, Papstbild, Kreuz und Kerzenständer. Ricarda ist total fasziniert und wundert sich nicht über den Befehl, sich auszuziehen. Sie wird auf der Matratze so zurechtgelegt, daß ihre Arme und Beine auf die Kerzenständer ausgerichtet sind, und mit einem einzigen gewaltigen Stoß dringt der Mann in sie ein. Schmerz und Blut erschrecken sie sehr. Krischan sagt: «Das war ein Dienst am Satan, auch du bist jetzt auserwählt.» Liebe gäbe es nicht, der Satan fordere nur Haß.

Ricarda vernachläßigt Schule und Freunde, und beginnt sich für Pendeln, Psi und übersinnliche Kräfte zu interessieren. Sie wird Zeugin einer «Ferntötung» und findet Zugang zu Krischans Wohngemeinschaft, die Schwarze Magie praktiziert. Die geschminkten Gesichter, die dunkle Kleidung, die geheimnisvolle Atmosphäre, die unheimliche, psychedelische Musik sowie Gespräche über Magie, Astralreisen, Pendeln, über Macht und Okkultismus faszinieren sie. Sie erfährt auch, daß die Gruppe für «Satan» Überfälle begeht und Menschen zusammenschlägt, Pistolen hat und rohes Fleisch ißt.

Schließlich darf sie mit zur schwarzen Messe, die im Keller der Wohngemeinschaft, in der «Hölle», regelmäßig gefeiert wird. Sie bekommt einen schwarzen Talar mit großer Kapuze, darf die Opferschale halten, während einem Huhn der Kopf abgeschnitten wird.

An ihrem achtzehnten Geburtstag zieht Ricarda kommentarlos zu Hause aus. Sie wird nun offiziell in den magischen Zirkel aufgenommen, nachdem sie auch mit den anderen Gruppenmitgliedern geschlafen hat. Auch sie muß ein Opfertier, ein schwarzes Kaninchen schlachten und das Blut aus der Opferschale trinken. Ricarda wird offiziell Hohepriesterin des Satans und ist wie von Sinnen, als sie spürt, daß durch die Orgien, die Drogen, das Trinken und den andauernden Geschlechtsverkehr mit wechselnden Partnern alle Schranken und Grenzen fallen.

Schließlich wird Ricarda zur gestrengen Domina auf den sogenannten Show-Messen, auf denen sie in schwarzer Korsage, engen Satinhosen, nach außen umgedrehtem Hunde-Stachelhalsband, mit Reitpeitschen, Rohrstöcken, Ketten, Arm- und Beinfesseln zahlende Männer voll Lust und Haß quält und schlägt. Schließlich wird sie schwanger. Der Gynäkologe, einer ihrer «Kunden», mißbraucht sie, bevor er die Abtreibung ohne Narkose vornimmt.

Ricarda möchte aus der Gruppe ausbrechen, doch man versucht, ihren Widerstand zu brechen. Sie wird geprügelt, unter Drogen gesetzt und immer wieder vergewaltigt. Sie wird drei Monate in einem Zimmer gefangengehalten und ist schließlich nur ein körperliches und seelisches Wrack. Eines Tages gelingt ihr die Flucht. Sechs Wochen lang wird Ricarda in einem Aachener Krankenhaus wegen einer schweren Unterleibsentzündung, dann auf der Psychiatrie wegen Halluzinationen und Angstzuständen behandelt. Schließlich wird sie nach Hause zu ihren Eltern entlassen, geht wieder zur Schule und macht das Abitur nach, um Jura zu studieren.

Doch sie kommt wieder ins Schleudern, arbeitet wieder in einem Domina-Studio, wird noch mal schwanger. In diesem Zustand wird sie von einem Mitglied der ehemaligen Clique entdeckt, zusammengeschlagen, wird in den Bauch getreten, erleidet eine Fehlgeburt und verblutet fast. Im Krankenhaus erfährt sie erstmals durch eine ältere krebskranke Mitpatientin menschliche Wärme und Zuneigung. Sie erfährt, daß sie durch Zuschlagen ihre Angst nicht verlieren kann. Sie lernt, die Angst vor dem Alleinsein, die Angst, nichts wert zu sein, die Angst vor den eigenen Gefühlen auszuhalten. Sie will jetzt gesund werden.

Die Aggressionsforscher sehen in der Machtausübung eine Reaktion auf Angst. Jede Hierarchie ist ein Produkt aggressiven Verhaltens. In der Orgie und der Ekstase wird durch rauhe Spiele, durch erhöhte Reizbarkeit, Kämpfe, Zufügen von Körperverletzungen körperliche Energie verbraucht und damit Aggression abgeleitet.

Die Steigerung des sexuellen Erlebens in der Orgie ist meistens mit Unterwerfung und Gewaltanwendung verbunden. Einschränkend muß man allerdings sagen, daß die rituellen Handlungen die Beteiligten oft nicht körperlich oder psychisch kränken. Es neigen jedoch Menschen zu sadistischen und masochistischen Handlungen[10], die von wirklichen, gefühlvollen menschlichen Begegnungen ausgeschlossen sind und im «Schmerz einen Ersatz für die Erschütterung»[11] suchen. Gefühlsregungen, Zärtlichkeit und Erotik gibt es hier nicht. Durch das Ritual werden Aggressionen, Zerstörungsgelüste und Unterwerfungswünsche jedoch in Grenzen gehalten, und es kommen in aller Regel keine ernsthaften Verletzungen vor.

Das Ausleben einer ausschweifenden Sexualität in gewissen Zirkeln hat, wenn auch keine therapeutische Funktion (da die Ursache der Störung nicht behoben wird), so doch eine entlastende, da hierdurch vermutlich Gewalttaten an unschuldigen Opfern verhindert werden. Es muß davon ausgegangen werden, daß die Initiatoren solcher Veranstaltungen meistens Männer sind und Frauen nicht selten mit mehr oder weniger Druck zur Teilnahme gezwungen werden oder sich aus finanziellen Interessen beteiligen.

Da Außenstehende normalerweise keinen Zugang zur sadomasochistischen Subkultur haben, ist über die Inszenierung der Dominanz-Unterwerfungs-Verhältnisse nicht allzuviel bekannt. Wie schon erwähnt, werden die Themen Lehrer/Schüler, Domina/Sklave, Folterer/Gefangener, Vergewaltiger/Opfer, aber auch «Hinrichtungen», Schlagen, Auspeitschen, Beschimpfen, Fesseln bevorzugt durchgespielt.

Oft dienen die exklusiven Folterkammern nur der Inszenierung obengenannter Herr-Knecht-Situationen. Sehr häufig fließen aber auch pseudoreligiöse Momente in den Ablauf von Orgien, von Satanssekten, schwarzen Messen ein.

Der Bereich des Religiösen war schon immer von Martern und Qualen erfüllt. Der Anblick von Blut hat bereits die frühen Götter berauscht. Götter verlangten angeblich nach abgeschlachteten Opfern, nach bei lebendigem Leib herausgerissenen Herzen. Jungfrauen boten in ekstatischen Visionen ihre Unschuld dar.

Die heilige Teresa von Avila schildert zum Beispiel mit überschwenglicher Lust den Angriff der tötenden Engel[12]: «Zu meiner Linken sah ich einen Engel in körperlicher Gestalt. Er hielt einen Pfeil in seiner Hand, der aus Gold war und an seiner Spitze wie ein glühendes Feuer brannte. Mir schien es, als ob dieser Pfeil mehrere Male in mich eindringe, und jedesmal, wenn ihn der Engel zurückzog, verwundete er damit meine Eingeweide und ließ mich im Feuer einer so großen Gottesliebe zurück, daß ich unter der Gewalt dieses Brandes laut schreiend zu Boden stürzte.»

Viele religiöse Fanatiker glaubten, durch Folter die Seele der Sünder zu retten, riefen zu Kreuzzügen auf, segneten Schlachten, Gewalttaten, Brände im Namen eines rächenden Gottes ab.

Daß Orgien auch heute noch in brutalsten Bluttaten enden können, zeigt der bizarre Mord im Rausch an Sharon Tate, der Ehefrau des Regisseurs Roman Polanski, durch die Sekte von Charles Manson. Zum Schick gehörte damals – nicht nur in Hollywood – das Mystische und Okkulte. Sekten hatten Hochkonjunktur. Geheimnisvolle Drinks, Drogen und psychedelische Musik waren «in» bei den schwarzen Messen. Die Gerichtsverhandlung brachte Einzelheiten über die psychotischen Obsessionen und die rituellen Morde der Sektenmitglieder ans Tageslicht. Manson hatte die Mitglieder seiner «family», vorwiegend junge Frauen, durch Drogen und Schwarze Magie einer Art Gehirnwäsche unterzogen und sie in sexuelle und ökonomische Abhängigkeit gebracht. Mit aus dem Zusammenhang gerissenen Bibel- und Beatleszitaten ließ er sich zum okkulten Messias hochstilisieren. Er ließ sich aber auch gerne «Satan» nennen, schickte die Mädchen zur Prostitution, zum Stehlen, schließlich zum Morden.[13]

Da das Sexualverhalten des Menschen, wie wir im vorangehenden Kapitel gesehen haben, nicht von einem Instinkt, sondern von einer Vielzahl sozialer Einflüsse geprägt ist, gibt es die eigentümlichsten, oft niemanden schädigenden sexuellen Neigungen. Probleme für Menschen mit von der Norm abweichendem Sexualverhalten entstehen oft erst, wenn die Gesellschaft, der Staat reglementierend eingreift. In allen Kulturkreisen werden Menschen verfolgt, diffamiert, weil ihre sexuellen Handlungen von der Norm abweichen. Doch der Mensch ist nun mal auf Gemeinschaft und Gesellschaft angewiesen. Deshalb muß Abnormes notgedrungen Konflikte hervorrufen.

Eine rechtliche Beschränkung durch Strafe ist nur dann einzusehen, wenn die Sexualhandlungen gegen den Willen eines Partners erfolgen. Auch die abenteuerlichsten Sexualpraktiken, die im privaten Rahmen geschehen, sollten keine Berechtigung für ein Einschreiten staatlicher Strafgewalten geben. Solange diese Menschen niemand Schaden zufügen, sollte man sie gewähren lassen. Aber wer lebt schon im beziehungslosen Raum?

Nicht nur für Sadisten, Perverse hat die hier besprochene Thematik eine enorme Anziehungskraft. Bücher und Filme wie «die Geschichte der O.» werden Kassenschlager. Aggressivität und Sadismus, viele perverse Praktiken sprechen auch viele normale, keineswegs deviante Menschen an, ob wir das nun wahrhaben wollen oder nicht. Die zahlreichen emotionsgeladenen Proteste verschiedener Organisationen, insbesondere der Frauenverbände, zeigen jedoch, als wie bedrohlich von einigen diese Formen der Sexualität empfunden werden.

Die Gefahr, solche Praktiken gesellschaftlich zu legitimieren, liegt nicht nur in der möglichen Entwürdigung der Frau, sondern allgemeiner darin, daß ohnmächtige, schutzlose, abhängige Menschen von allmächtig Herrschenden durch Brutalität und Sadismus unterdrückt werden dürfen. Je mehr einzelne oder Gruppen den Kontakt zur sozialen Umwelt verlieren, um so stärker wird die Tendenz zur Aggressivierung der Sexualität.

Eine archaische Destruktivität gehört gemäß Eberhard Schorsch[14] zur ursprünglichen biologischen Ausstattung des Menschen. Nur wenn es den Eltern gelingt, durch ausgleichende Zuwendung, besonders in den ersten beiden Lebensjahren, die Destruktivität in soziale Antriebe umzuformen, wird dem Menschen im späteren Leben ein zufriedenes Geben und Nehmen in einer Beziehung möglich sein. Aber das ist natürlich keine Garantie.

Literatur

1 Lawrenz, C./P. Orzegowski: Das kann ich keinem erzählen. Gespräche mit Frauen über ihre sexuellen Phantasien, Darmstadt 1988.
2 Alberoni, F.: Erotik. Weibliche Erotik, männliche Erotik – was ist das? München 1987.
3 Réage, P.: Die Geschichte der O., Reinbek 1977.
4 Bataille, G.: Der Heilige Eros, Berlin 1974.
5 Schwieren-Höger, U.: Lust durch Unterwerfung, in: Cosmopolitan 33–38, 3/1989.
6 Geissler, S.-A.: Zum Glück gequält, in: Cosmopolitan 5, 30–40, 1989.
7 Heigl-Evers, A./B. Weidenhammer: Der sogenannte «feminine Masochismus» und die masochistische Bewältigung von Bedrohungsreizen, in: Forum Psychoanal. 3, 193–204, 1987.
8 Ricarda, S.: Satanspriesterin, Frankfurt/Main 1989.
9 Ricarda, S.: Die Braut Satans, in: Wiener 25–33, 3, 1989.
10 Sade, M. de: Justine oder die Leiden der Tugend, 1904.
11 Beauvoir, S. de: Soll man de Sade verbrennen? Reinbek 1983.
12 Villeneuve, R.: Martern und Religion, in: Grausamkeit und Sexualität, Berlin 1988.

13 Huhnke, B.: Vor zwanzig Jahren im Blutrausch der Sekte getötet, in: Die Rheinpfalz, 8. August 1989.

14 Schorsch, E./N. Becker: Angst, Lust, Zerstörung. Sadismus als soziales und kriminelles Handeln. Zur Psychodynamik sexueller Tötung, Reinbek 1977.

17. Kapitel

Grenzfälle zur Vergewaltigung und Provokation

Wird eine Frau hinterhältig von einem ihr fremden Mann überfallen und vergewaltigt, so ist die Situation in der Regel kriminalistisch und juristisch klar. Es gibt aber auch Fälle, wo der Frau eine gewisse Mitschuld beim Zustandekommen der Tat anzulasten ist. Diese Feststellung hat nichts mit typisch männlicher sexistischer Einstellung und versuchter Entschuldigung des Täters zu tun, wie manche Feministinnen meinen. Nimmt zum Beispiel eine junge Frau im Anschluß an einen Discothekenbesuch nach kurzem Kennenlernen einen ihr sonst fremden Mann mit in ihre Wohnung und tauscht sogar noch Zärtlichkeiten mit ihm aus, so ist diese Leichtsinnigkeit nur als Provokation zu verstehen.

Oft wird dabei Alkohol getrunken, und der Mann deutet die Abwehr vor dem eigentlichen Sexualkontakt als bloßes Zieren und meint, die Frau tue nur so, in Wirklichkeit wolle sie schon «genommen werden». Auch das Zulassen der Begleitung, sei es zu Fuß oder im Auto, wird oft von Männern mißdeutet. Aufreizende Kleidung und Gestik, die Unterhaltung über sexuelle Themen usw. lassen nicht selten den Mann folgern, die Frau wolle das gleiche wie er.

Wenn dann zudem die Frau erst am nächsten Vormittag zur Polizei kommt und Anzeige erstattet, wird sie es schwer haben zu beweisen, daß sie in Wirklichkeit den Geschlechtsverkehr nicht wollte. Man muß nicht unbedingt blaue Flecken vorzeigen können, um eine Vergewaltigung zu beweisen, aber es gibt Fälle der Verführung, bei denen der Tatbestand der Vergewaltigung oder der sexuellen Nötigung kaum zu beweisen ist. Die klare Beurteilung von Grenzfällen ist sehr schwer, da man immer noch davon ausgeht, es gehöre zur Natur der Frau, daß sie den passiven Part beim Sexualakt übernimmt und mit einem gewissen Druck umworben werden möchte. Der gesunde

Menschenverstand sollte Frauen davor bewahren, sich in Situationen zu begeben, wo ein Hinübergleiten in den Geschlechtsverkehr vorhersehbar ist. Besonders unerfahrene junge Mädchen können durch ihr Verhalten den Partner provozieren.

Damit keine Mißverständnisse aufkommen: Natürlich sind diese Fehleinschätzungen der Situation durch den Mann nicht entschuldbar, und natürlich ist es seine Pflicht, das Stop der Frau zu respektieren, auch wenn sie sich vorher noch so entgegenkommend und aufreizend gegeben hat!

Der beste Schutz ist die Öffentlichkeit, gerade auch bei geschlechtsbetonten Annäherungen in Discotheken oder Tanzlokalen. Sobald man sich mit dem Partner in Einsamkeit begibt, beginnt die Gefahr.

Der verführende Tätertyp ist natürlich ein ganz anderer als der, der einen brutalen Angriff aus dem Hinterhalt führt. Das sind keine «Verbrechertypen», und vor Gericht stellen sich diese Männer oft als gesittete, ordentliche junge Menschen heraus.

Fall 36

Auf einem vielbesuchten Konstümfest lernte Herr F. eine nette «Spanierin» kennen und wich die ganze Nacht nicht mehr von ihrer Seite. Nachdem beide reichlich Wein und Sekt getrunken hatten, willigte die junge Frau gegen vier Uhr früh darin ein, Herrn F. in seinem Auto noch zu einer Tasse Mokka in seine Junggesellenwohnung zu begleiten. Dort wurde auf dem weichen Teppich zu einer argentinischen Tangomusik weitergetanzt und zwischendurch immer wieder Likör getrunken. Da es den beiden zu warm wurde, entledigte man sich der Oberbekleidung und legte sich zum Genuß des Kaffees auf die Couch. Als Herr F. seine Begleiterin bat, sich doch wegen der Hitze ganz zu entkleiden, kam sie auch diesem Ersuchen unbedenklich nach, erklärte ihm aber, daß er sich anständig zu verhalten habe, daß sie ihm außer den gern gegebenen Faschingsküssen nichts weiter gewähren würde. Herr F. hielt seine Begleiterin für deutlich alkoholisiert und «machte sich nichts aus diesen Sprüchen». Als er auf Widerstand stieß und die junge Frau sich durch Kratzen und Beißen zur Wehr setzte, verwunderte ihn das zwar, konnte ihn aber von seinem Plan, die begehrenswerte Frau ganz zu erobern, nicht abbringen. Trotz Widerstands durch die Frau kam es schließlich zum Geschlechtsverkehr. Danach erfrischte man sich gemeinsam durch eine Flasche Fachinger und trennte sich anscheinend in bestem Einvernehmen. Die «Spanierin» erstattete jedoch sofort nach Verlassen der Wohnung des Mannes Anzeige wegen Vergewaltigung.

Herr F. wurde wegen Notzucht unter Zubilligung mildernder Umstände zur Mindeststrafe mit Bewährungsfrist verurteilt.

Fall 37

Die dreiundzwanzigjährige Hausgehilfin Annette K. befand sich nach ihrer Schilderung in der Dunkelheit auf dem Heimweg von N. zum Forsthaus, als sie plötzlich von einer Taschenlampe angeleuchtet und von einem Mann aufgefordert wurde, stehenzubleiben. Auf die Frage von K., was er denn von ihr wolle, antwortete der Mann, er wolle mit ihr schlafen, und ergriff sie am Arm. Unter Bedrohung mit einem Messer habe er sie in den Wald gezogen und dort vergewaltigt. In späteren Vernehmungen gibt K. aber zu, daß der Mann sich, nachdem er ihr die Hose ausgezogen habe, verkehrt auf sie gelegt, an ihren Genitalien gespielt und geleckt habe. Es sei schließlich zu einem oralen Koitus gekommen. Anschließend habe der Mann noch den normalen Verkehr vollzogen, nachdem sie auf sein Drängen hin an seinem Geschlechtsteil gespielt und gerieben habe. Der Verkehr habe ihr selbst einen geschlechtlichen Genuß bereitet und habe sie sogar zum Stöhnen veranlaßt. Die Tat habe eine halbe Stunde gedauert, und auch wenn der Mann ihr fremd war und vielleicht ursprünglich einen gewaltsamen Beischlaf durchführen wollte, sei sie schließlich so gereizt gewesen, daß sie nicht nur dem Verlangen des Mannes nachgab, sondern mit dem Verkehr vollkommen einverstanden war. Die Anzeige sei erfolgt, um vor ihrer Herrschaft das späte Heimkommen und die verschmutzte Kleidung zu entschuldigen.

Fall 38

Ein sechsundzwanzigjähriger Abteilungsleiter einer Firma, der bei seinen in der Abteilung arbeitenden Frauen zum Teil nicht sehr beliebt war, wird von einer Frau dadurch zum Beischlaf verleitet, daß diese ihn nicht nur durch Worte reizt, sondern, als sie nach Dienstschluß allein mit ihm im Büro ist, ihn durch ihr entgegenkommendes Verhalten zum Geschlechtsverkehr lockt. Der Abteilungsleiter fällt auch prompt darauf herein und führt im Büro den Beischlaf mit der

Frau aus. Danach erstattet die Arbeiterin Anzeige wegen Notzucht mit der Behauptung, sie sei vergewaltigt worden. Das Motiv für diese Anzeige war, wie sich in der Hauptverhandlung herausstellte, lediglich das Bestreben, diesen Abteilungsleiter ins Gefängnis zu bringen. Sie wollte sich dadurch für schlechte Behandlung rächen. Die Frau mußte in ihrer Vernehmung zugeben, daß sie im Grunde genommen mit allem einverstanden gewesen sei und daß ihre «Aussage infolge der Vorfälle im Betrieb so ausgefallen sei, um den Angeklagten, wenn möglich, dadurch zu schädigen».

Der Verteidiger eines der Vergewaltigung angeklagten Mannes sieht es als seine Aufgabe, das tatfördernde Verhalten des Opfers herauszustellen. Hiermit entlastet er den Täter, entbindet ihn von einem Teil seiner Verantwortung für die Tat. Je größer die «Mitschuld» der Frau, um so weniger Schuld für den Täter. Für einen geschickten Rechtsanwalt ist es oft nicht schwer, das Verhalten der Frau als tatfördernd zu skizzieren, die provozierenden Momente herauszustellen. Sie habe nicht deutlich genug auf die ersten Annäherungsversuche reagiert, sie habe sich bewußt oder unbewußt in eine riskante Situation begeben. Dem Täter wird entschuldigend zugute gehalten, daß er seinen Geschlechtstrieb nur sehr schwer unter Kontrolle bringen könne, daß er, durch das Opfer erst einmal angeheizt, nicht mehr aufzuhalten gewesen sei und die sexuelle Spannung nach gegebenenfalls auch gewaltsamer Lösung gedrängt habe.[1, 2, 3]

In vielen Fällen kommt es dann überhaupt nicht zu einer Gerichtsverhandlung, und wenn, hat der Täter eine große Chance, nicht verurteilt zu werden. In Deutschland werden ein Drittel aller angeklagten Vergewaltiger freigesprochen. Für viele Juristen ist der Tatbestand der Provokation für eine Vergewaltigung geradezu typisch. Hanack[4] schreibt: «Häufig ist aber die Situation so, daß die Frau den Angriff in erheblicher Weise provoziert hat bzw. dem Täter sogar in ihrem Verhalten sexuell entgegengekommen ist; daß eine Frau gegenüber dem Werben des Mannes mit ihrem Widerstand spielt, kann als eine typische Gegebenheit angesehen werden.» Amir[5] behauptet sogar – allzu zynisch und vereinfachend –: «In gewisser Hinsicht ist das Opfer immer die Ursache des Verbrechens.»

Mit Recht laufen feministische Frauenverbände Sturm gegen diese Unterstellungen. Der Frau könne nicht zur Last gelegt werden, die für den Täter günstige Tatsituation gefördert zu haben, wenn der Täter diese Situation wohlüberlegt und durch bewußte Täuschung des Opfers herbeigeführt habe.

In der Literatur werden etwa 20 Prozent der untersuchten Vergewaltigungsfälle als provozierte Vergewaltigungen eingeordnet. Die Frage ist zunächst, ob es berechtigt ist, eine anfängliche erotische Annäherung der Frau als Provokation zu bezeichnen. Zweitens, ob denn der Mann allein daraus, daß die Frau ihm von Anfang an nicht energisch Widerstand bot, ableiten kann, er könne sie «besitzen». Das passive, zurückhaltende Sexualobjekt Frau wird verantwortlich gemacht für die Grenze, die sie dem aktiv drängenden Mann steckt. Setzt sie diese Grenze zu spät, so wird ihr Provokation vorgeworfen. Der Frau wird vorgehalten, sie habe die Gefährlichkeit der Situation unterschätzt, sie habe zugelassen, daß der Mann die von ihr gesetzte Grenze überschritten habe. Sie habe versagt, weil sie zu lange mit ihrem Widerstand gezögert habe. Die Frau wird verantwortlich gemacht für ihr Handeln, für sein Handeln, für seine Interpretation ihres Handelns, für alles, was ihm eine Entschuldigung liefern könnte.

Wie ich bereits in dem Kapitel «Männliche und weibliche Erotik» hervorgehoben habe, hat Zärtlichkeit für nicht wenige Männer keinen Eigenwert. Für manche Männer ist Küssen, Schmusen, Umarmen nur ein Mittel zum Zweck. Zärtliche Zuwendung ist oft nur eine Methode, um sich den Körper der Frau verfügbar zu machen. Je routinierter der Kavalier seine zärtlichen Techniken beherrscht, um so schneller nähert er sich seinem Ziel. Für die Frau ist Umarmung und Küssen keineswegs identisch mit sexueller Bereitschaft. Es ist für sie eine Unterstellung aus dem Blickwinkel des Mannes, Zärtlichkeit als Instrument anzusehen. Aber es ist eine Unterstellung, die sie berücksichtigen sollte.

Trotzdem sollten wir die überfallartige, brutale Notzucht und die eher verführende Form der Vergewaltigung, bei der die Frau eine gewisse sexuelle Annäherung zumindest erleichtert hat, auseinanderhalten. Es ist wohl im Rechtsempfinden der meisten Menschen ein gewaltiger Unterschied, ob sich eine Frau zu einem fremden Mann ins Auto setzt, mit ihm alleine nachts nach einer Party spazierengeht, ihn zu sich einlädt oder mit ihm in dessen Wohnung geht, ihn umarmt, küßt, mit ihm Alkohol trinkt und dann vergewaltigt wird oder ob es ohne irgendeine Täter-Opfer-Interaktion zur Tat kommt.

Der Erotiker, der Don Juan neigt gemäß seinen Anlagen vielleicht zu einer gewissen Rücksichtslosigkeit, nie aber zu Gewalthandlungen. Das in manchen Gegenden immer noch übliche «Fensterln» kann je nach dem Blickwinkel der Frau als werbende, volle Verzeihung erlangende Annäherung oder als versuchte Notzucht interpretiert werden.

Jede Gesellschaft hat ihre Spielregeln, jeder Kulturkreis hat seine gewachsenen Verhaltensmuster, die die Mitglieder respektieren müssen, ob sie diese nun als falsch oder richtig empfinden. Augenkontakte, Gestik, Kleidung können Erwartungshaltungen signalisieren. Natürlich hat kein Mann das Recht, aus einer aufreizenden Kleidung, einem entgegenkommenden Flirten und der Unterhaltung über sexuelle Themen zu folgern, die Frau wolle den Geschlechtsverkehr. Ein Stop, ein «Halt, bis hierher und nicht weiter» wird prinzipiell in jedem Moment zu fordern sein, aber es läuft nach zugelassener Einführung des Penis der männlichen Physiologie entgegen. Klare, freundliche, verbale Formulierungen können dem Gegenüber von Anfang an verdeutlichen, daß man allein bleiben möchte oder zumindest keinen Sexualkontakt wünscht.

Literatur

1 Dost, P.: Die Psychologie der Notzucht, Hamburg 1963.
2 Schulz, G.: Die Notzucht, Hamburg 1958.
3 Schumacher, P.: Casanova oder Verbrecher. Neues Kriminal-Magazin, München 1949.
4 Hanack, E. W.: Empfiehlt es sich, die Grenzen des Sexualstrafrechts neu zu bestimmen? München 1968.
5 Amir, M.: Patterns in Forcible Rape, Chicago 1971.

18. Kapitel

Kinder und Frauen als Täter, Männer als Opfer

Gemäß polizeilichen Ermittlungsstatistiken sind an Sittlichkeitsverbrechen kindliche Täter (Alter bis vierzehn Jahre) lediglich mit zwei Prozent beteiligt. Jugendliche Täter (vierzehn bis siebzehn Jahre) und heranwachsende Täter (achtzehn bis einundzwanzig Jahre) finden sich dagegen jeweils in knapp zehn Prozent der Fälle.

Die Zahlen der Straftaten dieser drei Altersgruppen sind in den letzten Jahren rückläufig, jedoch nimmt die Aggressivität und Brutalität der sexuellen Gewalthandlungen zu. Für die Statistik gilt allerdings, daß nur die durch die Gerichte erfaßten Taten berücksichtigt sind. Die Dunkelziffer ist bei jugendlichen und minderjährigen Delinquenten relativ hoch, da die Tat meist an sehr jungen Mädchen oder auch Buben durchgeführt wird und hier eine besonders große Schamsperre besteht. Auch bringen die Eltern das Delikt oft nicht zur Anzeige, weil es sich beim Täter um Nachbarn, Bekannte oder Verwandte handelt. Die Aufklärungsquote der erfaßten Fälle liegt bei rund 80 Prozent.

Während erwachsene Täter häufig die Art ihres Vorgehens im Wiederholungsfall beibehalten, wechseln junge Täter häufig ihre «Technik». Oft wird das Tatvorgehen immer aggressiver und brutaler. Hirschmann [1] erwähnt einen Jugendlichen, der mit fünfzehn Jahren in mehreren Fällen Mädchen im Alter von sechs bis acht Jahren die Röcke hochhob, mit sechzehn Jahren bei solchen Taten die weiblichen Geschlechtsorgane betastete, bis er schließlich mit neunzehn Jahren mehrfach Frauen vergewaltigte.

Auch schon hinter vergleichsweise harmlosen Vergehen wie der Beleidigung auf sexueller Grundlage verbirgt sich oft ein tiefgreifender Persönlichkeitsdefekt. Jugendliche Täter, die Mädchen unter den Rock oder an die Brust fassen und/oder mit obszönen Redensarten attackieren, sind keineswegs immer dreiste, enthemmte Jugendliche, sondern oft schüchterne, kontaktgestörte Einzelgänger.

Wilschke[2] betont in seinen Untersuchungen, daß es sich vorwiegend um vaterlose, minderbegabte «Schlüsselkinder» handelt, die ein konfliktreiches, ambivalentes Verhältnis zur meist alleinerziehenden, berufstätigen Mutter haben. Häufig liegt eine konstitutionelle und psychische Reifungsstörung vor.

Schauplatz der Handlungen ist oft die Haustreppe, wo die jungen Täter das vor ihnen gehende Opfer leicht angreifen können. Vermutlich handelt es sich bei den Jugendlichen weniger um eine Störung des Geschlechtstriebs als um den Versuch, die Kontaktsperre zu überwinden und aus der inneren Isolierung herauszukommen. Infolge gesteigerter Unsicherheit äußert sich die sexuelle Begehrlichkeit in aggressiver Form.

Mahnungen und auch Bestrafungen nützen wenig. Bei den ersten Auffälligkeiten sollte deshalb im Interesse des Betroffenen und der Umwelt sofort eine kinderpsychotherapeutische Behandlung erfolgen, um einer beginnenden Fehlentwicklung vorzubeugen. Die Wissenschaftler weisen immer wieder darauf hin, daß für die vorbeugende Verbrechensbekämpfung die Früherfassung und Frühbehandlung der Täter ganz entscheidend ist. Es sind zahlreiche Fälle bekannt geworden, wo Minderjährige wegen unzüchtigen Sexualverhaltens auffielen und später Sexualdelikte mit tödlichem Ausgang begingen. Auch dann, wenn eine Strafsache eingestellt wird, sollte unbedingt ein Psychotherapeut hinzugezogen werden. Noch immer gibt es zuwenig Erziehungsberatungsstellen und Heilpädagogische Heime für gestörte Kinder. Nur durch frühzeitige Behandlung ist eine Resozialisierung und eine Eingliederung des schuldig Gewordenen möglich.[3]

Gemäß Gesetz unterliegt ein Täter dem Jugendstrafrecht, wenn er zur Zeit der Tat vierzehn, aber noch nicht achtzehn Jahre alt ist. Ein jugendlicher Delinquent wird dann strafrechtlich belangt, wenn er «zur Zeit der Tat nach seiner sittlichen und geistigen Entwicklung reif genug ist, das Unrecht seiner Tat einzusehen und nach dieser Einsicht zu handeln».

Heranwachsende, also Jugendliche zwischen achtzehn und einundzwanzig Jahren, werden – soweit sie strafmündig sind – gemäß ihrer Reife nach den Maßnahmen des Jugendstrafrechts oder denen des allgemeinen Strafrechts behandelt. Der jugendliche Sexualstraftäter zeigt in der Regel ein infantiles Sexualverhalten. Es fehlen die Kennzeichen normaler Erwachsenen-Sexualität, bei der sexuelle Bedürfnisse mit erotischen und sozialen Bedürfnissen verschmolzen und Triebbefriedigungen mit Liebe, Sorge und Achtung für den Partner gegeben sein sollten.

Keine Entwicklungsphase im menschlichen Leben ist mit so schweren seelischen Belastungen verbunden wie die Pubertät. Häufig gelingt die Umstellung von der Ich-Welt auf die Wir-Welt nicht oder führt zu ernsthaften Konflikten. Da die geistig-seelische Reife der sexuellen Entwicklung nachhinkt, entstehen zusätzliche Probleme. Oft ist der phantastische Erlebnishunger kaum legal zu befriedigen. Charakteristisch ist das Geltungsbedürfnis, die Trotzeinstellung, die Revolte-Stimmung, die innere Unsicherheit, die leichte Verführbarkeit und die Triebhaftigkeit des Verhaltens. Ist das Elternhaus nicht stabil genug, so kommt es häufig zu Unstetigkeit und Haltlosigkeit, und die Phantasie wird auf unerlaubte Weise befriedigt.

Aus diesem Grund kommt der behutsamen sexuellen Aufklärung durch Elternhaus und Schule eine enorme Bedeutung zu. Viele Eltern können nicht ohne Hemmungen mit ihren Kindern über sexuelle Themen sprechen. Es ist deshalb gar nicht so schlecht, wenn die Schule oder andere Institutionen einen Teil der Sexualerziehung übernehmen. Die geschlechtliche Erziehung muß allerdings den sexuellen Antrieben, Bedürfnissen und Konflikten der jungen Menschen gerecht werden. Auf alle Fälle darf Sexualaufklärung den Sexualtrieb nicht verdrängen, denn Verdrängen bedeutet immer Angst. Weder Unterdrückung noch kompensatorische Überbehütung können von Erfolg sein.

Ob strafrechtliche, erzieherische oder psychotherapeutische Maßnahmen angezeigt sind, hängt von der Begutachtung des Reifegrades ab. Verständlich, daß die Einstellung des Gutachters zum Normbruch selbst auch eine große Rolle spielt. Gerade weil es sich beim jugendlichen Sexualtäter nicht um einen speziellen psychologischen Typ handelt, sind die Anforderungen an die Schuldfähigkeitsbegutachtung besonders hoch.[4]

Aggressive Sexualhandlungen von Jugendlichen sind häufig sehr brutal, weil sie oft ohne jedes Einfühlenkönnen in den Partner begangen werden. Der männliche Narzißmus ist in Frage gestellt, weil Kontaktversuche mit Mädchen wegen der Zurückweisung als kränkend erlebt werden. Die Gewalttat ist als Kompensations- und Selbststabilisierungsversuch des verletzten männlichen Selbstbewußtseins zu sehen. Aggressive Sexualtäter kommen vorwiegend aus der Unterschicht, ohne in einem liebenden Elternhaus oder in einem zufriedenstellenden Beruf Anerkennung zu finden.

Fall 39

Der Sexualverbrecher, der im Februar 1989 in Hamm ein dreieinhalbjähriges Mädchen verschleppt, nackt an einen Baum gebunden und dann offenbar mißbraucht hatte, ist ein dreizehnjähriger Junge. Er hat nach Angaben der Kriminalpolizei die Tat am Wochenende gestanden.

Fall 40

Martin W. versuchte als Dreizehnjähriger durch Gewalt und Drohungen an einem elfjährigen Mädchen den Beischlaf zu vollziehen. Zwei Jahre später tötete er ein fünfjähriges Mädchen, um an ihm sexuelle Spielereien vornehmen zu können.

Fall 41

Ingo D. verabfolgte mit vierzehn Jahren einem siebenjährigen Mädchen Tabletten, die er als «Ficktabletten» bezeichnete. Er führte ihm diese Tabletten in den After und in die Scheide ein. Das Kind wurde bewußtlos, er zog ihm den Schlüpfer aus und betrachtete eingehend das Geschlechtsteil. Neun Jahre später – eine Untersuchung, ob inzwischen nicht gemeldete Fälle aus dem Bekanntenkreis vorliegen, wurde nicht gemacht – entführte er ein fünfjähriges Mädchen – ebenfalls Spielgefährtin, im Auto, stach es mit dem Kugelschreiber mehrfach in den Unterleib, durchstach dabei die Bauchhöhle, Scheide, Gebärmutter, riß die Scheide mit beiden Händen auf und würgte sein Opfer, bis es bewußtlos wurde. Er warf es tot in den Rhein.

Der weibliche Sexualstraftäter

Die Frau spielte als Täter bislang bei Sexualdelikten keine wesentliche Rolle. Der Anteil in der Bundesrepublik lag bis Ende der achtziger Jahre bei drei Prozent der wegen Sittlichkeitsverbrechen rechtskräftig Verurteilten. Dabei handelt es sich zudem meist um Delikte, die etwas mit Prostitution und Pornographie zu tun haben. Die geringe Beteiligung des weiblichen Geschlechts an der Sexualkriminalität ist biologisch, psychologisch, soziologisch und kulturell bedingt. Alte Traditionen und moralische Schranken hemmen die sexuelle Aktivität der Frau.

Bei Frauen kommt es im allgemeinen ohne echte Partnerbeziehung kaum zur Lösung vorhandener sexueller Spannungen. Bei Frauen fehlt auch weitgehend die Aggressivität im Geschlechtlichen, wenn man von Spuren sogenannter aggressiver Partialtriebe zum Beispiel beim Beißen während des Geschlechtsverkehrs oder beim Kampf von aktiven Lesbierinnen um ihre Partnerinnen absieht.

Auch die Perversionen sind bei den Frauen geringer. Zu echten Perversionen mit Verfall an die Sinnlichkeit, abnehmender Satisfaktion, Promiskuität und Anonymität kommt es bei Frauen nur sehr selten, vermutlich aufgrund der viel stärker ausgeprägten erotischen Komponente. Der sexuelle Umgang mit Tieren, besonders mit Katzen und Hunden, ist wohl weniger als Perversion denn als Ersatzlösung bei Kontaktstörung zu sehen.

Der Frau fehlen in der Regel auch die physischen Kräfte für Gewaltverbrechen wie Notzucht. Bei den wenigen mit Gewalt verbundenen Entgleisungen handelt es sich in erster Linie um den Inzest mit jüngeren Partnern. Die Inzestschranke fällt bei den Täterinnen entweder gegenüber dem Bruder oder einem anderen männlichen passiv duldenden Familienmitglied. Oft spielt Alkohol eine Rolle, wenn verwahrloste Mütter ihre meist noch minderjährigen Söhne zum Beischlaf zwingen. Ansonsten handelt es sich bei den Täterinnen in der Regel um triebhafte Schwachsinnige, die Unzucht an Kindern, insbesondere an pubertierenden Jungen begehen.

Die Intelligenzminderung ist in der Regel so stark, daß die Zurechnungsfähigkeit erheblich beeinträchtigt war. Wohnungsenge und ungünstige familiäre Verhältnisse begünstigen das Delikt. Oft handelt es sich bei den Frauen um kontaktgestörte, selbstunsichere Personen von unvorteilhaftem Äußeren.

Fall 42

Eine Debile zeigt drei dreizehnjährigen Jungen ihr Geschlechtsteil, weil sie meint, Kinder der achten Klasse müßten so etwas gesehen haben, und gewährt ihnen im Wald den Geschlechtsverkehr. Zuvor war ihr bereits der dreijährige Sohn weggenommen worden, da sie wiederholt versucht hatte, sein Geschlechtsteil in ihre Scheide einzuführen.

Besonders aus den USA kommen immer wieder Meldungen über den sexuellen Mißbrauch von Kindern durch Kindergärtnerinnen. Allein in den Jahren 1983 bis 1987 wurden in über 100 amerikanischen Kommunen Gerichtsverfahren gegen Betreuer kleiner Kinder wegen sexuellen Mißbrauchs eröffnet. Besonders bekannt wurde der Fall der Kelly Michaels, die zu 47 Jahren Gefängnis wegen «115 schändlicher Handlungen sexuellen Charakters» verurteilt wurde, und den *der Spiegel* recherchierte.

Fall 43

Nach Ansicht des Gerichts in Essex hat die Kindergärtnerin Kelly Michaels 20 Kinder ihrer Gruppe dazu verführt, Erdnußbutter von ihrem Genitalbereich abzulecken, Kuchen zu essen, den sie aus ihren Fäkalien gebacken hatte, sich auszuziehen und nackt «Sex zu spielen». Außerdem habe sie sich mit Legosteinen und Glühbirnen an den Geschlechtsteilen der Kinder zu schaffen gemacht, ihnen blutige Tampons gezeigt und den Kindern gedroht, sie würde sie in Stücke schneiden, wenn sie darüber reden würden.

Zwei Jahre nach dem harten Urteilsspruch sind Zweifel an der Richtigkeit der Kinderaussagen aufgetaucht. Journalisten, Juristen und andere Beteiligte halten es für möglich, daß man da gemeinsam in das Räderwerk einer Kinderschändungshysterie geraten sei. In «haarsträubenden Vernehmungstechniken» seien die Kinder mit Suggestivfragen durch sogenannte Experten auf den Prozeß hingetrimmt worden. Nicht ein einziges Kind habe spontan von sich aus die Kindergärtnerin belastet. Plötzlich schwanken die Aussagen der Sachverständigen und Gutachter, und dem Gericht werden schwere Fehler bei der Rechtsfindung vorgeworfen.

Jüngsten Untersuchungen zufolge ist der sexuelle Mißbrauch von Söhnen durch ihre Mütter weitaus häufiger, als man bis jetzt annahm. Dieses Thema, lange völlig tabu, beschäftigt derzeit Therapeuten und Kinderschützer. Die Mutter als Täterin zu verdächtigen ist eine solche Ungeheuerlichkeit, daß immer noch viele lieber die Augen verschließen.

Vermutlich nimmt nicht die Zahl dieser Delikte zu, sondern nur die Quote der Offenbarung. Der Deutsche Kinderschutzbund berichtet, daß 1990 in Frankfurt 25 Prozent der Inzest-Delikte von Müttern verübt wurden, während es 1988 nur 6,5 Prozent gewesen waren. Wohl auch aus ideologischen Gründen wurden die sexuellen Übergriffe von Frauen jahrelang ignoriert. Erkenntnisse, die der Frauenbewegung nicht ins Konzept paßten, wurden unterdrückt.

Die Gefahr beginnt, wenn Mutter und heranwachsender Sohn im selben Bett schlafen, sich gemeinsam an- und auskleiden und zusammen baden. Da Mütter dann bei der eigentlichen sexuellen Verführung meistens zärtlich vorgehen, wird der Übergriff leicht übersehen.

Die Ächtung des Mutter-Sohn-Inzests reicht zurück bis zur Ödipus-Tragödie des Sophokles. Es bleibt das Verdienst von Sigmund Freud, die Geschichte des Sohnes, der seinen Vater erschlägt und seine Mutter heiratet, als Bild für eine leicht störbare kindliche Entwicklungsphase mit der Psychoanalyse eingeführt zu haben, freilich ohne die aktive Rolle der Mutter herauszustellen.

Die Folgen eines sexuellen Mißbrauchs an Söhnen durch Mütter sind genauso verheerend wie die des Vater-Tochter-Inzests. Die Isolierung durch Nicht-reden-Können führt zu schweren Schuldgefühlen, später zu Depressionen, Suchtverhalten, Impotenz, eventuell zu Frauenhaß und gar zu Selbstmord.

Ist die Loslösung von der Mutter schon ohne Inzest-Problematik ein schwieriger Vorgang, so mißlingt sexuell mißbrauchten Jungen die Abkoppelung regelmäßig. Spätere Begegnungen mit dem anderen Geschlecht scheitern oft, weil die Zerrissenheit zwischen Schuldgefühlen und Verlangen, zwischen Zuneigung und Haß keine Liebe ermöglicht.

Müttern, die sich im Inzest verstricken, fehlt häufig Nähe und Zuwendung durch Ehemann oder Partner. Sie fühlen sich einsam, verbittert, zu kurz gekommen und wollen sich von den Söhnen holen, was ihnen vorenthalten wird. Ihnen selbst fehlte oft auch der eigene Vater, und so wurde der Sohn zu Beschützer, Tröster und Liebhaber.[7]

Männer

Bis heute ist nicht eindeutig geklärt, wieweit die Homosexualität konstitutionell und wieweit sie umweltbedingt verursacht wird. Auch die Ätiologie-Hypothese vom dynamischen Vaterdefizit wird von vielen Wissenschaftlern nicht akzeptiert. Obwohl der Gesetzgeber 1969 und 1973 Teilliberalisierungen des § 175 StGB durchgesetzt hat, wird in unserem Kulturkreis auf Homosexualität meist abwertend, abwehrend und kriminalisierend reagiert. Aus der «widernatürlichen Unzucht» wurde jedoch ein Gesetz zum Schutz der Jugend, das vor traumatisierender Verunsicherung in der puberalen Orientierungsphase oder vor Prägung zu Homosexualität durch gleichgeschlechtliche Erlebnisse schützen soll. Strafbar sind homosexuelle Handlungen demnach nur noch mit Minderjährigen. Jährlich werden in der alten Bundesrepublik ca. 900 Täter angezeigt, 600 Tatverdächtige ermittelt und ca. 180 Männer wegen homosexueller Handlung an Vierzehn- bis Siebzehnjährigen bestraft. Unwidersprochen ist die Tatsache, daß Homosexuelle meist erheblich mehr Sexualpartner – oft bis zu 50 pro Jahr – haben als Heterosexuelle.

Auch wenn man sehr wenig darüber hört, es ist eine Tatsache, daß auch Männer vergewaltigt werden, in der Regel natürlich von Männern, in Gefängnissen oder ähnlichen aggressionsfördernden Institutionen. Eine 1989 in England durchgeführte Studie[8,9] kommt zu folgendem Ergebnis:

Von den Opfern war weniger als die Hälfte homosexuell; von den Vergewaltigern war dagegen ein knappes Drittel eindeutig heterosexuell und jeder zweite homosexuell. Nur in jedem fünften Fall waren sich Täter und Opfer vollkommen fremd, bei je einem weiteren Fünftel bestand eine kurze («wenige Stunden bestehende») Bekanntschaft oder ein Vertrauens- oder Autoritätsverhältnis des Opfers zum Täter; so mußte beispielsweise ein heterosexuelles Opfer die Attacke eines um Rat gebetenen Pfarrers erleiden, einmal ging die Vergewaltigung von einem Berater für verheiratete Homosexuelle aus, in einem weiteren Fall war der Täter ein Familienmitglied.

In drei Viertel der Fälle kam es zu erzwungenem Analverkehr; jedes zweite Opfer wurde mehrfach gedemütigt; unter anderem urinierten die Täter zusätzlich auf ihr Opfer oder erzwangen Fellatio von ihm.

In drei von vier Fällen erlitten die Vergewaltigten auch körperliche Verletzungen, wobei nur jeder dritte Verletzte um ärztliche Hilfe nachsuchte.

Mehr als die Hälfte der Opfer erlebten während der Tat Todesängste und fürchteten um ihr Leben; insgesamt berichteten alle Opfer über intensive Gefühle von Angst, Furcht, Wut und tiefstem Ekel, häufig auch begleitet von Unwirklichkeits- und lähmenden Hilflosigkeitsempfindungen.

Jeder fünfte hatte Erfahrungen mit vorangegangenen Vergewaltigungsversuchen, jeder siebte mit Raubüberfällen.

Für alle Opfer hatte die erlittene Tat schlimme psychische Auswirkungen, in den allermeisten Fällen auf Jahre hinaus: sexuelle Störungen verschiedenster Art, zunehmende emotionale Verletzbarkeit und Unsicherheit, beeinträchtigtes Selbstwertgefühl, geringe Selbstachtung, fast generell erhöhte Angst vor Männern oder Menschen allgemein und zunehmende Bindungs- oder Näheängste.

Wie in dem Kapitel «Sexuelle Belästigung und Unterdrückung unter Ausnutzung einer Machtposition» bereits erwähnt, stellt die Vergewaltigung in Strafanstalten eines der Hauptprobleme dar. Der homosexuelle Machtmißbrauch sieht meistens so aus, daß jüngere, schwächere Insassen, oft Ersttäter, mit Gewalt in die Rolle gezwungen werden, die in der Außenwelt Frauen zugeordnet ist.[10] Immer wieder wird von brutalsten Gruppenvergewaltigungen berichtet.

Fall 44

Im Sommer 1973 wurde der achtundzwanzigjährige Quäker und Pazifist R. M., ein ehemaliger Seemann mit journalistischer Erfahrung, während eines Friedensmarsches vor dem Weißen Haus verhaftet. Er hatte sich entschieden, lieber ins Gefängnis zu gehen, als zehn Dollar Kaution zu hinterlegen. Die erste Woche im Untersuchungsgefängnis des District of Columbia, in einem ruhigen Zellenblock mit älteren Häftlingen, verlief ohne Zwischenfall. Doch dann wurde er in einen Block mit überwiegend schwarzen Jugendlichen verlegt, «von denen viele wegen schwerer Gewaltverbrechen einsaßen». Während der ersten Abendfreizeit wurde der jungenhaft aussehende Pazifist unter dem Vorwand, einige Leute wollten mit ihm reden, in eine Zelle eingeladen. Kaum aber war er eingetreten, «wurde», erzählte Martin, «der Rückweg versperrt. Sie rissen mir die Hose herunter und vergewaltigten mich. Den ganzen Abend zerrten sie mich von Zelle zu Zelle.» Zwei seiner Angreifer boten ihm an, ihn vor weiteren Überfällen zu schützen, doch am folgenden Abend veranstalteten seine «Beschützer» ein zweites allgemeines Fest mit oralen und rektalen Vergewaltigungen. Die beiden standen vor M.s Zelle und kassierten von jedem Mithäftling, der sich vergnügen wollte, päckchenweise Zigaretten. Als die Angreifer ihm eine kurze Ruhepause gönnten, um sich von Übelkeit und Brechreiz zu erholen, gelang es ihm, zu entkommen und einen Aufseher zu alarmieren.

Literatur

1 Hirschmann, J.: Triebdelikte infolge puberalen Instinktwandels, in: E. Metzger / Th. Würtenberger (Hg.), Kriminalbiologische Gegenwartsfragen, Stuttgart 1958.
2 Wilschke, K.: Leichte Sexualdelinquenz bei Jugendlichen, in: Dtsch. Z. Gesamte Gerichtl. Med. 59 (2) 151–154 / 1967.
3 Bauer, G.: Triebverbrechen jugendlicher und minderjähriger Delinquenten, in: Prax. Kinderpsychol. Kinderpsychiatr., 19 (6) 234–237 / Aug. / Sept. 1970.
4 Fröhlich, H.-H.: Einige methodische Aspekte der psychologischen Begutachtung von jugendlichen Sexualtätern, in: Psychiatr. Neurol. Med. Psychol. (Leipzig), 25 (1) 53, 9. Jan. 1973.
5 Fehlow, P.: Der weibliche Sexualtäter, in: Psychiat. Neurol. med. Psychol., Leipzig 27 / 1975.
6 Hexenjagd im Kindergarten, in: Der Spiegel 46, 226–234, 1990.
7 N. N.: Er war der perfekte Geliebte, in: Der Spiegel Nr. 33 / 91, 68–74.
8 Mezey, G. / M. King: Psychological Medicine, Vol. 19, 1989.
9 Huber, A.: Männer vergewaltigen Männer, in: Psychologie heute 9 / 1989.
10 Vergewaltigte Männer, in: Cosmopolitan Nr. 3 / 1990, S. 136.
Brownmiller, S.: Gegen unseren Willen. Vergewaltigung und Männerherrschaft, Frankfurt / Main 1975.

19. Kapitel

Nach der Tat: Die Untersuchungsmethoden

Im Jahr 1986 verabschiedete das Bundeskabinett einen Gesetzentwurf zur Verbesserung des Schutzes der Opfer von Gewalttaten. Vergewaltigte Frauen und andere Opfer schwerer Gewaltverbrechen müssen seither nicht bedingungslos Fragen aus der Privat- und Intimsphäre vor der Öffentlichkeit ausbreiten. Außerdem können sich die Opfer im polizeilichen Ermittlungsverfahren und im Strafprozeß eines Rechtsanwaltes – notfalls auch auf Staatskosten – bedienen, und sie können sich als Nebenkläger aktiv am Verfahren gegen den Täter beteiligen. Damit kann ein zweiter Prozeß über zivile Schadensersatzansprüche mit einer nochmaligen Aufrollung des Tathergangs vermieden werden. Weiter ist es leichter möglich, die Öffentlichkeit auszuschließen, wenn Dinge des Intimlebens behandelt werden.

Der Kabinettsentwurf zum Opferschutz bringt zudem den Gedanken der Wiedergutmachung zu neuen Ehren. Die Ansprüche des Opfers haben künftig Vorrang vor den staatlichen Ansprüchen auf Geldstrafe und Erstattung der Gerichtskosten. Indem sich Verletzte und Verurteilter wieder näherkommen, bekommt die ursprüngliche Idee der Rechtsprechung, daß die Geschädigte mit dem Angreifer eine Rechnung begleicht, wieder ein stärkeres Gewicht. Sühne tritt gleichberechtigt neben die Strafe.

Der übliche Ablauf nach einer Vergewaltigung oder einem anderen Sexualdelikt ist der, daß sich das Opfer oder deren Angehörige an die zuständige Polizeistation wenden. Im Idealfall wird die vergewaltigte Frau dann sofort einer weiblichen Kriminalbeamtin übergeben, die eine erste Vernehmung einschließlich der Protokollierung durchführt.

Die Kriminalbeamtin begleitet normalerweise das Opfer auch zum

Frauenarzt. Junge Mädchen werden oft von ihren Eltern zum untersuchenden Arzt gebracht.

Um die Untersuchung fachgerecht durchzuführen, benötigt der Frauenarzt unbedingt die wichtigsten Angaben zum Tathergang. Wichtig sind Fragen nach der Art des Geschlechtsverkehrs, ob es zu einem Eindringen des Penis in die Vagina kam, ob es zu einem Samenerguß kam, wann und wo der Vorfall stattfand, wann der letzte Geschlechtsverkehr vor der Tat war und ob Alkohol, Drogen oder Medikamente eingenommen wurden. Entscheidend ist auch die Frage, was die Frau bis jetzt unternommen hat. Wurden Kleidungsstücke gewechselt, hat die Patientin geduscht, gebadet, Scheidenspülungen vorgenommen, und hatte sie eine Harn- oder Stuhlentleerung? Je früher eine Untersuchung stattfindet und je weniger die Frau an Reinigungsmaßnahmen durchgeführt hat, um so erfolgversprechender ist das Ergebnis.

Ist die Unterwäsche noch nicht im Besitz der Kriminalpolizei, so wird die Kleidung auf Blut- und Spermaspuren untersucht, werden eventuelle Beschädigungen an der Kleidung registriert. Diese wird dann in einer Plastiktüte verschlossen und der Kriminalpolizei übergeben.

Für die anschließende körperliche Untersuchung ist es wichtig, daß sich die Frau völlig entkleidet. Die Anwesenheit der Arzthelferin oder einer anderen weiblichen Begleitperson ist empfehlenswert. Es ist enorm wichtig, daß jede Verletzung, jede Schramme, jeder Bluterguß exakt in Form, Größe und Aussehen beschrieben wird. Vor Gericht haben diese Aktennotizen oft einen entscheidenden Stellenwert.

Dann erfolgt die eigentliche gynäkologische Befunderhebung. Das äußere Genitale, Scheidenvorhof, Eingang der Scheide und Vagina werden exakt untersucht. Das Vorliegen von getrocknetem Blut, von Sekreten und von Verletzungen muß beschrieben werden. Fremdblut und Menstruationsblut müssen ausgeschlossen werden. Die Weite und Dehnbarkeit der Hymenalöffnung wird gemessen. Größe und Beschaffenheit von Gebärmutter, Eileitern und Eierstöcken werden festgehalten. Schließlich erfolgt die Spiegeleinstellung von Scheide und Muttermund. Auch hier werden etwaige Verletzungen registriert.

Aus dem hinteren Scheidengewölbe werden drei Abstriche entnommen. Der Watteträger kommt in ein mit physiologischer Kochsalzlösung feucht gehaltenes, verschließbares Reagenzglas. In der Regel wird ein Abstrich vom Frauenarzt selbst auf lebende Samenzellen untersucht, die beiden anderen werden der Kriminalpolizei zur Spermiendifferenzierung, zum Blutgruppennachweis und zur Bestimmung der sauren Phosphatase bzw. anderer Enzyme übergeben.

Schließlich werden die Schamhaare ausgekämmt, um etwaige Schamhaare des Täters zu gewinnen. Das Material wird in eine Plastiktüte gegeben, beschriftet, verschlossen und den Kriminalbeamten zur Weiterleitung an ein gerichtsmedizinisches Institut übergeben. Zum Vergleich dienen sechs bis zehn Kopf- und Axillarhaare.

Zum Ausschluß einer Schwangerschaft wird ein Schwangerschaftstest durchgeführt. Zum Gutachten gehört ferner die Erhebung der Sexualanamnese. Das Datum der letzten Periode ist wichtig. Außerdem ist es empfehlenswert, zu vermerken, ob die zu untersuchende Frau einen Ovulationshemmer nimmt, eine Intrauterinspirale trägt oder andere empfängnisverhütende Maßnahmen durchführt. Die Zahl der Geburten, eventueller Fehlgeburten, früherer Operationen und Verletzungen wird dokumentiert.

Alle Befunde werden schriftlich fixiert und, mit einer zusammenfassenden Beurteilung versehen, an die Kriminalpolizei übergeben. In der Beurteilung wird der Frauenarzt nur seinen Befund zusammenfassen. Er sollte natürlich auch den seelischen Zustand der Frau beschreiben. Es steht ihm jedoch nicht zu, zu beurteilen, ob eine Vergewaltigung stattgefunden hat oder nicht. Und es kann nicht seine Aufgabe sein, zu entscheiden, ob ein Notzuchtakt oder ein Geschlechtsakt mit anfänglicher, nicht unerwünschter Widerstandsüberwindung vorliegt.

Diese ärztliche Untersuchung von Frauen, die in ein Notzuchtdelikt verwickelt wurden, stellt später vor Gericht oft einen wichtigen Detailbeitrag im Rahmen der rechtlichen Aufklärung dar.

Die Hälfte der von mir selbst untersuchten etwa 100 Frauen erschienen in den ersten fünf Stunden nach dem gewaltsamen Geschlechtsverkehr. Ein Viertel bis ein Fünftel der Frauen kam jedoch erst ein bis zwei Tage nach dem Ereignis. In Einzelfällen vergingen Wochen bis zur Untersuchung. Meine Ergebnisse stimmen im wesentlichen mit denen anderer Untersucher überein.

Schwere Verletzungen im Genitalbereich wurden relativ selten gesehen. Leichtere Verletzungen am Scheideneingang wurden in knapp

40 Prozent der Fälle von anderen Untersuchern und mir beschrieben. In 10 bis 15 Prozent mußte eine Defloration registriert werden. Verletzungen der Scheide sind sehr selten.

Bei einem Viertel der untersuchten Frauen konnten Samenzellen mit dem Phasenkontrast-Mikroskop festgestellt werden. Relativ oft sah man als Nebenbefund eine Pilz- oder eine Trichomonadeninfektion. Der Nachweis von Geschlechtskrankheiten oder einer Schwangerschaft ist sehr selten.

Verletzungen außerhalb der Geschlechtsregion wiesen etwa 40 Prozent der Opfer auf. Würgemale am Hals, Kratz- und Schürfwunden, Blutergüsse und Platzwunden an Kopf, Brust, Oberschenkel, an Armen und Bauch wurden nachgewiesen. Relativ oft finden sich Zeichen von Gewaltanwendung wie Hautabschürfungen und Blutergüsse an der Innenseite der Oberschenkel durch gewaltsames Spreizen der Beine und Kratzspuren auf der Bauchhaut durch das Herunterreißen des Schlüpfers.

Allen Untersuchern fällt auf, daß koitusunerfahrene junge Mädchen viel seltener Verletzungen davontragen – weil sie sich leichter einschüchtern lassen und sich in der für sie noch neuen Situation passiv verhalten – als koituserfahrene Frauen.

Eventuell kann der Täter auch eigene Körperspuren hinterlassen. Durch Abwehrhandlungen des Opfers können Haare des Täters, Oberhautzellen oder Blut beim Opfer zum Beispiel unter den Fingernägeln nachweisbar sein.

Entgegen der Volksmeinung und auch der vieler Kriminalbeamter ist der Nachweis eines gewaltsamen Geschlechtsverkehrs in vielen Fällen sehr schwierig, insbesondere wenn Anzeichen für eine Gewaltanwendung und Defloration fehlen und kein Nachweis von Spermien aus dem Vaginalsekret gelingt. Eine zu späte Untersuchung, ein dehnbares Hymen, eine Menstruationsblutung oder ein Bad vor der Untersuchung können die Beweisführung erschweren. Jedoch kann in knapp der Hälfte der Fälle ein gewaltsamer Geschlechtsverkehr nachgewiesen werden. Nach dem Gesetz gilt als Beischlaf, auch wenn nur eine äußere Vereinigung der Geschlechtsteile zustande kommt, d. h. wenn das männliche Glied, ohne in die Scheide selbst einzudringen, zwischen die Schamlippen in den Scheidenvorhof gelangt. Eine bloße Berührung der weiblichen Geschlechtsteile durch den Penis außerhalb des Introitus wird als Versuch einer Notzucht gewertet.

Selbstverständlich wird ein Vergewaltigungsopfer, falls notwendig, zunächst medizinisch versorgt. Neben der primären Wundbehandlung stehen im Vordergrund die Schwangerschaftsverhütung und die Prophylaxe von Geschlechtskrankheiten.

1990 entschied der Bundesgerichtshof[15], daß zur Aufklärung schwerer Verbrechen – dazu gehört die Vergewaltigung – eine Erbgut-Analyse zulässig ist. Einem Angeklagten darf auch gegen dessen Willen Blut zu einer molekulargenetischen Untersuchung entnommen werden. Mit einem sogenannten DNS-Fingerprinting-Gutachten kann durch die Darstellung nichtcodierender DNS-Teile beispielsweise festgestellt werden, ob die beim Opfer gefundenen Spermien vom Angeklagten stammen.

Da bei der Untersuchung die gutachterliche Stellungnahme im Vordergrund stehen muß, kommen die verzweigten Wurzeln und Bedingungen von Sexualdelikten oft zu kurz. In der relativ kurzen Untersuchungssituation können die vielen gestörten sozialen Bezüge, disharmonische Familienverhältnisse usw. nicht eingehend genug beleuchtet werden. Um bei der Begutachtung Opfer und Täter gerecht zu werden, ist deshalb eine gute interdisziplinäre Zusammenarbeit unerläßlich zur Erfassung der lebensgeschichtlichen und biologischen Zusammenhänge eines Individuums.

Literatur

1 Hartmann, G./J. Rindfleisch: Notzuchtdelekte (III). Ergebnisse aus gynäkologisch-forensischen Gutachten, in: Sexualmedizin 5, 774–777 (1976).

2 Müller, B. (Hg.): Gerichtliche Medizin, Berlin–Heidelberg–New York 1975.

3 Schulz, G.: Die Notzucht, Hamburg 1958.

4 Kidess, E./T.H. Lippert: Ärztliches Vorgehen bei Vergewaltigungen, in: Geburtsh. und Frauenheilk. 39 (20–26) 1979.

5 Berg, S.: Das Sexualverbrechen, Hamburg 1963.

6 Oya, M./A. Kido/S. Yada: Lactatdehydrogenase-Isozyme (LDH-X) als Hilfsmittel für den Nachweis von Ejakulatspuren in der Scheide, in: Arch. kriminol. 160 (3–4) 114–118, 1977.

7 Voigt, J.: Begutachtungen von Verletzungen (Mißhandlungen, Vergewaltigungen), in: Beitr. Gerichtl. Med. 29 (211–217) 1972.

8 Hildebrand, E.: Genitale, transgenitale und paragenitale Verletzungen bei

Frauen, ihre Ursachen und ihre Verursacher, in: Beitr. Gerichtl. Med. 34 (243–258) 1976.
9 Eisenmenger, W. / W. Spann / H. D. Troeger: Rechtsmedizin. Befunde nach Sexualdelikten, in: Beitr. Gerichtl. Med. 35 (13–16) 1977.
10 Spann, W.: Die Mitwirkung des Arztes bei der Ermittlung strafbarer Tatbestände, in: Münch. Med. Wochenschr. 115 (16), 708–710, 1973.
11 Herber, F.: Zur Spurensicherung durch den Arzt, in: 7 – Ärztl. Fortbildung 63 (6) 343–345, 1969.
12 Naeve, W. / E. Lohmann: Methodik und Beweiswert körperlicher Sofort-Untersuchungen lebender Personen nach Straftaten, in: 7. Rechtsmed. 72 (90), 79–99, 1973.
13 Nanikawa, R. / S. Kotoku: Gaschromatographie für gerichtsmedizinische Zwecke, in: Deutsch. 7. Gesamte Gerichtl. Med. 58 (1) 55–64, 1966.
14 Fewlow, P.: Über die Ursachen und forensische Begutachtung von Sexualdelikten, in: Psychiatr. Neurol. Med. Psychol. 25 (9) 535–544, 1973.
15 Bundesgerichtshof. Aktenzeichen: 5 StR 145 / 90 vom 21. August 1990.

20. Kapitel

Geschichte und Recht

Keine Gesellschaft kam und kommt ohne ein Sexualstrafrecht aus. Gesetz und Moral sind zwar nicht deckungsgleich, doch waren zu Beginn der Zivilisation alle Gesetze religiöse Gesetze. Sünde und Verbrechen waren ursprünglich ein und dasselbe. Die großen Gesetzgeber der Alten Welt erhielten ihre Anweisungen von einer übermenschlichen Macht. Über viele Jahrhunderte war die Religion die einflußreichste moralische Institution. Als im Laufe der Zeit die Kirche dem Staat die Macht abtrat, blieben trotzdem die alten Verbote bestehen. Erst mit der Französischen Revolution entzogen sich die Menschen nach und nach der moralischen Bevormundung.

Jede Kultur kennt sexuelle Normen, auf deren Einhaltung sie besteht. Jede gewalttätige Abweichung von dieser Norm gilt als Rechtsverletzung und wird juristisch verfolgt. Während jedoch in früheren Gesellschaften die Privilegierten andere, niedere Schichten, Sklaven, Diener, religiöse und rassische Minderheiten absichtlich ungeschützt ließen, wird in modernen Gesellschaften darauf geachtet, auch sexuellen Mißbrauch ohne Ansehen der Person zu bestrafen.

Schon in alten Kulturen war die Erzwingung des Geschlechtsverkehrs in der Regel ein Rechtsbegriff. Es gab natürlich auch gewisse Formen des Zusammenlebens, wo die Frau Allgemeingut des Mannes war, zumeist dergestalt, daß der Stärkere die Frau besitzen durfte, nach der ihn verlangte. Je höher die Kulturstufe und je eindeutiger sich die Monogamie etablierte, um so deutlicher setzte sich die Vorstellung durch, daß Gewaltanwendung des Mannes gegenüber einer Frau Unrecht ist.

Im fünften Buch Moses wird die Rechtslage im alten Palästina beschrieben: «Wenn eine Jungfrau verlobt ist und ein Mann trifft sie innerhalb der Stadt und wohnt bei ihr, so sollt ihr sie alle beide zum

Stadttor hinausführen und sollt sie beide steinigen, daß sie sterben, die Jungfrau, weil sie nicht geschrien hat, obwohl sie doch in der Stadt war, der Mann, weil er seines Nächsten Braut geschändet hat.»

Aber auch schon in der Bibel existiert die Angst der Männer, eine Frau könne sie zu Unrecht der Vergewaltigung bezichtigen. So wird in der Genesis beschrieben, daß der ägyptische Großwesir Potiphar den Sklaven Josef durch eine falsche Anschuldigung in den Kerker brachte.

Bei den Griechen und Römern war Vergewaltigung vermutlich relativ selten. Gewalthandlungen kamen offenbar dank der natürlichen Lebensführung und der Freude am schönen Körper kaum vor. Ihren Göttern allerdings unterstellten sie nicht selten solche Taten.

Die ersten christlichen Kaiser brachten drakonische Gesetze ein, die ausgesprochen intolerant gegenüber sexuellen Abweichungen waren. Tacitus und Herodot beschrieben, daß die Germanen eine hohe Achtung vor der Frau hatten und unzüchtige Gewalthandlungen mit dem Tode bestraften. Den Täter erwarteten außerordentlich strenge Strafen: Enthauptung, Lebendig-begraben-werden, Pfählung. Bis ins Mittelalter konnte die Notzucht jedoch nur an einer unbescholtenen Frau verübt werden. «Fahrende Weiber» wie Huren zum Beispiel waren vogelfrei, und sexuelle Gewalt gegen sie galt nicht als Straftat.

Die Einstellung der Kirche gegenüber der Sexualität war während des gesamten Mittelalters ausgesprochen negativ und unrealistisch. Bezeichnend ist, daß eine Sexualität, die «wider die Natur» gerichtet war, zum Beispiel Homosexualität, als schwerwiegenderes Verbrechen eingestuft wurde als «Sünden natürlicher Wollust», wie Verführung, Schändung und Vergewaltigung.

Auch noch nach der Reformation im 16. Jahrhundert standen vor- und außereheliche Beziehungen unter Strafe. Homosexualität, Masturbation, heterosexueller Analverkehr und sexuelle Handlungen mit Tieren konnten mit dem Feuertod bestraft werden.

Erst im 17. Jahrhundert brachte die Naturrechtslehre der Aufklärungsbewegung eine gewisse Liberalisierung in die grausame Denkweise des Mittelalters. Immer mehr setzte sich schließlich der Humanismus durch; die Strafen wurden milder.

Langsam, zunächst durch das preußische Strafgesetz von 1851, dann durch das Reichsstrafgesetz von 1871, lockerte sich die restriktive Sexualgesetzgebung in Deutschland, die schließlich in der Großen Reform von 1969 und 1973 ihren vorläufigen Abschluß fand.

Obwohl in jüngster Zeit die Öffentlichkeit die sexuelle Freiheit genauso fordert wie die Meinungsfreiheit, gibt es immer noch viele Staaten, gerade auch offen atheistische, die sich durch eine unterdrückende Sexualgesetzgebung ständig neue Ketzer schaffen, die sie bestrafen können.

Über das Strafmaß für sexuelle Handlungen, die an einem Opfer durch Gewalt, Täuschung, Verletzung oder auch Ausbeutung vorgenommen werden, läßt sich zwar streiten, aber an der Tatsache, daß manche Menschen vor anderen gesetzlich geschützt werden müssen, besteht kein Zweifel.

Ganz anders ist dies bei Straftaten ohne Opfer, wenn also irgendwelche perversen Sexualpraktiken unter einvernehmlichen Partnern vorgenommen werden, von denen keiner sich geschädigt fühlt. Unerwünschte soziale Nebenwirkungen entstehen oft erst, wenn die Gesellschaft solche Verhaltensweisen als Straftaten interpretiert.[1] Wie schwierig hier eine Rechtsprechung wird, zeigt sich zum Beispiel bei manchen Formen der Pornographie oder bei Sexualhandlungen unter Verwandten.

Die bundesdeutschen Sexualgesetze wurden in der Reform von 1969 und 1973 als «Straftaten gegen die sexuelle Selbstbestimmung» zusammengefaßt und werden als dreizehnter Abschnitt im Strafgesetzbuch aufgeführt. Ein Verhalten wird nach deutschem Recht nicht deshalb bestraft, weil es unmoralisch ist, sondern weil es für den einzelnen oder die Gesellschaft unerträglich und sozial schädigend ist.

Unser Recht versteht unter «Beischlaf» die Vereinigung der Geschlechtsorgane, also zumindest das beginnende Eindringen des Penis in die Vagina. Größere Probleme bereitet die Abgrenzung des Begriffs «sexuelle Handlungen». Hierzu gehören das Berühren der Geschlechtsorgane oder der weiblichen Brust, Oral- und Analverkehr, aber auch der Zungenkuß zwischen Männern und mit Kindern.

Die Rechtsprechung in Vergewaltigungsprozessen gestaltet sich oft außerordentlich kompliziert und schwierig. Einmal gibt es in der Regel nur das Opfer als Zeugin, zum anderen läßt sich der Begriff Gewalt hier nicht klar definieren. In Grenzfällen wird der Täter immer versuchen zu behaupten, die Frau habe dem Geschlechtsverkehr zugestimmt bzw. nicht deutlich zu erkennen gegeben, daß sie ihn nicht wünsche. Schwierig ist die Rechtsprechung immer, wenn die Frau dem Täter erotisch entgegenkommt und mit den sexuellen Vorbereitungshandlungen einverstanden ist und lediglich das Einführen des Penis ablehnt.

Die strafrechtlichen Grundlagen sehen derzeit in der Bundesrepublik folgendermaßen aus.[2]

> **§ 177. Vergewaltigung.** (1) Wer eine Frau mit Gewalt oder durch Drohung mit gegenwärtiger Gefahr für Leib oder Leben zum außerehelichen Beischlaf mit ihm oder einem Dritten nötigt, wird mit Freiheitsstrafe nicht unter zwei Jahren bestraft.
>
> (2) In minder schweren Fällen ist die Strafe Freiheitsstrafe von sechs Monaten bis zu fünf Jahren.
>
> (3) Verursacht der Täter durch die Tat leichtfertig den Tod des Opfers, so ist die Strafe Freiheitsstrafe nicht unter fünf Jahren.

Es muß also nachgewiesen werden, daß der Täter durch Gewalt oder Drohung die Frau zum Geschlechtsverkehr gezwungen hat. Ein Samenerguß oder eine Defloration müssen nicht erfolgt sein.

Der Ehemann kann nur dann der Täter sein, wenn er seine Frau zum Beischlaf mit Dritten nötigt. Vermutlich wird der Paragraph 177 in absehbarer Zeit weiter gefaßt, so daß beispielsweise die Erzwingung des ehelichen Beischlafs auch strafbar wird.

Die anderen Formen der sexuellen Belästigung werden als «sexuelle Nötigung» bezeichnet und nach Paragraph 178 bestraft.

> **§ 178. Sexuelle Nötigung.** (1) Wer einen anderen mit Gewalt oder durch Drohung mit gegenwärtiger Gefahr für Leib oder Leben nötigt, außereheliche sexuelle Handlungen des Täters oder eines Dritten an sich zu dulden oder an dem Täter oder einem Dritten vorzunehmen, wird mit Freiheitsstrafe von einem Jahr bis zu zehn Jahren bestraft.
>
> (2) In minder schweren Fällen ist die Strafe Freiheitsstrafe von drei Monaten bis zu fünf Jahren.
>
> (3) Verursacht der Täter durch die Tat leichtfertig den Tod des Opfers, so ist die Strafe Freiheitsstrafe nicht unter fünf Jahren.

Die sexuellen Handlungen, die den alten Begriff «unzüchtige Handlungen» abgelöst haben, sollten dabei «im Hinblick auf das jeweils geschützte Rechtsgut von einiger Erheblichkeit» (§ 184c) sein: Berühren der Genitalregion, erzwungenes Küssen, Oral- und Analverkehr usw. Auch der Paragraph 178 beinhaltet das Wort «außerehelich».

Der sexuelle Mißbrauch von Kindern wird in Paragraph 176 festgelegt.

§ 176. Sexueller Mißbrauch von Kindern. (1) Wer sexuelle Handlungen an einer Person unter vierzehn Jahren (Kind) vornimmt oder an sich von dem Kind vornehmen läßt, wird mit Freiheitsstrafe von sechs Monaten bis zu zehn Jahren, in minder schweren Fällen mit Freiheitsstrafe bis zu fünf Jahren oder mit Geldstrafe bestraft.

(2) Ebenso wird bestraft, wer ein Kind dazu bestimmt, daß es sexuelle Handlungen an einem Dritten vornimmt oder von einem Dritten an sich vornehmen läßt.

(3) In besonders schweren Fällen ist die Strafe Freiheitsstrafe von einem Jahr bis zu zehn Jahren. Ein besonders schwerer Fall liegt in der Regel vor, wenn der Täter
1. mit dem Kind den Beischlaf vollzieht oder
2. das Kind bei der Tat körperlich schwer mißhandelt.

(4) Verursacht der Täter durch die Tat leichtfertig den Tod des Kindes, so ist die Strafe Freiheitsstrafe nicht unter fünf Jahren.

(5) Mit Freiheitsstrafe bis zu drei Jahren oder mit Geldstrafe wird bestraft, wer
1. sexuelle Handlungen vor einem Kind vornimmt,
2. ein Kind dazu bestimmt, daß es sexuelle Handlungen vor ihm oder einem Dritten vornimmt, oder
3. auf ein Kind durch Vorzeigen pornographischer Abbildungen oder Darstellungen, durch Abspielen von Tonträgern pornographischen Inhalts oder durch entsprechende Reden einwirkt,

um sich, das Kind oder einen anderen hierdurch sexuell zu erregen.

(6) Der Versuch ist strafbar; dies gilt nicht für Taten nach Absatz 5.

Als Grenzfälle dürften hier angesehen werden, wenn es zum Beispiel zwischen einem Achtzehnjährigen und einer Dreizehnjährigen in einem echten Liebesverhältnis zu Sexualhandlungen kommt oder wenn ein vierzehnjähriger Junge ein dreizehnjähriges Mädchen dazu bewegt, sexuelle Handlungen an einer anderen Dreizehnjährigen vorzunehmen.

Der sexuelle Mißbrauch von Schutzbefohlenen, Kranken, Gefangenen, Widerstandsunfähigen usw. wird gemäß Paragraph 174 und Paragraph 179 bestraft.

§ 174. Sexueller Mißbrauch von Schutzbefohlenen. (1) Wer sexuelle Handlungen
1. an einer Person unter sechzehn Jahren, die ihm zur Erziehung, zur Ausbildung oder zur Betreuung in der Lebensführung anvertraut ist,

2. an einer Person unter achtzehn Jahren, die ihm zur Erziehung, zur Ausbildung oder zur Betreuung in der Lebensführung anvertraut oder im Rahmen eines Dienst- oder Arbeitsverhältnisses untergeordnet ist, unter Mißbrauch einer mit dem Erziehungs-, Ausbildungs-, Betreuungs-, Dienst- oder Arbeitsverhältnis verbundenen Abhängigkeit oder
3. an seinem noch nicht achtzehn Jahre alten leiblichen oder angenommenen Kind

vornimmt oder an sich von dem Schutzbefohlenen vornehmen läßt, wird mit Freiheitsstrafe bis zu fünf Jahren oder mit Geldstrafe bestraft.

(2) Wer unter den Voraussetzungen des Absatzes 1 Nr. 1 bis 3
1. sexuelle Handlungen vor dem Schutzbefohlenen vornimmt oder
2. den Schutzbefohlenen dazu bestimmt, daß er sexuelle Handlungen vor ihm vornimmt,

um sich oder den Schutzbefohlenen hierdurch sexuell zu erregen, wird mit Freiheitsstrafe bis zu drei Jahren oder mit Geldstrafe bestraft.

(3) Der Versuch ist strafbar.

(4) In den Fällen des Absatzes 1 Nr. 1 oder des Absatzes 2 in Verbindung mit Absatz 1 Nr. 1 kann das Gericht von einer Bestrafung nach dieser Vorschrift absehen, wenn bei Berücksichtigung des Verhaltens des Schutzbefohlenen das Unrecht der Tat gering ist.

§ 174 a. Sexueller Mißbrauch von Gefangenen, behördlich Verwahrten oder Kranken in Anstalten. (1) Wer sexuelle Handlungen
1. an einem Gefangenen oder
2. an einem auf behördliche Anordnung Verwahrten,

der ihm zur Erziehung, Ausbildung, Beaufsichtigung oder Betreuung anvertraut ist, unter Mißbrauch seiner Stellung vornimmt oder an sich von dem Gefangenen oder Verwahrten vornehmen läßt, wird mit Freiheitsstrafe bis zu fünf Jahren oder mit Geldstrafe bestraft.

(2) Ebenso wird bestraft, wer den Insassen einer Anstalt für Kranke oder Hilfsbedürftige, der ihm zur Beaufsichtigung oder Betreuung anvertraut ist, dadurch mißbraucht, daß er unter Ausnutzung der Krankheit oder Hilfsbedürftigkeit sexuelle Handlungen an ihm vornimmt oder an sich von dem Insassen vornehmen läßt.

(3) Der Versuch ist strafbar.

§ 174 b. Sexueller Mißbrauch unter Ausnutzung einer Amtsstellung. (1) Wer als Amtsträger, der zur Mitwirkung an einem Strafverfahren oder an einem Verfahren zur Anordnung einer freiheitsentziehenden Maßregel der Besserung und Sicherung oder einer behördlichen Verwahrung berufen ist, unter Mißbrauch der durch das Verfahren begründeten Abhängigkeit sexuelle Handlungen an demjenigen, gegen den sich das Verfahren richtet, vornimmt oder an sich von dem anderen vornehmen läßt, wird mit Freiheitsstrafe bis zu fünf Jahren oder mit Geldstrafe bestraft.

(2) Der Versuch ist strafbar.

§ 179. Sexueller Mißbrauch Widerstandsunfähiger. (1) Wer einen anderen, der

1. wegen einer krankhaften seelischen Störung, wegen einer tiefgreifenden Bewußtseinsstörung oder wegen Schwachsinns oder einer schweren anderen seelischen Abartigkeit zum Widerstand unfähig ist oder
2. körperlich widerstandsunfähig ist

dadurch mißbraucht, daß er unter Ausnutzung der Widerstandsunfähigkeit außereheliche sexuelle Handlungen an ihm vornimmt oder an sich von dem Opfer vornehmen läßt, wird mit Freiheitsstrafe bis zu fünf Jahren oder mit Geldstrafe bestraft.

(2) Wird die Tat durch Mißbrauch einer Frau zum außerehelichen Beischlaf begangen, so ist die Strafe Freiheitsstrafe von einem Jahr bis zu zehn Jahren, in minder schweren Fällen Freiheitsstrafe von drei Monaten bis zu fünf Jahren.

Obwohl die Homosexualität unter erwachsenen Männern heute straffrei ist, stehen die gesetzlichen Ausführungen in deutlichem Gegensatz zu den entsprechenden Bestimmungen für heterosexuelle Handlungen. Außerdem gilt der Paragraph 175 nur für Männer. Eine gesetzliche Regelung für homosexuelle Handlungen unter Frauen existiert nicht.

§ 175. Homosexuelle Handlungen. (1) Ein Mann über achtzehn Jahre, der sexuelle Handlungen an einem Mann unter achtzehn Jahren vornimmt oder von einem Mann unter achtzehn Jahren an sich vornehmen läßt, wird mit Freiheitsstrafe bis zu fünf Jahren oder mit Geldstrafe bestraft.

(2) Das Gericht kann von einer Bestrafung nach dieser Vorschrift absehen, wenn

1. der Täter zur Zeit der Tat noch nicht einundzwanzig Jahre alt war oder
2. bei Berücksichtigung des Verhaltens desjenigen, gegen den sich die Tat richtet, das Unrecht der Tat gering ist.

Ein großes Problem ist die Bestrafung einer «Verführung». Wer ein Mädchen unter sechzehn Jahren durch sexuelle Berührungen, Geschenke, Alkohol dazu bewegt, daß es sich dem Beischlaf hingibt, kann mit bis zu einem Jahr Gefängnis bestraft werden.

§ 182. Verführung. (1) Wer ein Mädchen unter sechzehn Jahren dazu verführt, mit ihm den Beischlaf zu vollziehen, wird mit Freiheitsstrafe bis zu einem Jahr oder mit Geldstrafe bestraft.

(2) Die Tat wird nur auf Antrag verfolgt. Die Verfolgung der Tat ist ausgeschlossen, wenn der Täter die Verführte geheiratet hat.

(3) Bei einem Täter, der zur Zeit der Tat noch nicht einundzwanzig Jahre alt war, kann das Gericht von einer Bestrafung nach dieser Vorschrift absehen.

Auch wer sexuellen Handlungen eines anderen mit einer Person unter sechzehn Jahren oder gegen Entgelt unter achtzehn Jahren durch Vermittlung Vorschub leistet, wird bestraft.

§ 180. Förderung sexueller Handlungen Minderjähriger. (1) Wer sexuellen Handlungen einer Person unter sechzehn Jahren an oder vor einem Dritten oder sexuellen Handlungen eines Dritten an einer Person unter sechzehn Jahren
1. durch seine Vermittlung oder
2. durch Gewähren oder Verschaffen von Gelegenheit
Vorschub leistet, wird mit Freiheitsstrafe bis zu drei Jahren oder mit Geldstrafe bestraft. Satz 1 Nr. 2 ist nicht anzuwenden, wenn der zur Sorge für die Person Berechtigte handelt; dies gilt nicht, wenn der Sorgeberechtigte durch das Vorschubleisten seine Erziehungspflicht gröblich verletzt.

(2) Wer eine Person unter achtzehn Jahren bestimmt, sexuelle Handlungen gegen Entgelt an oder vor einem Dritten vorzunehmen oder von einem Dritten an sich vornehmen zu lassen, oder wer solchen Handlungen durch seine Vermittlung Vorschub leistet, wird mit Freiheitsstrafe bis zu fünf Jahren oder mit Geldstrafe bestraft.

(3) Wer eine Person unter achtzehn Jahren, die ihm zur Erziehung, zur Ausbildung oder Betreuung in der Lebensführung anvertraut oder im Rahmen eines Dienst- oder Arbeitsverhältnisses untergeordnet ist, unter Mißbrauch einer mit dem Erziehungs-, Ausbildungs-, Betreuungs-, Dienst- oder Arbeitsverhältnis verbundenen Abhängigkeit bestimmt, sexuelle Handlungen an oder von einem Dritten vorzunehmen oder von einem Dritten an sich vornehmen zu lassen, wird mit Freiheitsstrafe bis zu fünf Jahren oder mit Geldstrafe bestraft.

(4) In den Fällen der Absätze 2 und 3 ist der Versuch strafbar.

So wie unser Rechtsbewußtsein einem ständigen Wandel unterliegt, ändert sich auch laufend unsere Einstellung gegenüber von der Norm abweichenden Sexualhandlungen. Da Exhibitionisten kaum einen Schaden anrichten (keine aggressiven Sexualtaten, keine Spätschäden bei den «Opfern»), neigen Richter immer mehr dazu, statt einer

Freiheitsstrafe eine Therapie anzuordnen und das Delikt nur noch als Ordnungswidrigkeit zu sehen.[3]

§ 183. Exhibitionistische Handlungen. (1) Ein Mann, der eine andere Person durch eine exhibitionistische Handlung belästigt, wird mit Freiheitsstrafe bis zu einem Jahr oder mit Geldstrafe bestraft.

(2) Die Tat wird nur auf Antrag verfolgt, es sei denn, daß die Strafverfolgungsbehörde wegen des besonderen öffentlichen Interesses an der Strafverfolgung ein Einschreiten von Amts wegen für geboten hält.

(3) Das Gericht kann die Vollstreckung einer Freiheitsstrafe auch dann zur Bewährung aussetzen, wenn zu erwarten ist, daß der Täter erst nach einer längeren Heilbehandlung keine exhibitionistischen Handlungen mehr vornehmen wird.

(4) Absatz 3 gilt auch, wenn ein Mann oder eine Frau wegen einer exhibitionistischen Handlung

1. nach einer anderen Vorschrift, die im Höchstmaß Freiheitsstrafe bis zu einem Jahr oder Geldstrafe androht, oder
2. nach § 174 Abs. 2 Nr. 1 oder § 176 Abs. 5 Nr. 1 bestraft wird.

§ 183 a. Erregung öffentlichen Ärgernisses. (1) Wer öffentlich sexuelle Handlungen vornimmt und dadurch absichtlich oder wissentlich ein Ärgernis erregt, wird mit Freiheitsstrafe bis zu einem Jahr oder mit Geldstrafe bestraft, wenn die Tat nicht in § 183 mit Strafe bedroht ist.

Die Förderung der Prostitution, die Ausübung der verbotenen Prostitution, Menschenhandel, Zuhälterei und die Verbreitung pornographischer Schriften werden gemäß den nachfolgend abgedruckten Paragraphen des Strafgesetzbuches verfolgt.

§ 180 a. Förderung der Prostitution. (1) Wer gewerbsmäßig einen Betrieb unterhält oder leitet, in dem Personen der Prostitution nachgehen und in dem

1. diese in persönlicher oder wirtschaftlicher Abhängigkeit gehalten werden oder
2. die Prostitutionsausübung durch Maßnahmen gefördert wird, welche über das bloße Gewähren von Wohnung, Unterkunft oder Aufenthalt und die damit üblicherweise verbundenen Nebenleistungen hinausgehen,

wird mit Freiheitsstrafe bis zu drei Jahren oder mit Geldstrafe bestraft.

(2) Ebenso wird bestraft, wer

1. einer Person unter achtzehn Jahren zur Ausübung der Prostitution Wohnung, gewerbsmäßig Unterkunft oder gewerbsmäßig Aufenthalt gewährt oder
2. einen anderen, dem er zur Ausübung der Prostitution Wohnung gewährt, zur Prostitution anhält oder im Hinblick auf sie ausbeutet.

(3) Wer einen anderen gewerbsmäßig anwirbt, um ihn dazu zu bringen, daß er der Prostitution nachgeht, oder um ihn zur Prostitutionsausübung in einem fremden Land zu veranlassen, wird mit Freiheitsstrafe bis zu fünf Jahren oder mit Geldstrafe bestraft.

(4) Wer eine Person unter einundzwanzig Jahren der Prostitutionsausübung zuführt oder auf sie einwirkt, um sie zur Aufnahme oder Fortsetzung der Prostitution zu bestimmen, wird mit Freiheitsstrafe von sechs Monaten bis zu zehn Jahren bestraft.

(5) In den Fällen der Absätze 3 und 4 ist der Versuch strafbar.

§ 181. Menschenhandel. Wer einen anderen

1. mit Gewalt, durch Drohung mit einem empfindlichen Übel oder durch List dazu bringt, daß er der Prostitution nachgeht, oder
2. anwirbt oder wider seinen Willen durch List, Drohung oder Gewalt entführt, um ihn unter Ausnutzung der Hilflosigkeit, die mit seinem Aufenthalt in einem fremden Land verbunden ist, zu sexuellen Handlungen zu bringen, die er an oder vor einem Dritten vornehmen oder von einem Dritten an sich vornehmen lassen soll,

wird mit Freiheitsstrafe von einem Jahr bis zu 10 Jahren, in minder schweren Fällen mit Freiheitsstrafe von drei Monaten bis zu fünf Jahren bestraft.

§ 181 a. Zuhälterei. (1) Mit Freiheitsstrafe von sechs Monaten bis zu fünf Jahren wird bestraft, wer

1. einen anderen, der der Prostitution nachgeht, ausbeutet oder
2. seines Vermögensvorteils wegen einen anderen bei der Ausübung der Prostitution überwacht, Ort, Zeit, Ausmaß oder andere Umstände der Prostitutionsausübung bestimmt oder Maßnahmen trifft, die den anderen davon abhalten sollen, die Prostitution aufzugeben

und im Hinblick darauf Beziehungen zu dem anderen unterhält, die über den Einzelfall hinausgehen.

(2) Mit Freiheitsstrafe bis zu drei Jahren oder mit Geldstrafe wird bestraft, wer gewerbsmäßig die Prostitutionsausübung eines anderen durch Vermittlung sexuellen Verkehrs fördert und im Hinblick darauf Beziehungen zu dem anderen unterhält, die über den Einzelfall hinausgehen.

(3) Nach den Absätzen 1 und 2 wird auch bestraft, wer die in Absatz 1 Nr. 1 und 2 genannten Handlungen oder die in Absatz 2 bezeichnete Förderung gegenüber seinem Ehegatten vornimmt.

§ 184.[24] Verbreitung pornographischer Schriften. (1) Wer pornographische Schriften (§ 11 Abs. 3)

1. einer Person unter achtzehn Jahren anbietet, überläßt oder zugänglich macht,

2. an einem Ort, der Personen unter achtzehn Jahren zugänglich ist oder von ihnen eingesehen werden kann, ausstellt, anschlägt, vorführt oder sonst zugänglich macht,
3. im Einzelhandel außerhalb von Geschäftsräumen, in Kiosken oder anderen Verkaufsstellen, die der Kunde nicht zu betreten pflegt, im Versandhandel oder in gewerblichen Leihbüchereien oder Lesezirkeln einem anderen anbietet oder überläßt,
3.a. im Wege gewerblicher Vermietung oder vergleichbarer gewerblicher Gewährung des Gebrauchs, ausgenommen in Ladengeschäften, die Personen unter achtzehn Jahren nicht zugänglich sind und von ihnen nicht eingesehen werden können, einem anderen anbietet oder überläßt,
4. im Wege des Versandhandels in den räumlichen Geltungsbereich dieses Gesetzes einzuführen unternimmt,
5. öffentlich an einem Ort, der Personen unter achtzehn Jahren zugänglich ist oder von ihnen eingesehen werden kann, oder durch Verbreiten von Schriften außerhalb des Geschäftsverkehrs mit dem einschlägigen Handel anbietet, ankündigt oder anpreist,
6. an einen anderen gelangen läßt, ohne von diesem hierzu aufgefordert zu sein,
7. in einer öffentlichen Filmvorführung gegen ein Entgelt zeigt, das ganz oder überwiegend für diese Vorführung verlangt wird,
8. herstellt, bezieht, liefert, vorrätig hält oder in den räumlichen Geltungsbereich dieses Gesetzes einzuführen unternimmt, um sie oder aus ihnen gewonnene Stücke im Sinne der Nummern 1 bis 7 zu verwenden oder einem anderen eine solche Verwendung zu ermöglichen, oder
9. auszuführen unternimmt, um sie oder aus ihnen gewonnene Stücke im Ausland unter Verstoß gegen die dort geltenden Strafvorschriften zu verbreiten oder öffentlich zugänglich zu machen oder eine solche Verwendung zu ermöglichen,

wird mit Freiheitsstrafe bis zu einem Jahr oder mit Geldstrafe bestraft.

(2) Ebenso wird bestraft, wer eine pornographische Darbietung durch Rundfunk verbreitet.

(3) Wer pornographische Schriften (§ 11 Abs. 3), die Gewalttätigkeiten, den sexuellen Mißbrauch von Kindern oder sexuelle Handlungen von Menschen mit Tieren zum Gegenstand haben,
1. verbreitet,
2. öffentlich ausstellt, anschlägt, vorführt oder sonst zugänglich macht oder
3. herstellt, bezieht, liefert, vorrätig hält, anbietet, ankündigt, anpreist, in den räumlichen Geltungsbereich dieses Gesetzes einzuführen oder daraus auszuführen unternimmt, um sie oder aus ihnen gewon-

nene Stücke im Sinne der Nummern 1 oder 2 zu verwenden oder einem anderen eine solche Verwendung zu ermöglichen,
wird mit Freiheitsstrafe bis zu einem Jahr oder mit Geldstrafe bestraft.

(4) Absatz 1 Nr. 1 ist nicht anzuwenden, wenn der zur Sorge für die Person Berechtigte handelt. Absatz 1 Nr. 3 a gilt nicht, wenn die Handlung im Geschäftsverkehr mit gewerblichen Entleihern erfolgt.

§ 184 a. Ausübung der verbotenen Prostitution. Wer einem durch Rechtsverordnung erlassenen Verbot, der Prostitution an bestimmten Orten überhaupt oder zu bestimmten Tageszeiten nachzugehen, beharrlich zuwiderhandelt, wird mit Freiheitsstrafe bis zu sechs Monaten oder mit Geldstrafe bis zu einhundertachtzig Tagessätzen bestraft.

§ 184 b. Jugendgefährdende Prostitution. Wer der Prostitution
1. in der Nähe einer Schule oder anderen Örtlichkeit, die zum Besuch durch Personen unter achtzehn Jahren bestimmt ist, oder
2. in einem Haus, in dem Personen unter achtzehn Jahren wohnen, in einer Weise nachgeht, die diese Personen sittlich gefährdet, wird mit Freiheitsstrafe bis zu einem Jahr oder mit Geldstrafe bestraft.

Obwohl der Inzest-Paragraph auch hierher gehören müßte, wird der Beischlaf zwischen Verwandten als Paragraph 173 unter den Straftaten gegen den Personenstand, die Ehe und die Familie abgehandelt.

§ 173. Beischlaf zwischen Verwandten. (1) Wer mit einem leiblichen Abkömmling den Beischlaf vollzieht, wird mit Freiheitsstrafe bis zu drei Jahren oder mit Geldstrafe bestraft.

(2) Wer mit einem leiblichen Verwandten aufsteigender Linie den Beischlaf vollzieht, wird mit Freiheitsstrafe bis zu zwei Jahren oder mit Geldstrafe bestraft; dies gilt auch dann, wenn das Verwandtschaftsverhältnis erloschen ist. Ebenso werden leibliche Geschwister bestraft, die miteinander den Beischlaf vollziehen.

(3) Abkömmlinge und Geschwister werden nicht nach dieser Vorschrift bestraft, wenn sie zur Zeit der Tat noch nicht achtzehn Jahre alt waren.

Das größte Problem neben der Wahrheitsfindung ist die forensische Beurteilung der Schuldfähigkeit. Indem man den Täter mit seinen Ängsten, Konflikten und Impulsen versucht zu verstehen, entbindet man ihn noch lange nicht von seiner Verantwortlichkeit für sein Handeln. Das psychodynamische Bemühen im Gerichtssaal, die Darstellung der Lebensgeschichte aus der Persönlichkeitsentwicklung bedeutet nicht ein Plädoyer für Unzurechnungsfähigkeit und Exkulpation.[4,5,6] Schon 1912 schrieb Freud an Jung: «Unzurechnungsfähigkeit ist bekanntlich keine Auskunft aus der Tiefenpsychologie.»[7]

Das Aufzeigen der Hintergründe für das Handeln in einer Straftat sagt nichts über die Zwangsläufigkeit einer Entwicklung aus. Es war jedoch mit eine Zielsetzung der Strafrechtsreform, durch eine differenziertere Beurteilung der Persönlichkeit des Täters zu einer gerechteren Rechtsprechung zu kommen. Der Gesetzgeber möchte nicht, daß jemand, der für seine Tat nichts kann, in den Maschen der Gesetze hängenbleibt. Daß es auch im sexuellen Bereich so etwas wie eine Krankheit gibt, eine «naturwidrige geschlechtliche Triebhaftigkeit» (Bundesgerichtshof 1959), wird kaum ernsthaft bezweifelt.

Der Möglichkeit einer Schuldunfähigkeit bzw. einer verminderten Schuldfähigkeit auch bei Neurosen und sexuellen Abartigkeiten wurde ausdrücklich Rechnung getragen, als man den alten Paragraphen 51 durch die Paragraphen 20 und 21 ersetzte.

> **§ 20. Schuldunfähigkeit wegen seelischer Störungen.** Ohne Schuld handelt, wer bei Begehung der Tat wegen einer krankhaften seelischen Störung, wegen einer tiefgreifenden Bewußtseinsstörung oder wegen Schwachsinns oder einer schweren anderen seelischen Abartigkeit unfähig ist, das Unrecht der Tat einzusehen oder nach dieser Einsicht zu handeln.
>
> **§ 21. Verminderte Schuldfähigkeit.** Ist die Fähigkeit des Täters, das Unrecht der Tat einzusehen oder nach dieser Einsicht zu handeln, aus einem der in § 20 bezeichneten Gründe bei Begehung der Tat erheblich vermindert, so kann die Strafe nach § 49 Abs. 1 gemildert werden.

Das Problem der gerichtlichen Psychiatrie ist es, festzulegen, was eine «schwere seelische Abartigkeit» ist. Ein befriedigendes Konzept, das mit objektiven Kriterien angibt, wann eine strafrechtliche Verantwortlichkeit gegeben ist und wann nicht, läßt sich gerade im Zusammenhang mit dem Sexualstrafrecht schwer finden. Was die Gerichte als Exkulpierungsgrund anerkennen, ist deshalb weniger eine Frage einer exakten wissenschaftlichen Diagnose als vielmehr Ausdruck einer stillschweigenden Übereinkunft.

Nicht bestraft werden in der Regel Menschen, die an einer Psychose, einer hirnorganischen Krankheit, an Schwachsinn leiden oder im Vollrausch oder in einer Vergiftung eine Straftat begingen. Menschen mit der Diagnose «Psychopathie» oder «Neurose» oder «sexuelle Deviation» sind normalerweise voll verantwortlich und können nur «in schweren Fällen» mit einer Teilexkulpierung rechnen.[4]

Mit den Wörtern «gesund» und «krank», «schuldig» und «unschuldig» ist das differenzierte Problem nicht zu lösen. Sexuelle Anpassung ist nicht identisch mit seelischer Gesundheit, und sexuelle Abweichung heißt nicht notgedrungen «krank». Die höchst komplexe juristische, forensische und kriminalsoziologische Problematik des Sexualstrafrechts konnte hier naturgemäß nur ansatzweise erörtert werden.

Literatur

1 Haeberle, E. I.: Die Sexualität des Menschen, Berlin–New York 1983.
2 Strafgesetzbuch. Beck-Texte im dtv, München [24]1983.
3 Exhibitionisten. Unglaubliches Hochgefühl, in: Der Spiegel 38/1989.
4 Schorsch, E./N. Becker: Angst, Lust, Zerstörung. Sadismus als soziales und kriminelles Handeln. Zur Psychodynamik sexueller Tötung, Reinbek 1977.
5 Bräutigam, W.: Forschungseinrichtungen und Lehrmeinungen in der Psychoanalyse, in: H. Göppinger/H. Witter (Hg.): Handbuch der forensischen Psychiatrie, Berlin–Heidelberg–New York 1972.
6 Jäger, H./E. Schorsch: Sexualwissenschaft und Strafrecht, Stuttgart 1987.
7 Freud, S./C. G. Jung: Briefwechsel, Frankfurt/Main 1974.

21. Kapitel

Folgen sexueller Gewalt

Vor der sexuellen Mißhandlung stehen andere, subtilere, eher tolerierte Formen der Machtausübung, denen Frauen und Kinder mehr ausgesetzt sind als Männer: das ständige Kontrollieren, die Isolation, das Klein-Machen, das Beschimpfen, das Knapp-Halten mit Geld, die Drohung mit allen möglichen Dingen, das Einschüchtern durch Blicke, Gesten, Aktionen, das Übergehen bei Entscheidungen, das ständige Unter-Druck-Setzen.

Diejenigen, die als Kinder Opfer waren, werden gar nicht so selten später selbst zu Tätern oder wieder zu Opfern. Das Täter-Opfer-Schema setzt sich oft über Generationen hinweg fort.[1] Geprügelte Kinder werden oft zu prügelnden Erwachsenen, mißbrauchte Kinder zu mißbrauchenden Erwachsenen.

Das sexuell mißbrauchte Mädchen wird in der Regel von einer Vertrauensperson, dem Vater oder Stiefvater, dem Großvater, Bruder oder Onkel, also einer Person, der es den Wunsch nach Geborgenheit, Schutz und Zärtlichkeit entgegenbringt, enttäuscht. Nicht durch zwielichtige, «böse» Menschen, sondern durch die anerkannte Vaterfigur lernt das Kind Vertuschen, Bestechung und Bedrohung kennen.

Dadurch gerät das Kind in einen kaum zu verarbeitenden seelischen Konflikt. Das Mädchen versteht den Bruch im Verhalten der geliebten Person nicht und traut sich nicht, mit jemand darüber zu reden. Als Ausweg bietet sich nur an, die Schuld im eigenen schlechten Verhalten zu suchen. Die Kinder fühlen sich in einer Falle sitzen. Mißbrauchte Kinder sind sehr allein und wollen nicht auch noch die Mutter durch ihre Offenbarung verletzen und verlieren. Für viele Kinder bleibt wirklich nur die Flucht ins Vergessen.[2]

Die Folge sexuellen Mißbrauchs ist zunächst das Erleben der Verwirrung und des Chaos. Selbstzweifel führen zu einem inneren Spannungszustand, der sich über viele Jahre hinziehen kann und neue Symptome hervorruft. Im Laufe der Jahre bauen die betroffenen Frauen eine ausgeprägte Schuld- und Schamstruktur auf und bürden sich ein übermäßiges Verantwortungsgefühl auf. Oft fühlen sich diese Frauen durch ihre Fehlentwicklung in erhöhtem Maße für das emotionale Wohlergehen anderer verantwortlich. Sie wollen niemandem weh tun, setzen sich nicht durch, können nicht nein sagen, passen sich übermäßig an und neigen zur extremen Selbstaufgabe.

Das fehlende Selbstvertrauen führt zu Selbstzerstörung und Autoaggression. Nicht selten beginnt eine Suchtkarriere, weil durch Tabletten und Alkohol Einsamkeit, Wut und Schmerz verdrängt werden können. Gemäß meinen Untersuchungen finden sich in der Anamnese von vielen drogenabhängigen Frauen sexuelle Traumata in der Kindheit. Auch Magersucht und Freßsucht gehören hierher.

Bekannt ist die lange Reihe von körperlichen und psychosomatischen Symptomen. Macht und Ohnmachtsgefühle führen häufig zu Kopfschmerzen und Migräne. Viele Frauen leiden an Menstruationsbeschwerden, haben Verspannungen im Bauch- und Genitalbereich. Blasen- und Rückenschmerzen werden häufig genannt. Sie leiden unter Schlafstörungen und berichten, daß sie immer wieder von Alpträumen heimgesucht werden. Sehr quälend ist die Angst, besonders vor Dunkelheit, vor dem Alleinsein, vor Autoritäten. Probleme bestehen bei jeder alltäglichen körperlichen Berührung, bei Nähe überhaupt, insbesondere wenn Sexualität dabei im Spiel ist. Gleich ob das Bedürfnis nach Sexualität schwindet oder das übersteigert sexualisierte Handeln in die Prostitution einmündet, Hauptproblem bleibt die Beziehungslosigkeit.

Zeigt eine Frau die Tat an, so hat sie nicht nur die körperlichen und psychischen Folgen zu bewältigen, sondern muß sich zusätzlich mit Ärzten, Polizisten, Anwälten, staatlichen Institutionen und Gerichten auseinandersetzen. Die meisten Sexualforscher sind der Meinung, daß erst die Reaktion der Umwelt nach dem Bekanntwerden einer Sexualstraftat dem Opfer die eigene Mitschuld nahelegt und eine affektive Entlastung verhindert.

Die körperlichen Verletzungen heilen bald und sind in der Regel relativ schnell vergessen. Die seelischen Wunden aber bleiben offen, oft ein Leben lang. Daß es heute noch Viktimologen[3] gibt, die der

Meinung sind, die vergewaltigte Frau leiste einen notwendigen Dienst an der Allgemeinheit, ist nicht begreifbar.

Durch die Vergewaltigung wird die Frau unterworfen und die Integrität ihres Körpers verletzt. Die Fülle psychischer Folgen ist damit vorgegeben. Die Behauptung, viele Frauen würden regelrecht aus dem Leben geworfen, ist sicher richtig.[2] Am schlimmsten wirken sich in der Folgezeit die Demütigung und Beschmutzung, das Brechen des Willens und die Degradierung ihrer Person zum Objekt fremder Bedürfnisse aus.

Die Demütigung ist es in erster Linie, die Frauen veranlaßt, über das Geschehen zu schweigen. Die seelische Verletzung setzt starke Selbstzweifel in Gang. Die Frauen fühlen sich als Objekt gebraucht, fühlen sich beschmutzt und entwickeln Abwehrgefühle gegen den eigenen Körper. Die Beschädigung der Identität äußert sich in Mißtrauen, starken Ängsten, Schreckhaftigkeit, sozialen Problemen, Sexualstörungen wie Anorgasmie, Dyspareunie, Vaginismus, Libidoverlust, Schuldgefühlen, Schlafstörungen usw. Besonders die diffusen Ängste bedeuten für viele Frauen eine Beschränkung ihres Bewegungsspielraums, eine Änderung ihrer Lebensgewohnheiten und, was das schlimmste ist, eine Änderung ihrer ganzen Persönlichkeit. Das offene Mißtrauen und angedeutete Schuldzuweisungen der untersuchenden Instanzen tragen außer der Tat selbst dazu bei, daß das Vertrauen in die eigene Person erschüttert wird. Um einigermaßen mit den Folgen einer Vergewaltigung leben zu können, verdrängen viele Frauen das Geschehen. Prozentzahlen bezüglich einer seelischen Schädigung sind deshalb sehr problematisch, da sie meist nur eine Selbsteinschätzung der Betroffenen wiedergeben. Verdrängungsmechanismen können nur schwer erfaßt werden. Wissenschaftlich abgesicherte Ergebnisse sind gerade bei hochgradig tabuisierten Erfahrungen nur sehr schwer zu bekommen.

Wir wissen, daß es gut ist, wenn einem jungen Mädchen oder einer Frau möglichst bald nach einer Notzucht eine mit der Problematik vertraute Person zur Seite steht. Je leichter sich ein Opfer aussprechen kann, um so geringer sind die Folgen der Angst. Die Frau sollte die Möglichkeit erhalten, auch über den Täter sprechen zu können, ihre Wut und Scham in Worte fassen zu lernen.

Trotz aller Fürsorge, Anteilnahme und fachlicher Kompetenz wird es immer wieder Frauen geben, die die Erniedrigung und Verletzung ihrer Person nicht verarbeiten können und nicht mehr zu einer Partnerschaft und einem normalen Sexualverhalten fähig sind.

Beim Kennenlernen eines Mannes ist zuerst einmal eine große Sperre da. Das spontane Vertrauen ist grundlegend weg, und es dauert sehr lange, bis sich eine durch ein Gewaltdelikt geschädigte Frau in einer neuen Beziehung wieder frei und aufgehoben fühlen kann. Nicht nur die sexuelle Annäherung, das ganze Miteinander im Leben hat etwas Bedrohliches bekommen. Woher soll die Frau wissen, welcher Mann kein Vergewaltiger ist? Diese innerliche Veränderung schränkt natürlich die eigenen Wünsche ein. Die Frauen reagieren oft übersensibel und vermuten ständig Gewaltphantasien, auch wenn ihnen Zärtlichkeit entgegengebracht wird.

Wir wissen heute, daß sexuelle Erlebnisse von Kindern mit Erwachsenen von kausaler Bedeutung für psychische Störungen im späteren Leben sind. Wenn eine Frau als Kind oder junges Mädchen sexuelle Gewaltanwendungen erlebt, ergeben sich daraus oft Störungen ihres sexuellen Erlebnisvermögens und ihres Sexualverhaltens.

Sigmund Freud[5] beschrieb 1895 die traumatisierende Wirkung sexueller Verführung in der Kindheit als Hysterieursache. Um seinen eigenen Vater zu schützen, verfolgte er diese Forschungen jedoch nicht weiter und entwickelte statt dessen die universell anwendbare Psychoanalyse, die weniger die Interessen der mißhandelten Kinder als die Voreingenommenheit der Erwachsenen fördert.

Das Institut für Geschlechtskunde der Gesellschaft für Erfahrungswissenschaftliche Sozialforschung in Hamburg[4] hat in jüngster Zeit den Zusammenhang von Beeinträchtigungen der Orgasmusfähigkeit mit traumatischen Kindheitserlebnissen aufgehellt. Intensiv-Befragungen, die die kindliche und jugendliche Sexual-Anamnese erhoben, haben ergeben, daß fast alle Frauen mit Orgasmusproblemen sexuellen Gewalthandlungen ausgesetzt waren.

Thea Schönfelder[6] weist in ihren Untersuchungen darauf hin, daß Mädchen, die in eine Sexualhandlung einbezogen werden, häufig aus gestörten psychosozialen Beziehungen kommen. Die oft registrierte abnorme Persönlichkeitsentwicklung sei jedoch oft nicht Folge, sondern Ursache für die Sexualhandlung. Entscheidend für das Ausmaß der Schädigungen sei nicht so sehr die Art und Intensität der Sexualhandlungen, sondern wie das betreffende Kind diese erlebt und verarbeitet.

Häufigste Folge ist die ängstliche Abwehr alles Sexuellen in der weiteren Entwicklung. Die Störung kann so tiefgreifend sein, daß der Sexualvollzug als Surrogat für echten zwischenmenschlichen Paarkontakt gesehen wird. Oft bleiben Autoritätsängste und eine Verunsicherung durch den Vertrauensverlust bestehen. Die schuldhafte Verdrängung des Sexualbereichs führt zu regressiver Flucht in eine kindliche Wunsch- und Vorstellungswelt, eine aggressive Abwehrhaltung und eine ängstliche Unsicherheit.

Gemäß den neusten Untersuchungen an der Universität Kiel[7] sind die Beeinträchtigungen der vergewaltigten Frauen nicht ganz so dramatisch, wie bisher angenommen wurde.

Die meisten Frauen sind in nachfolgenden Männerbekanntschaften zwar mißtrauisch und ablehnender und nicht mehr so unbefangen im Kontakt zum männlichen Geschlecht, glauben jedoch nicht, daß jeder Mann ein potentieller Vergewaltiger ist.

Auch die Einschränkungen und Veränderungen des Freizeitverhaltens sind nicht ganz so gravierend, wie frühere Untersucher annahmen. Dennoch bestätigt auch diese Studie, daß die meisten Frauen sich nach einem Sexualdelikt nicht mehr trauten, im Dunkeln allein auf die Straße zu gehen.

Viele betroffene Frauen änderten ihre Lebensgewohnheiten radikal und vermieden es generell, etwas allein zu unternehmen. Einige klagten über Schlafstörungen, Alpträume und Kontaktschwierigkeiten. Eindeutig überwiegen die Merkmale Angst, Mißtrauen, Schreckhaftigkeit, woraus sich Unsicherheit, Unentschlossenheit und fehlende Spontaneität zwangsläufig ergeben. Oft sind die vorherrschenden Gefühle, Wut, Ekel, Scham.

Eine vergewaltigte Frau schilderte ihren Zustand folgendermaßen:

Fall 45

Unmittelbar nach der Vergewaltigung fühlte ich mich leer. Ich stand völlig neben mir, als wenn ein Film abläuft. Am nächsten Tag bin ich wieder zur Arbeit gegangen, ohne jegliche Reaktionen. Vier Tage habe ich wie tot weitergemacht. Erst danach kamen ständige Weinkrämpfe, Zittern sowie Übelkeit und Erbrechen, außerdem Angst und Depressionen. Drei Wochen hielt dieser extreme Zustand an.

Insgesamt waren die ersten zwei Jahre nach der Vergewaltigung die schlimmsten. In der ganzen Zeit habe ich kaum geschlafen, immer

Alpträume gehabt und bin nachts mit Todesangst aufgewacht. Wochenlang habe ich nur bei Licht schlafen können. Immer wieder phasenweise hatte ich Zustände von Depressionen und Schuldgefühlen. Ich wollte sogar von der Hochbrücke springen.

Ich dachte, ich hätte etwas Kriminelles, sehr Schlechtes und furchtbar Falsches getan. Ich kam mir dreckig, befleckt und unsauber vor. Ich hatte das Gefühl, man könnte mich mit Straftätern in Verbindung bringen und ich könnte in ein schlechtes Milieu abgleiten. Mein Selbstwertgefühl war ganz unten.

Die bleibende Angst durchflutet alle Lebensbereiche. Drei Viertel aller vergewaltigten Frauen haben Angst im Dunkeln, vor fremden Männern und überhaupt in fremder Umgebung. Die Gefahr, daß es zu einem allgemeinen Rückzug aus dem sozialen Leben kommt, ist sehr groß.

Gewalt ist immer der Feind von Sexualität und Zärtlichkeit. Trotz allem Wenn und Aber stimmen jedoch viele Männer im Grundmuster der Vergewaltigung überein.[8] Natürlich verabscheut jeder zivilisierte Mensch die Erzwingung des Sexualaktes durch physische Gewalt. Jedoch fehlt weiterhin vielen von uns – Männern und Frauen – das Unrechtsbewußtsein beim Durchsetzen sehr viel subtilerer Formen der Unterdrückung in unserer nach wie vor patriarchalisch organisierten Gesellschaft.

Literatur

1 Arenz-Greiving, J. (Hg.): Sucht–Gewalt–Sexualität. Opfer und Täter in der Therapie, Freiburg 1990.

2 Flothmann, K./J. Dilling: Vergewaltigung: Erfahrung danach, Frankfurt/Main 1990.

3 Schneider, H. J.: Viktimologie, Wissenschaft vom Verbrechensopfer, Tübingen 1975.

4 Habermehl, W.: Verführung in der Kindheit stört den Orgasmus, in: Sexualmedizin 18, 8–16, 1989.

5 Freud, S.: Zur Psychotherapie der Hysterie. Gesammelte Werke, Band I, Frankfurt/Main 1968.

6 Schönfelder, T.: Sexuelle Traumata in der Kindheit und ihre Folgen, in: Praxis der Psychotherapie. 1970, Jan., Vol. 15 (1), 12–20.

7 Thom, A.: Langfristige psychosoziale Folgen bei Vergewaltigungsopfern, Dissertation, Kiel 1991.
8 Wille, R. / A. Löffler: Gewalt in der Geschlechterbegegnung – Eine Konfrontation männlicher und weiblicher Aspekte. Vortrag auf der 10. Wissenschaftlichen Sitzung der Gesellschaft für praktische Sexualmedizin, Heidelberg, 13. Juni 1990.

22. Kapitel

Die Behandlung von Opfern und Tätern

Zuallererst ist es wichtig, daß wir lernen, über Gewalt, Vergewaltigung und sexuellen Mißbrauch zu sprechen. Gerade Berater und Therapeuten dürfen eigene negative Erfahrungen mit dieser Problematik nicht verdrängen.

Amerikanische Forscher, die junge Mädchen und Frauen nach einer Vergewaltigung betreuten, haben festgestellt, daß ein guter Kontakt zu Angehörigen und die Möglichkeit, den Vorfall in der Familie zu besprechen, zu einer deutlichen Abnahme der Angst führte. Indem das Opfer das Ereignis akzeptiert und zu einer realistischen Einschätzung seiner Gefühle für den Angreifer kommt, kann es auch zu einem neuen Selbstbild finden.[1]

Die Aufgabe eines Psychotherapeuten wird also sein, Scham- und Schuldgefühle zu verbalisieren. Er wird mit dem Opfer auch über den Täter sprechen und der Frau die Möglichkeit geben, ihre Aggression und Wut gegen den Mann in Worte zu fassen. Er wird versuchen, die Familie, den Freundes- und Bekanntenkreis zu motivieren, um den Ablösungsprozeß in Gang zu bringen. Schließlich wird er mit dem Opfer realisierbare Vorbeugungsmaßnahmen für die Zukunft erörtern.

Zuerst haben Frauenbewegungen in den USA die Auswirkungen und möglichen Maßnahmen vergewaltigter Frauen aufgegriffen. Der Kampf der Frauengruppen gegen Vergewaltigung besteht in erster Linie darin, vergewaltigte Frauen zu bewegen, ihre Erfahrung anderen Frauen mitzuteilen. In sogenannten Speak-outes-on-RAPE berichten vergewaltigte Frauen der Öffentlichkeit über ihre Erlebnisse. Hierdurch soll ein Problembewußtsein in der Bevölkerung geschaffen werden. Außerdem versuchen die Frauenverbände die Verbreitung frauenfeindlicher, sexistischer Literatur zu korrigieren.

Die Auswirkungen einer sexuellen Gewalttat sind besonders bei einem Kind schwierig aufzuarbeiten, da hier nur geringe Kompensationsmöglichkeiten vorhanden sind. Oft erreicht man jedoch durch ein psychotherapeutisches Gespräch – falls notwendig, durch eine längere Behandlung – eine entlastende Bewältigung des Geschehens.

So berechtigt auch die Warnung vor unsachgemäßen und überflüssigen Fragen ist, falsch ist jede zudeckende Beschwichtigung. Gerade junge Mädchen haben ein großes Aussprachebedürfnis gegenüber einer affektneutralen, moralinfreien Instanz. Ich habe die Erfahrung gemacht, daß die meisten Mädchen die körperliche Untersuchung und die sachverständige Begutachtung nicht als belastend, sondern geradezu als kathartisch erleben.

Ebenso wichtig ist die Beratung der Eltern mit dem Versuch, eine atmosphärische Entspannung zu erreichen. Das Kind braucht eine haltgebende, liebende Mitte und keine lautstarke, emotionsgeladene Verteufelung des Täters. Der übereilte Milieuwechsel wird von dem Kind eher als Strafversetzung verarbeitet denn als therapeutische Maßnahme gesehen. Nur wenn das familiäre Milieu zutiefst gestört ist und sich keine stabilisierende Stütze abzeichnet, können eventuell die therapeutischen Maßnahmen einer Schuldentlastung in einer fremden Umgebung sinnvoll sein. Prophylaktisch wirkt eine intakte Umweltbeziehung und eine altersgemäße Sexualerziehung einschließlich der Belehrung über die eigenen Rechte bei möglichem sexuellem Fehlverhalten eines Erwachsenen.[2]

Wie bereits im vorangegangenen Kapitel erwähnt, deckt oft erst eine psychoanalytische Intervention Jahre später als Ursache für eine Neurose und eine funktionelle Sexualstörung ein in der Kindheit erlittenes Sittlichkeitsdelikt auf. Um Folgeschäden von mißbrauchten Kindern abzuwenden, hat sich in den letzten Jahren einiges zum Guten geändert. Trotzdem sind bleibende Schäden durch Vernehmungen und insbesondere durch das Kind diskriminierende unangemessene Beweisanträge und Fragetechniken von seiten der Verteidigung des Täters weiterhin nicht auszuschließen. Durch eine spezielle Ausbildung von weiblichen Kriminalbeamten, durch die Einrichtung von Sonderdezernaten, durch eine entsprechende Schulung von Richtern in der Explorationstechnik und durch die Vermeidung von kurzschlüssigen, kurzfristigen, laienhaften Hilfsmaßnahmen werden Verletzungen der Menschenwürde des Opfers allerdings immer seltener.

Ebensowenig wie das In-Erholung-Schicken, kann eine Heimunterbringung helfen. Insbesondere wenn vor dem Sexualdelikt schon gewisse Verwahrlosungstendenzen vorhanden waren, wird eine institutionelle Unterbringung die oppositionelle, antisoziale Einstellung nur noch verstärken. Geholfen werden kann den jugendlichen Opfern nur, indem man den Aufbau einer persönlichen Bindung an einen Menschen fördert, der sie toleriert und sie dadurch zur eigenen Verantwortlichkeit verpflichtet.[3] Auch eine praktische Beratung bei der Berufsfindung und der Partnerwahl ohne Bevormundung kann sehr hilfreich sein.

Inzestgeschädigte mit neurotischen und psychotischen Störungen zeigen in der analytischen Psychotherapie besonders intensive anklammernde Bindungen an Eltern, Geschwister oder Spielgefährten aus der Kindheit. Es gelingt ihnen kaum, alte Beziehungen, auch wenn sich diese als ungünstig erweisen, aufzugeben, und sie tun sich schwer, sich neu auftauchenden fremden Personen zuzuwenden.

Gegenstand der psychoanalytischen Aufklärungsarbeit sind immer die subjektive Erlebniswelt, die Wirklichkeit der Phantasie, die innere Lebensgeschichte, die nicht einfach ein Abbild der äußeren Gegebenheiten sind.[4] Auf der psychischen Ebene läuft der Prozeß der Annahme des kleinen, verletzten Mädchens ab. Traumatische Faktoren, sexuelle Verführung, Beziehungsdefekte werden heute in der Psychoanalyse als Ursache für neurotische, psychosomatische und sexuelle Störungen weit höher eingestuft als noch zu Freuds Zeiten.

Daß kein Anlaß zu therapeutischem Optimismus besteht, muß sicher nicht hervorgehoben werden. Mir sind zahlreiche Fälle bekannt, in welchen die jugendlichen Persönlichkeiten durch monatelangen, jahrelangen sexuellen Mißbrauch so schwer geschädigt sind, daß sie keine normale Partnerbeziehung mehr eingehen können. Wir wissen, daß sich viele Inzestopfer immer wieder an ältere, verheiratete Männer binden, denen sie hörig sind und von denen sie in der Regel ausgebeutet werden.

Fachkundige jugendpsychiatrische und jugendpsychotherapeutische Hilfe steht immer noch zu selten zur Verfügung. Fürsorgern und Fürsorgerinnen in Jugendämtern fehlt leider in den meisten Fällen eine spezielle Schulung. Und dabei wird von allen Autorinnen und Autoren, die sich mit der Problematik befassen, immer wieder auf die Wichtigkeit einer gezielten Krisenintervention in der Phase der Entdeckung des noch akuten Geschehens hingewiesen. Das Leugnen der Eltern muß durchbrochen werden, die ganze Familie muß einsehen, daß sie hilfebedürftig ist. Da jedoch das Vertrauensverhältnis in Inzestfamilien schon zu weit zerstört ist, funktioniert eine Familientherapie meist nicht mehr. Bessere Erfahrungen hat man mit Selbsthilfegruppen und Gruppentherapien, getrennt für Väter, Mütter und Kinder, gemacht. Anlaufstelle und Therapievermittlung können Kinderschutzzentren und Frauenhäuser sein.

Erwachsene Frauen meinen oft lange Zeit, sie würden die ganze Sache bald vergessen, das gebe sich von allein, damit würden sie schon selbst fertig werden. Irgendwann merken sie dann aber, daß sie nicht mehr so wie früher sind. Doch viele Frauen wollen nicht wahrhaben, daß sie Hilfe brauchen, schon gar nicht von einem Nervenarzt oder Psychologen. Oft zwingen erst ein regelrechter Zusammenbruch, psychosomatische Beschwerden, ernsthafte Partnerprobleme zu einem beratenden Gespräch. Da aber oft die Beschwerden nicht im Zusammenhang mit der Vergewaltigung gesehen werden, werden erst einmal Hausarzt und alle möglichen Fachärzte konsultiert. Erst wenn die Frauen merken, daß Pillen bei ihrem Leiden nicht helfen, setzen sie sich mit ihren schmerzlichen Erfahrungen auseinander.

Die Frauen erleben die Vergewaltigung als eine gewaltsame «Grenzverletzung»[5], die die Persönlichkeit, welche ja auch durch den Körper erfahren wird, in ihrem Innersten trifft. Die Folge ist, daß die Frauen ihre Gefühle nicht mehr ertragen können, sich von ihnen abschneiden, sich dadurch unlebendig machen und in eine tiefe Depression verfallen.

Erster und wichtigster Schritt einer Therapie ist es, durch Vertrauen an das Gefühl der betroffenen Frau heranzukommen. Dann muß die Frau noch einmal in die Opferrolle eintauchen und die Tat bewußt noch einmal mit allen unangenehmen Situationen durchleben. Nur das nochmalige bewußte Erleben der Hilflosigkeit und Angst kann eine gefühlsmäßige Bearbeitung ohne Verdrängung einleiten. Das Empfinden von Wut und das Sich-zur-Wehr-Setzen kann neue Kräfte freisetzen. Selbstzweifel und Schuldgefühle können nur verschwinden, wenn die Frauen ein stärkeres Bewußtsein für ihren Körper und ihre Gefühle entwickeln. In der Regressionsarbeit erfahren die Frauen, daß sie nicht bedingungslos einer Situation ausgeliefert sind und daß sie auch anders handeln können. Die Auseinandersetzung mit der eigenen Geschichte und Entwicklung kann beginnen.

Doch eine Therapie fordert immer viel Kraft, weil sie nur sinnvoll ist, wenn sich bei der Patientin bzw. Klientin etwas ändert. So brechen immer wieder Frauen eine Therapie ab, weil ihre ganze persönliche Welt ins Wanken gerät. Das Erdulden körperlicher Übergriffe von Männern ist oft leichter zu ertragen als eine totale Veränderung des Blickwinkels von innen her. Vielen Frauen ist auch gar nicht daran gelegen, das herkömmliche Geschlechterbild zu ändern, weil eine andere Rollenverteilung für sie auch viele Unbequemlichkeiten mit sich bringt.

Wenn wir uns jetzt dem Täter zuwenden, möchte ich noch einmal wiederholen, daß Sexualdelikte weniger etwas mit sexuellem Drang und Lüsternheit zu tun haben als mit Angst und Ohnmacht. Männer tendieren mehr als Frauen dazu, Gefühle einseitig über Sexualität auszuleben.

Da sich gesellschaftliche Machtstrukturen nur sehr schwer ändern lassen, versucht sich die Menschheit zunächst immer an der Kurierung von Symptomen, bevor sie die Ursachen angeht. Obwohl es sich beim Täterkreis der Vergewaltiger selten um Menschen mit sexueller Überfunktion und enthemmter Libido handelt, ist die älteste Behandlungsmethode von Sexualstraftätern die chirurgische Kastration, d.h. die operative Entfernung der Hoden.

Da der Sexualtrieb durch einen neuro-endokrinen Regulationsmechanismus im Zwischenhirn gesteuert wird, wobei Gonadotropine im Hoden die Produktion des männlichen Geschlechtshormons Testosteron stimulieren, kann man den Regelkreis auch medikamentös durchbrechen. Durch die Verabreichung eines Gegenhormons, des Medikaments Androcur zum Beispiel, wird der Sexualtrieb deutlich reduziert. Die medikamentöse Behandlung wird heute besonders bei psychopathischen und schwachsinnigen Tätern, die eventuell zu einer Wiederholung der Straftat neigen, eingesetzt. Die Behandlung muß jedoch freiwillig erfolgen. Eine Zwangskastration verstößt gegen das Grundgesetz.[6]

Es ist nur allzu verständlich, daß Öffentlichkeit und Gerichte einer chirurgischen bzw. hormonellen Behandlung mehr zutrauen als einer oft nicht realisierbaren Psychotherapie.

Da sich «bei Windstille zerrissene Segel leichter reparieren lassen», diskutieren jedoch heute immer mehr forensische Sexualmediziner das Für und Wider der medikamentösen Triebreduzierung, wenn deviante Straftäter psychotherapeutisch behandelt werden.

In jüngster Zeit werden stereotaktische Hirnoperationen, d. h. das gezielte Ausschalten bestimmter Hirnareale, als Behandlungsmethode diskutiert. Mögliche Wirkungen und Nebenwirkungen sind jedoch noch nicht hinreichend untersucht.

Mit Stürup[7] sind die meisten begutachtenden Psychiater der Meinung, daß jeder dritte inhaftierte Sexualdelinquent mit psychoanalytischen Methoden erfolgreich behandelt werden könnte. Doch Schwerfälligkeit der Institutionen und der Psychoanalyse selbst sowie Behandlungsrisiken verhindern oft psychotherapeutische Ansätze.

Wird allerdings eine Psychoanalyse durchgeführt, so ist ein steiniger, mit Ängsten und Krisen gepflasterter Weg zu gehen. Bevor die narzißtischen Spannungen, die destruktiven Impulse, die die Entwicklung einer Deviation verursacht haben, durch andere Befriedigungserlebnisse abgelöst werden können, ist eine harte (oft autistische) Schale zu knacken.[8]

Natürlich gibt es nur ganz wenige Analytiker, die einem Sexualdelinquenten die aggressive Triebwelt deuten können und wollen. Die Kluft zwischen dem in der Deviation abgekapselten Erleben und der Realität wird naturgemäß in den meisten Fällen nie überbrückt. Den meisten straffällig gewordenen Tätern wird nie bewußt, daß sie etwas Böses in sich in andere verlegen und dort vernichten wollen. Vorher müßte sich allerdings erst einmal unsere Gesellschaft bewußt werden, daß sie mit den Straftätern selbst auch nur sadistisch umgeht, statt vernünftige sozialtherapeutische Anstalten zu schaffen.

Doch vereinzelt gibt es Versuche, die an einen Lichtblick erinnern. Als Beispiel sei das Hamelner Modell erwähnt, das ausführlich in dem Buch «Frauen verändern Vergewaltiger»[9] und in der ZDF-Sendung «Sexuelle Gewalt – Über Täter und Therapien»[10] vorgestellt wurde. Da werden keine entmenschlichten «Schweine hinter Gittern» vorgeführt; ein Dutzend Frauen aus der Frauenbewegung und zwei Psychologen arbeiten seit Jahren mit Männern, die in Hameln wegen Vergewaltigung, sexueller Nötigung und Frauenmord in Haft sind.

Natürlich ist auch dieses «Anti-Chauvinismus-Training» sehr umstritten, da es von der feministischen Vorstellung ausgeht, alle Männer hätten Vergewaltigungsphantasien. Durch Gespräche, Gruppenarbeit sollen Männer aus ihrer sexistischen Rambo-Rolle gedrängt werden. Der Nachteil dieses Rollenseminars ist zweifellos, daß die Männer im Knast sitzen und die Frauen in Freiheit leben.

Immer wieder hört man von Gruppen, Beratern, Therapeuten, oft Freiwilligen, die es auf sich nehmen, mit Tätern zu arbeiten, die verändern statt verwahren wollen, die von der Schuld zur Verantwortung führen wollen.[11] Es ist nicht erstaunlich, daß man in diesem Zusammenhang oft auf Therapeuten stößt, die aus der Arbeit mit Alkohol- und Drogenabhängigen kommen.[12]

Wir wissen, daß die Anwendung von Gewalt in hohem Maße mit dem Drang nach Alkoholisierung zusammenhängt. Wir wissen, daß Frauen in Zusammenhang mit Alkohol und Drogen häufig Tätlichkeiten und Vergewaltigungen erleiden und hinnehmen. Und wir wissen weiter, welche überstarke Rolle sexuelle Probleme bei der Suchtentwicklung von Frauen und Männern spielen. Sexualtäter haben, wie Abhängige, nicht gelernt, Probleme anzugehen, und sie haben nicht gelernt, sich mit Frauen, auch nicht mit Männern, auseinanderzusetzen.

Oft dauert es sehr lange, bis ein Täter begreift, daß in seinem tiefsten Innern etwas ist, das mit der Tat zu tun hat. Nur wer sich mit seinen Handlungen auseinandersetzt und nach Alternativen sucht, kann in Stufen Verantwortung übernehmen. Folge dieser Übernahme ist dann die Triebfeder für eine gewollte Entwicklung. Das eigentliche Problem, daß es ihr Selbstwertvakuum ist, das sie in illusionäre Macht- und Kontrollphantasien treibt, kann nur erkannt werden, wenn professionelle Helfer die Hand reichen.

Statt die Arbeit der Therapeutinnen und Therapeuten, die sich dieser schwierigen, aber wichtigen Aufgabe stellen, zu behindern, sollte unsere Gesellschaft stolz auf diese Menschen sein und sie mit allen Mitteln fördern. Wem die Hilfe für Täter zu weit geht, der sollte sich einmal klarmachen, daß diese Arbeit ganz eindeutig auch eine Hilfe für Opfer ist.

Das Thema ist zu heikel und intim, als daß man es Steinewerfern anvertrauen könnte. Besonders der männliche Teil unserer Gesellschaft muß einsehen, daß es mit Quotenfrauen, Therapien, Frauenhäusern und Gesetzesänderungen nicht getan ist. Das Dilemma sitzt tiefer. Die subtile strukturelle Gewalt, die in unserem

Denken, Fühlen und Handeln immer wieder zum Vorschein kommt, muß als uns anerzogen patriarchalisch erkannt werden, bevor sich die Machtverhältnisse von innen heraus, und nicht nur auf dem Papier, ändern.

Literatur

1 Russel, D.: Sexual Exploration: Rape, Child Sexual Abuse, and Sexual Harrasment, Berkeley 1984.

2 Schönfelder, T.: Sexuelle Traumata und ihre Folgen, in: Praxis der Psychotherapie 1970, Jan., Vol. 15 (1), 12–20.

3 Wallis, H.: Die Behandlung der kindlichen und jugendlichen Opfer von Sittlichkeitstraftaten, in: Das sexuell gefährdete Kind. Beiträge zur Sexualforschung, H. 33: Stuttgart 1965.

4 Bräutigam, W./U. Clement: Sexualmedizin im Grundriß, Stuttgart 1989.

5 Flothmann, K./J. Dilling: Vergewaltigung: Erfahrung danach, Frankfurt/Main 1990.

6 Wille, R. u. a. (Hg.): Zur Therapie von sexuell Devianten, Berlin 1990.

7 Stürup, G. K.: Will this man be dangerous? in: A. V. S. De, R. Porter: The Mentally Abnormal Offender, London 1968.

8 Schorsch, E./N. Becker: Angst, Lust, Zerstörung. Sadismus als soziales und kriminelles Handeln. Reinbek 1977.

9 Tügel, H./M. Heilemann (Hg.): Frauen verändern Vergewaltiger, Frankfurt/Main 1987.

10 Dierichs, H.: Die Reportage: Sexuelle Gewalt – über Täter und Therapien. ZDF, 2. Dezember 1986.

11 Arenz-Greiving, I. (Hg.): Sucht – Gewalt – Sexualität. Opfer und Täter in der Therapie, Freiburg 1990.

12 Alberti, G.: Von der Schuld zur Verantwortung – Erfahrungen aus der Arbeit mit Tätern, in: Arenz-Greiving (s. 11).

Quellennachweis der dargestellten Fälle

Fall 1: Die Rheinpfalz, 3. September 1983. **Fall 2:** Times, 19. Oktober 1966. **Fall 3:** Eigener Fall St. D. V., 26. Juli 1986. **Fall 4:** Eigener Fall Ulrike H., 25. Oktober 1977. **Fall 5:** Eigener Fall Gisela K., 3. September 1977. **Fall 6:** Eigener Fall Annemarie C., 24. September 1979. **Fall 7:** Eigener Fall Ingrid St., 17. April 1975. **Fall 8:** Eigener Fall Marika Z., 28. September 1981. **Fall 9:** Eigener Fall Eleonore K., 21. Februar 1975. **Fall 10:** Eigener Fall Elga O. und Fatima S., 22. Oktober 1974. **Fall 11:** Eigener Fall Doris G., 6. März 1980. **Fall 12:** Eigener Fall Christine H., 15. Februar 1980. **Fall 13:** Die Rheinpfalz, 27. Dezember 1990. **Fall 14:** Eigener Fall Carola M., 28. März 1973. **Fall 15:** Fall Weingartner, 25. Juni 1937. **Fall 16:** Eigener Fall Monika G., 24. Juli 1978. **Fall 17:** Die Rheinpfalz, 21. November 1978. **Fall 18:** Körner: Sexualkriminalität 1977, 52. **Fall 19:** Die Rheinpfalz, 27. Oktober 1982. **Fall 20:** Hildebrand-Lüdeking in Gyne, Juli 1989. **Fall 21:** Johannesmeier in Sexualmedizin 17, 474–475, 1988. **Fall 22:** Sexualmedizin Nr. 10/88, S. 582. **Fall 23:** Der Spiegel 3/89, S. 178. **Fall 24:** Frankfurter Neue Presse, 1987. **Fall 25:** Stephan Berg: Das Sexualverbrechen, S. 105. **Fall 26:** Die Rheinpfalz, 1. September 1981. **Fall 27:** Susan Brownmiller: Gegen unseren Willen, S. 185. **Fall 28:** Sonntag Aktuell, Nr. 28, 10. Juli 1988. **Fall 29:** Die Rheinpfalz, 21. Januar 1987. **Fall 30:** Paul Dost: Die Psychologie der Notzucht, S. 20. **Fall 31:** Beweisstück Nr. 51 der UdSSR im Nürnberger Kriegsverbrecherprozeß. **Fall 32:** Judgement of the International Military Tribunal for the Far East. Tokio, 1948, S. 1012. **Fall 33:** Stephan Berg: Das Sexualverbrechen, S. 97. **Fall 34:** E. Schorsch u. N. Becker: Angst, Lust, Zerstörung, S. 121. **Fall 35:** Ricarda S.: Satanspriesterin, Frankfurt 1989. **Fall 36:** P. Schumacher: Casanova oder Verbrecher. Neues Krim.-Magazin, München 1949. **Fall 37:** G. Schulz: Die Notzucht, Hamburg 1958 5 Js 1458/49. **Fall 38:** G. Schulz: Die Notzucht, Hamburg 1958. **Fall 39:** Die Rheinpfalz, 20. Februar 1989. **Fall 40:** G. Bauer: Triebverbrechen jugendlicher und minderjähriger Delinquenten, 1970. **Fall 41:** G. Bauer: Triebverbrechen jugendlicher und minderjähriger Delinquenten, 1970. **Fall 42:** P. Fewlow: Der weibliche Sexualstraftäter. **Fall 43:** Hexenjagd im Kindergarten. Der Spiegel, 46/1990. **Fall 44:** Susan Brownmiller: Gegen unseren Willen, S. 175. **Fall 45:** Andrea Thom: Dissertation Kiel 1991.